KB264255

붉은 깃발을 높이 들어라!

그 밑에서 순교하리라

聖雲 朴章遠 著

보이스사

추 천 사

　이번에 존경하는 박장원 목사님의 글이 책으로 출판됨을 진심으로 기뻐하며 환영합니다.

　최근 박 목사님은 「어머니와 野生馬」라는 CD집을 만들었습니다. 이것은 금번에 출판하는 책과 비슷한 성격을 가지고 있습니다. 특별히 박 목사님은 어릴 때 어머님의 눈물의 기도를 회상하면서, 성 어거스틴의 「고백록」을 읽는 것 같은 진솔한 고백을 담고 있습니다.

　제가 박장원 목사님의 이름을 처음 알게 된 것은 1964년 감리교 신학대학에 입학하였을 때였습니다. 당시 박 목사님은 전국 교회를 누비며 부흥사로서 명성을 떨치고 있었습니다. 그 때 제가 친구들을 통해서 들은 박 목사님은 불을 토해내는 부흥사로서 당시 다른 부흥사들과 다른 특이한 면을 가지신 분이었습니다. 박 목사님은 한국교회 목회자나 성도들 가운데 6-70대 이상 되시는 분들에게는 잘 알려진 분이시나 젊은 세대들에게는 거의 알려져 있지 않습니다.

　한 때 박 목사님은 감리교회를 떠나 초야에 묻혀 지내셨으며 교육과 의료 활동으로 세월을 보내셨습니다. 그러시던 박 목사님이 다시 우리들 앞에 나타나신 것은 당신의 가족모임 중에서 김봉록 감독님의 설교 말씀 중 "이제는 하나님 앞에 설 준비를 하라"는 대목에 크게 감명을 받으셨다 합니다. 이 말씀이 하나님께서 하시는 말씀으로 받아 지금까지의 삶을 정리하기로 결단하신 것입니다. 위에서 말한 CD집에는 「나의 평생 아끼던 모든 소장품을 모교에 실려 보내고 나서」라는 제목으로 이에 대한 또 하나의 고백록이 담겨져 있습니다. 제가 총장으로 취임하던 해에 박 목사님은 현금과 부동산을 포함한 전 재산을 기증하시고 모든 소장품도 모교에 내어 놓았습니다.

이런 연후로 저는 박 목사님을 좀 더 가까이 뵐 수 있는 기회를 가지게 되었습니다. 또한 본 대학교 「총동문회 소식지」에 실린 글들을 통해 박 목사님의 새로운 면을 접할 수 있게 되었습니다. 이번에 출간되는 '붉은 깃발을 높이 들어라!'에는 이러한 글들을 포함하여 많은 글들이 실려 있습니다. 오랜 세월 동안 보고 깨달은 산 지혜에서 우러나오는 권면의 말씀들, 특별히 오늘의 정치와 사회현상에 대한 충고도 귀담아 들을 필요가 있을 것입니다.

마지막으로 박 목사님은 지금도 국내는 물론 일본과 미국 등지에 부흥회를 인도하고 있습니다. 더욱 건강하시고 존 웨슬리처럼 전 생애를 오직 주님만을 위해 전력을 다하시기를 바라며, 이 책을 읽는 모든 분들에게 하나님의 크신 영감이 더해질 것을 믿어 적극적으로 추천합니다.

2006년 7월 초
감리교 신학대학교 총장 김 외 식

머리말

위로는 하나님을 향하여 아래로는 사람들을 향하여 항상 이러한 마음가짐으로 살아가리라!

내가 나와 더불어 약속하고 결심하고 살아 온지도 벌써 많은 세월이 흘렀습니다.

1. 고맙습니다. 감사합니다. 라고 하는 감사의 마음
2. 미안합니다. 죄송합니다. 라고 하는 반성의 마음
3. 참고 살자, 또 참으리라. 라고 하는 인내의 마음
4. 기도하리라 기도로 해결하자. 라고 하는 기도의 마음
5. 용서하리라 용서해주자. 라고 하는 관용의 마음

다섯 가지의 마음가짐이 나를 편안하게 만들고 마음에 안정이 되니 聖雲五心(성운오심)을 위해 힘쓰고 노력하며 한 세월을 살게 되었습니다.

이 한권에 기록된 글은 他(타)를 향한 질책이 아니라 나! 자신을 향한 책망이요, 나무람이며 회개와 참회이기도 하다.

그리고 祖國(조국)을 향한 걱정이요, 敎界(교계)를 위한 염려인 것이다.

그리고 이 글에는 聖雲(성운)의 歷程(역정)이 그려져 있고 그! 歷程(역정) 갈피에는 事實(사실)의 實話(실화)가 한 폭의 그림과 같이 그려져 삽입되어 있다.

　그리고 또! 벗을 향한 忠告(충고)와 같은 충고가 있으며 자
식을 향한 어버이의 심정으로 젊은 세대를 나무람과 꾸짖음도
있다.

　이 글을 읽으며 조국을 향한 걱정과 교계를 위한 염려를 같
이 共感(공감)했으면 하는 바램이 크다.

　19世紀 初(세기 초)에 중국에는 염병같이 퍼졌던 哲學(철학)
이 있었다. 그것은 共感主意哲學(공감주의철학)이라는 극히 단
순한 生活哲學(생활철학)이었다.

　한 사람이 말을 하면 거기에 모여앉아 있던 사람들이 많든
적든 모두가 다~무릎을 탁 치며 혹은 박장을 치면서 올커니~
옳아요~하면서 그 말에 공감하며 즐기는 것이다.

　조리에 맞는 말이건 조리에 맞지 않는 말이건 올커니~하며
손바닥을 치면서 공감해 주는 것이다.

　共感主義者(공감주의자)들과 같이 이 책을 읽는 이들에게 공
감이 있기를 기대해보면서 거대한 유람선 타이타닉호의 침몰을
현실로 느끼면서 국가의 장래를 걱정해본다.

2006년 7월 1일 아침
수줍어 얼굴을 붉히는 어느 산골처녀의 심정으로
이 한권의 책을 내어 놓는 바이다.
聖雲 朴 章 遠

再版(재판)을 내면서

再版(재판)을 내면서 共感主義哲學(공감주의철학)이

되살아나는 느낌을 갖게 된다.

2006년 6월에 初版(초판)을 떨리는 마음으로

시골처녀의 수줍은 마음으로 내어놓았는데

6개월이 못되어 絶版(절판)이 되고 東西四方(동서사방)에서

책 보내 달라! 구할 수 없느냐? 조여 온다.

겸허한 마음으로! 祈禱(기도)하는 마음으로

再版(재판)을 내게 되었다.

美國(미국)에서는 英文(영문)으로 번역할 것을 허락해 달라는

싸인을 받으러 왔다.

번역과 재판에 대한 싸인을 條件附(조건부)로 했다.

가난하고 소외된 곳에 利益(이익)을 돌려달라고…

2007年 1月 20日

지극히 낮고 천한 자세에서 재판을 내는 바이다.

著者 박 장 원

文人(문인)으로 당선됨을 감사하며

文學同志(문학동지)들의 천거로 文人(문인)으로 詩人(시인)으로 당선이 되어 "당선"의 소감을 적어달라기에 솔직하고 眞實(진실)하게 적어보았습니다.

文人(문인)으로 당선된 것을 모든 同役者(동역자)들과 기쁨을 나누고자하며 높으신 분께 영광을 모두모두 돌리는 바입니다.

우선 나를 천거해주시고 추천해주신 筆(필)의 높으신 선배님들께 감사를 드립니다.

항상 拙筆(졸필)이요, 賤筆(천필)이라 생각하여 크게 숨도 쉬지를 못하고 두렵고 떨면서 원고를 정리하며 한 세월을 보내었는데, 오늘 "당선"의 소감을 말하라 하시니 우선 기쁨과 감사가 마음을 오히려 무겁게 만드는 것 같습니다.

나를 선전하고 알려주시고 추천해주신 문학인 김순진 대표에게 진심으로 감사를 드리며 共感主義哲學(공감주의철학)의 文人(문인) 여러분께 머리 숙여 감사를 드립니다.

同席(동석)을 허락해주신 文人(문인) 여러분들께 감사드리며 "당선"의 소감을 줄입니다.

聖雲 박 장 원

三版(삼판)을 내면서

共感主義哲學者(공감주의철학자)들의 共感者(공감자)가
많은 것 같아서 共感(공감)의 기쁨을 만끽하는 것 같다.

再版(재판)을 내고도 書店(서점)에는 한권의 책도 선을 뵈지
못했다. 이번에 三版(삼판)은 많은 독자들과
폭넓은 共感(공감)을 위해 書店(서점)으로 나가게 됨을
다행스럽고 기쁘게 생각한다.
모쪼록 많은 分野(분야)의 사람들이 읽고 共感(공감)을 느끼는
共感主義哲學者(공감주의철학자)들이 되어지기를 바라는 바이다.

「註) 共感主義哲學者(공감주의철학)은 19世紀初(십구세기초)에 中國(중
국)에서 전염병 같이 急速度(급속도)로 流行(유행)하고 퍼졌던 生活
哲學(생활철학)이다.
모인 사람들이 몇 명이건 적으나 많으나 한 사람이 말하고 이야기하
면 모두가 무릎을 치며 손바닥을 치면서 올커니~ 하고 共感(공감)
의 뜻을 나타내서 興(흥)을 돋우고 '엔돌핀'을 작용시키는 것이다.」

2007年 9月 15日
共感主義哲學者들의 健勝을 빌며
聖雲 박 장 원

차 례

政治(정치)의 ABC를 아는가?

정치라고 하는 것을 엄청 크고 넓게만 생각하지 말고
내 가족을 돌보듯! 보살피고 돌보면 된다.
내 子息(자식)들을 보살피듯! 어버이의 心情(심정)으로
챙겨주고 신경써주면 될 것이다.
내게 맡겨진 나라와 백성을 가장이 집안을 돌보듯
구석구석을 돌보아 살림살이 잘 다스려 나가면 되는 것이다.
일가나 친척이나, 동창이나 친구들이나 하는 것들 말고 전문성
있는 사람들을 뽑아다가 그 부처와 분야에 심어 놓고 관리해
나가고 그 역시 보살피면 된다. 집안이 편안하듯이 말이다.
전문성 있는 훈련되고 연구한 사람이 국내에서 부족하면
세계로 눈을 돌려 각국의 석학들과 교수들, 그리고 자신들의
연구 분야에 묻혀서 쑤걱쑤걱 그 분야를 전공하고 있는
人材(인재)들을 색출해 뽑아오라!

그리고 그 分野(분야)를 맡겨 일할 수 있도록 도와주라!

엄청! 멋있게! 재미있게! 신바람 나게!

부작용 없이 소리도 없이 잘 풀려서 능률도 오르고

눈부신 발전을 기대할 수가 있을 것이다.

왜? 그 멋이 있는 석학들과 전문가들을 남의 나라에서

봉사하고 일하게 하느냐?

왜? 버려두느냐?

왜 내굴리고 거들떠보지도 않느냔 말이다.

끌어 들여라!

이웃나라 중국과 같이 모두 모두 끌어 들여 내 나라에서

봉사하도록, 좋은 여건에서 안주하도록 도와주어 보라!

옆 나라 뙤놈이라고 깔보던 나라가, 업신여기고 무시했던

나라가 일어나고 있는 理由(이유)가 무엇인줄 알고 있느냐?

그 가난뱅이의 나라가 세계 제일의 달러 보유국이 된 것을

알고 있느냐 말이다.

불러들일 수 없으면 자원하여 돌아올 수 있도록 만들어 보라!

그러한 머리는 안 쓰고 잔재주만 부리려 하니 될 수가 없다.

발전을 기대할 수가 없다.

생각 없고 머리 없는 사람들! 전문지식이 비어있는 사람들을

내 사람이요! 내 동기요! 내 친척이요! 하고

위에서나 아래서나 끼고돌고 있으니…

그리고 마구잡이로 등용을 시키고 일하라 하니

그런 머리가지고 전문 분야에서 어찌?

그것 가지고 무엇을 하겠는가?

경제 분야의 사람을 교육 분야에 임명하고…

그러고 일을 하라고 하니 천재나 귀신이 아닌 담에야?

시키는 일도 제대로 못 하다가,

손만 비벼대고 자기의 소신을 펴 보지도 못하고 물러나오니…

나라꼴이 말이 아니다!

국가가 신장되고 쑥쑥 자라서

세계 앞에서 우뚝 서야 할 것인데…

머리 아프고 한심하고 거정스러운 일이다.

우리네 식구들의 걱정거리요 근심거리가 아닐 수 없다.

꽤 오래 전에 세계를 떠들썩하게 만들었던 기사가 있었다.

그 당시 타임지도 떠들고(탑 기사로 사진과 함께)

세계가 놀랐던 기사였다.

미국 "메사추세스"주에 있는 대학에서 MIT박사 학위를 얻은

"전학삼" 이라는 중국인 科學者(과학자)의 이야기다.

中共(중공)이 지난 1966년 11월 27일 네 번째의

핵무기 실험으로 핵 유도탄을 발사하는데 성공했다.

온 세계가 놀랐고 세계는 온통 중공에 집중되었고

핵 유도탄을 쏘아올린 그 배후에 더더욱 시선이 집중됐다.

그 뒤에는 "전학삼" 박사라는 人物(인물)이 있었기에 말이다.

그 때 나이 58세인 전학삼 박사는 세계 2차 대전 이후

급속히 발전한 空間戰爭(공간전쟁) 分野(분야)에 있어서

세계적인 선구자의 한 사람이었다.

그는 中國 上海(중국 상해)에서 出生(출생)하여

상해대학에서 졸업을 하고 그 기능을 인정받아 학위를 받았고

미국으로 건너가서 공부하고 연구하는 동안

수재요 천재라는 소문이 퍼졌고, 또한 미국 대학교에서

교수와 연구 생활에 전력을 기울였다.

그러던 중 정부의 인정도 받아 정부의 비밀군사 연구원이 되어

로켓추진에 관한 연구 분야에서 일하게 되었다.

그는 본토를 통치했던 장개석 정부가 물러나게 되고

집권한 공산 정권이 불러들여 일하라는 命(명)을 받았다.

그리고 그는 모교에서 학장취임을 요청받는다.

그러나 그는 즉각적으로 반대파들의 반대와 음모를 받게 된다.

그는 다시 캘리포니아에서 일하며 연구를 계속하리라 마음먹고

미국으로 돌아오게 되고 핵무기와 탄도탄을 연구하는 과학도가

된 것이다. 그러면서 명성을 날리게 되었고 연구결과로 미국에

크게 공헌하게 된다.

미국 정부의 전적인 후원으로 말이다.

전문적으로 유도탄 탄도탄을 발전시켜 놓았다.

놀라운 성공을 거두어 미국의 과학 분야의

一等功臣(일등공신)이 된다.

미국의 군사과학계를 발전시키고, 미국에 큰 공을 세웠다하여

최고의 대우는 물론 국고에서 자유롭게 연구비를

얼마든지 꺼내 쓸 수 있게 된다.

미국의 軍事(군사)발전과 科學(과학)의 발전이 전학삼이

아니었으면 지금의 미국이 있었겠는가? 라는 의문도 있다.

대륙간의 탄도탄의 발전의 주인공은 全學三(전학삼)이었다.

굉장한 두뇌의 소유자다.

그러나 그 공로자가 미국에서 추방을 당하게 된다.

그 이유인 즉 그의 탄도탄과 유도탄의 학술적인 논문이

약 일만 톤이나 되는 로켓에 관한 우주 물리학에 관한 논문을

軍事面(군사면)으로나 경제면으로나 아주 뒤떨어지고

後進性(후진성)을 면하기 어려운 못살고 있는

자기의 祖國(조국)이 생각이 나서 몰래 비밀리에 자기의

조국인 중국으로 보내다가 압수를 당하고 그는 체포되었다.

結論(결론)은 이러했다. 그것은 간첩행동이 아니다.

자기가 작성한 자기의 論文(논문)이다.

그의 어디까지나 개인의 學術(학술)이다.

他(타)의 것이 아니라 어디까지나 개인의 소유품이다.

그러나 미국의 손해가 되고 利(이)롭지 못한 처사라는 판정을

받고 그의 공로를 참작하여 그로 인해 해외 추방령이 내려졌다.

그리고 장개석의 대만이냐? 모택동의 중국이냐?

그것은 피고 전학삼 박사의 자유 선택에 맡겼다.

그가 선택한 곳은 모택동의 중국(인민공화국)이었다.

平生(평생) 연구한 핵에 관한 論文(논문-유도탄과 장거리

미사일 등)은 빼앗기고 압수당했으나,

전학삼의 머리에 입력되어 있는 科學(과학)의 학술은

그대로 머릿속에 남아 있었다.

법에 의해 추방을 당했으나, 중국을 다스리고 있던

毛澤東(모택동)은 그를 맞아들였고 껴안았다.

정부의 국고 금을 지원하여 연구케 했고, 정부가 나서서 전학삼

박사를 영웅으로 추대했고 전적으로 도와주고 협력한 결과,

예정했던 시간을 단축하여 탄도탄을 실험했고,

핵무기를 실험함으로 세계를 뒤흔들어 놀라게 했고,

잠자던 호랑이가 잠에서 깨어났다고

각 나라 언론에서 떠들어 댔다.

그 언론 보도에 미국이 제일 놀랐다는 것이다.

실수하고 판단을 잘못했다는 여론에

정부는 골머리를 앓게 되었다.

원고나 논문은 압수되었으나 머리를 가지고 조국으로 돌아가게

됨으로 세계에서 강국으로 급상하게 되어 어느 나라도 이제는

무시하고 함부로 대할 수 없는 나라가 되었다.

세계에 우뚝 서게 되지 않았는가?

과학으로나 군사력으로나 막강한 중국을 만들었다.

지금 전 세계에는 한국인으로서 '전학삼' 보다 더 위대한

학자들이 얼마든지 널려 있다.

위대한 인물! 과학도! 경제학자! 사회학자! 교육! 예술! 문화!

의학도들, 널리널리 퍼져 있는 한국인 전학삼박사들!

머리 좋기로 명성이 있는 한국인!

한국 정부가 서둘러 한국이 조국인 전학삼들을 불러 들여라!

그런 생각들에 노심초사는 아니 하고

뚱딴지같은 생각들만 하고 있으니!?

세계 속에서 열등생이 되어 처지고 있지 않는가?

모택동만도 못해서야…

북쪽하늘 아래 무엇이 있기에 그렇게도 넋이 빠져

바라보고 있는가? 말이다!

그 동안에 세계는 변하고 있다. 더욱 발전하고 향상하고 있다.

북쪽하늘 아래 이산가족이라도 있단 말인가?

기다리는 애인이라도 있단 말인가?

그쪽 하늘만 쳐다보고 생각하고 있으니…

물론 한 겨레인고로 측은하고 불쌍하기도 하겠지만

정신을 가다듬고 일의 선과 후를 생각해야 할 때다.

때를 놓치면 불행해지는 것을…

전학삼을 어디에서 찾아 들일 수가 있겠는가?

노심초사 해 봄이 어떠할런지 정치하고는 상관이 없는

또는 전문성이 결여된 사람들을 앉혀놓고

골치 아파 하지 말고 말이다.

미국은 기본적인 정치의 ABC가 있다.

정치로 인해 감방에 머물러 있던 사람은 보복의 정치,

복수의 정치로 악순환을 이루게 되는 고로

정치에 참여할 자격이 없으니 참여시키지 말라는 말이다.

남의 나라 정치의 ABC도 좀 배우면 어때서 우리식으로만

하자고 고집하고들 있으니 한심 무쌍한 일이로다.

그러므로 자기들의 일가! 친척! 동기동창!

다- 끌어 들이게 되는 것이다.

코-드가 맞는 사람이 무엇을 말하고 있는지 해석해 보자!

마음 맞는 사람! 우리끼리 친한 사람!

가까운 사람! 통하는 사람! 그러한 정치는 이제 그만

지양되어야 하지 않겠는지?

전학삼을 찾으라! 전학삼 박사를…

모든 분야에서 전학삼을 말이다.

장생불로초를 진시왕이 찾듯이…

사람들을 풀어서 세계 각국에 꼭꼭 숨어 있는

전학삼을 찾아오라 해라!

그것이 큰 정치요 인정받는 멋이 있는 정치이다.

그리고 멋이 있는 사람들, 머리가 잘 돌아가는 사람들을

불러드릴 때 존경받고 대접받는 나라가 될 것이다.

자기 자신의 당대만 생각하다가 끼리끼리만 생각하다가

오점을 남기고 큰 대문을 나오지 말고 먼- 훗날도 생각하다가,

어깨를 펴고 포부도 당당하게 큰 대문을 나설 생각들을 해보라!

우리끼리 당 말고! 너도 좋고 나도 좋고 누이 좋고 매부 좋고

모두모두 잘 사는 나라를,

왜? 무엇 때문에 못 만들고들 있느냔 말이다.

정치의 ABC도 몰라?

가장이 되었으면 내 식구, 내 자식 배불리 먹이고 입히고

돌보는 것이 첫째로 중요한 일이다.

내 식구, 내 자식은 굶기고 배곯고 떨고 있는데,

결식아동은 늘어나고만 있는데…

나라는 2005년도에 248조원의 빚을 지고 있다고 한다.

처음으로 국내총생산(GDP)의 30% 수준을 넘어섰는데…

쌀은 어디다 퍼줘? 왜 퍼내는 건지 이해가 안가니 답답 하구만!

단 돈 몇 푼의 돈이 없어서 약도 못 사먹고 얼마 안하는

쌍화탕이나 아스피린도 못 사먹고 끙끙 앓아누워 있는데,

돈을 물 퍼주듯이 퍼주고도 모자라 빚을 내서까지…

우리 국민 한사람이 부담해야 할 빚이 오백십오만 원 꼴이 된다.

그 뿐만 아니라 전 통일원 장관인 모 장관이

북한에 들어가서 김정일을 만난 자리에서

남한의 전력을 200K를 주겠다고 약속을 하고 돌아왔다.

이 약속을 지키려면 25조원, 국민 한 가정에 250만원의 세금을

더 내어야만 가능하다.

25조원을 국방예산으로 사용하면, 최신형 탱크 5,600대,
공군에서 사용하면 최신형 전투기 F15기 250대,
바다에 띄우는 해군 함정을 구입할 경우는
최신형 구축함 20대를 살 수 있는 돈이다.
이 엄청난 돈을 어디에다 무엇 때문에 퍼주고 있는지?
빚지고 살림살이 꾸려나가는데,
또 빚내서 퍼 주어야 하는 이유가 어디 있는 건지…
내 식구들은 그 이유를 알아야 할 것 아니겠는가?
알 권리가 있지 않소? 퍼주는 이유를…

학교에 납부해야 할 급식비도 없어서 남들은 점심 먹는 시간에
곯은 배 움켜쥐고 학교 수도꼭지의 냉수 마셔 가면서 쓸쓸하게
넓고 넓은 운동장 마당 한 구석에 쭈그리고 앉아 있는
불쌍하고 가련한 결식아동들의 소식도 못 들었단 말이오?
구중궁궐도 아니면서…….

하나님도 외면하고 있는 나라에 남아돌던 연탄도
바리바리 실어 보내느라 동이 나고 바닥나서 돈 없어 못 사고
연탄 구하기가 하늘의 별 따기보다 힘들게 되어
이토록 추운겨울에 연탄 구하기 힘들어

대야와 바구니, 다라이가 동원되어 한두 장씩 사들고 돌아가니

한심 무쌍이로구나.

내 자식, 내 식구들은 추워 떠는데…

그 많던 연탄 어디로 실어 보냈는고?

25만 톤이나 보내고도 모자라 또 보낸다고 하니…

이 무슨 연고 인고?

망조로다! 어이하려고 이러는지?

정치하는 분들 누구하나 나서서 차근차근 알아듣기 쉽게

말씀 좀 해 줄 수가 없겠소?

도대체 끝이 안 보이는구려!

큰 길 막고 물어 봅시다. 옳은 일을 하고 있는지?

전기료도 못 내서 전기가 끊기고 촛불 밝혀 생활하고

그 촛불 밑에 엎어져 공부하는 내 자식들!

눈인들 성할 것이며 마음인들 올바르겠는지?

다음에는 무엇을 보낼 것인지?

걱정이 앞서는구나. 노파심일까?

2006년 4월 11일자 조선일보에 봄 농사 잘 지으라고

15만 톤의 비료를 실어 보냈는데 며칠이 안 되어 30만 톤을 더

보내라고 요청이 왔다고 한다.

비료 30만 톤을 지원할 경우 수송비를 포함해서 드는 비용이

자그마치 1,200억원의 돈이 소요된다고 한다.

지난해에는 35만 톤의 비료를 지원했다고 하니

한번만 이를 악물고 내 백성 '가난에 울고 가난에 굶주리고

지쳐있는 내 백성들에게' 주어보라 가난에 시달리다가

자살하는 사람도 없을 것이고 가난에 찌든 얼굴은

활짝 펴질 것이 아니겠는가?

그것 생각하는 크신 어른들 왜 없느냔 말이다.

3년 사이 비료값이 43%나 급등했다고 한다.

농민들은 이래저래 고생이 심하다. 찌들어간다.

그래도 매해 30만 톤씩 보내고 있다.

그리고 늘어만 가고 있는 결식아들과 굶주린 탑골 공원의

노인들 그 모두 모두가 대힌민국의 부모요 자식들이다.

정치하는 사람들의 부모님들이요 자녀들이 아니겠냔 말이오?

점심 식사 한 끼 얻어먹어 끼니 때우려고 그 추위에 끝이 없이

줄 서있는 노인들의 모습 바라보고 있으려니

가슴이 메어지고 찢어지는 것 같구려…

내식구들과 같이 느끼지는 못하고 딴 짓하면 어찌되는지

알고들이나 있소?

노숙자들의 무리는 날이 가면 날이 갈수록 늘고 있고

줄어들 줄을 모르고 있으니…

기가 막힐 일이 아니겠소?

연탄을 사려는 아우성! 수돗물의 고통, 즉, 식수난!

결식아동들의 쓸쓸함! 달동네 식구들!

담장도 없고 난방시설도 없는 시골의 집! 집! 집! 들.

추워 떨며 그 속에 사는 사람들이나 줄 서있는 노인들이나,

모두 모두가 한 집안 식구인 것을…

똑똑히 설명 해달라는 말이요!

그들도 大韓民國(대한민국)의 국민이란 말입니다.

쌀 보내라 하면 배로 쌀을 산더미 같이 실어 보내고,

비료 보내라! 하면 그 명령 떨어지기가 무섭게 비료 보내고,

몇 날 며칠을 쳐 실어 보내주고!

돈 보내라! 하면 빚이라도 내서 돈 보내고!

땅 팔고 은행 팔고 집 팔아서 빚을 내면서까지 보내는 그 이유?

그 뜻? 도대체 무슨 이유인지?

양복 보내라! 했으니 양복 공장 철야 작업해야 할 판!

자기 자식들은 추워 떠는데,

언제 옷 한 벌 사서 입혀 보았는지?

구두까지 겹쳐서 보내라 명령 떨어 졌으니 구두 보내야지…

신발 공장 잠 못 자고 그 많은 사람들이 신을 신발 만들어야지?

불황이라, 내 자식들 신고 다닐 운동화 한 짝 못 사 신기고

못 사주니, 신발 공장 문 닫혀 있었는데, 잘 돌아 가겠군!

누구를 위하여 종은 울리나?!

이래라! 하면 이러고!

저래라! 하면 저러고!

슬프다! 어찌하여 이같이 되었는가!

아-대한민국!!

언젠가는 터지고야 말 무서운 일들을 위해

제 2의 6·25를 대비하여, 국방을 튼튼히 키우고 대비함이

우리들이 할 일이 아니겠는지?

인형극이라는 '극'을 보았는가?

손가락 하나에 놀아나는 인형들… 왜? 이렇게 까지 되었는지?

누가! 아는 사람 있으면 설명하고! 대답 좀 해주오!

국회에 모여 계신 아저씨들!

설명 좀 시원하게 해 주시구려!

답답하고 궁금하오, 왜 그러는지 미칠 것만 같구려.

뽑아 보낸 의원형님들도 모르시오?

알고 있으면 빨리 기다리고 있는 지역구식구들에게

설명 좀 해 주어야 하지 않겠소? '함흥차사'같구려!

거기만 들어가면 초록이 동색 되어 버리는 느낌이 구려!

자식들이 굶주리고, 식구들은 떨고, 자살자들이 꼬리를 물고

못 살겠다며 자기들의 祖國(조국)을 등지고 남의 나라로

移民(이민)떠나간 사람들의 수가 그 얼마인지

헤일 수가 없구려!

바로이웃 동리에선 애비 잘못만나 300만 명이 굶어 죽었다지?

그 아비 꼴 보니 웬 배가 그리도 불러 만삭된 여인의 배 같구려.

자식들과 식구들은 굶겨 죽어도 자기만 호의호식 했다는

분명하고도 똑똑한 증거가 아니겠소.

퍼주고 싸줘도 굶겨 죽이는 동네에 왜 퍼주고 있는지?

대답 좀 해 주시오! 속 시원~하게 말이오!

군대들을 갔다 왔으면 앞으로~가! 뒤로~돌아 앞으로~를

알 것인데, 도대체 山(산)넘어 멀~리만 향해 그 쪽에만

신경들을 쓰고 있으니, 뒤로 돌아~ 해서

내 자식들 내 식구들의 헐벗고 굶주린 처참한 모습도

좀 뒤돌아 봐야 하지 않겠소?

아버지! 그리고 형님들! 싸우고 떠들고만 있지 말고!

달동네 쌀도 가지고 찾아가고 연탄도 가지고 찾아가고

급식비도 가지고 찾아가고 수도 물도 잘나오게 하시고

불도 환하게 밝혀드리고 좀 시원하게 해보시오!

이상한 짓만 하지 말고…

멋이 있는 아버지, 형님들의 모습을 보여주면

왜 자살을 합니까?

왜 불평을 합니까?

소망이 보이는데 말입니다.

참을 줄 아는 민족이기에 잘~ 참을 것입니다.

멋이 있고 기분 좋은 대한민국을 만들어 보시면

어떠하실는지요?

그러면 당신들을 돕고 밀어드리고 당신들의 하는 일에 힘이

될 것이 아니겠소?

뒷짐을 지고 남의 동리만 물끄러미 쳐다보지만 말고!

하자는 대로 끌려만 가지 말고 내 집 사정도 살피시는 아비

되었으면 하는 간절한 마음을 살펴주시오!

형님들!

우리들의 식구들이 굶어 죽어가고 영양실조로 병들어 가는데,

왜? 뚱딴지같은 남의 자식 걱정을 해?

남의 나라의 걱정이 태산 같아서 내 자식들 먹이고

입힐 생각은 하지 않고 원수 같은 자식들만

그리도 못 잊어하는지?

그만! 작작! 멈추고!

선거전 할 때처럼 불쌍한 백성들 빨리 찾아 나서시오.

비서도 시키지 말고 몸소 나서시오!

선거 때 찾아 나서듯이 말이요, 발 벗고 하루속히 나서시오,

뛰시오!

좋은 아비 좋은 형님들 되어 겨울엔 겨울 걱정!

여름엔 여름 걱정!

이 구석 저 구석 집안 식구 챙겨주는 존경받는 사랑을 느끼게

하며 정을 느끼게 하는 따뜻한 어버이들이 되어 주시오!

그래야 복을 받을 것 아니겠소?

후회 없는!

진정 후회가 없는!

정치인생을 살아보시오.

후회하는 일이 없기를 간절히 식구들과 같이 빌어봅니다.

할 일 다~하고 아비 구실 다~하고 식구들을 향해

큰 대문을 나서는 날은 개선장군 같이!

미국의 맥아더 장군같이…

식구들의 환영을!

열렬한 환영과 따뜻한 사랑으로 대하는 환영을 받으면서

씩씩하게 걸어서 나오시오!

그 누구같이 운구차에 실려 나오거나, 걸어 나와서 옛집을

찾아가는 쓸쓸한 모습은 어느 식구하나도 바라지 않소이다!

퇴역하여 나오는 맥아더 장군같이!

승리의 깃발 휘날리며 승승장군 같은 모습으로

큰 대문을 나서는 착한 아버지와 형님들!

그리고 세계에서도 존경받는 아버지와 형님들!

그리고 자애로운 아버지와 형님들!

그렇게도 자식사랑 가족을 걱정했든 아버지!

멋이 있는 늠름하고 떳떳한 아버지!

가족에 대한 애착과 사랑이 넘쳐났던 아버지!

이 구석 저 구석 자세하고도 꼼꼼하게 보살펴 주시고

챙겨 주셨던 아버지!

추우면 추울세라!

더우면 더울세라!

감싸주시고 보살펴 주셨던 아버지!

따뜻하고 포근한 아버지로 남아주시고, 항상 가족들의 곁에

계시어 염려해 주시고 따뜻하게 해 주셨던 아버지!

항상 우리들 곁에 계시여 그렇게도 든든하셨던 아버지!

苦樂(고락)을 함께 하시며 식구들을 걱정해 주셨고 챙겨주시며

자상하셨던 아버지! 그러한 멋이 있는 사랑이 넘치는

늙어가면서도 못 잊어하며 존경받는 좋은 아버지로 형님들로
기억되기를 빌어보며…
정년퇴직 할 때까지 건강하시고 멋이 넘치는 아버지와
형님들이 되어 주시기를 진정 온~ 겨레가 한마음으로
두 손 모아 기원합니다.

그때를 기억해 보라! 모르면 물어보라!

우리는 역사의 鬪技場(투기장)이 되어버린 仁川(인천)

자유공원의 어처구니없는 모습을

보기 싫어도 보아야 했고 보게 되었다.

또한 뉴스와 신문을 통해서 직접 간접으로 마주해야 했다.

인천 자유공원 맥아더 장군의 동상 앞의 풍경뿐이 아니다.

미국 성조기를 불태우고 미 대사관 앞에서 경찰과

시위 군중들의 투기의 장면을 아주 씁쓸하게 보아야 했다.

얼마 전 시청 앞에선 미군의 장갑차에 치어 죽은 여중생들의

사진을 치켜들고 외쳐대는 젊은이들의 무서운 얼굴들도 보았다.

미국 군인들은 돌아가라는 반미구호의 외침이었다.

언제까지 외치고 소리 지르고 엎치락뒤치락 해야

끝이 나려는 것인가?

2002년 6월 29일 북한의 기습공격으로 우리의 해군장병 6명이

숨진 사건이 있다. 서해교전 사건이다.

4년이 지나며 추모의 행사가 있었으나

대통령이나 국무총리가 한번도 참석한 적이 없었으며

젊은이들이나 어느 단체에서도 깃발 들고 나서서

북한의 만행을 규탄하는 일이 한 번도 없었다.

분하고 원통한 일이 아닐 수 없다.

여학생의 졸지에 당한 사고는 미군당국과 미국의 대통령까지

유감을 표명한지가 이미 오래되었거늘

한편에서는 젊은 세대가 외치고,

또 다른 편에서는 이에 맞서는 나이 먹은 보수 세대들의

걱정 어린 나무람과 저지의 외침이 있다.

슬프다~ 국가와 민족의 장래여!

우리 民族(민족)은 禮儀(예의)와 道德(도덕)을 알며

正道(정도)를 걷는 예절국가이다.

타의 恩德(은덕)을 알고 그 고마움을 갚을 줄 아는

예의 바른 民族(민족)이다.

恩德(은덕)입은 것을 自身(자신)의 世代(세대)에 못 갚으면

그 代(대)를 이어 자식들의 대에서라도 갚고야 하는

훌륭한 禮儀之國(예의지국)이다.

어떻게! 받은 恩德(은덕)을 잊을 수가 있겠는가! 하여
그 은혜의 빚을 갚을 줄 아는 아주 훌륭한 전통을 지니고 있는
양반 그대로의 白衣民族(백의민족)이다.
티가 없는 희고 맑은 마음씨의 民族(민족)이요,
그 혈통에서 태어난 순진하고 예의범절을 아는 백성들이다.

그러나 언제부터 어느 나라의 것인 줄도 알 수 없는
아주 못되고 후레자식들 "쌍"이 흘러들어 왔는지는 모르겠다.
막무가내로 상하구별 없이 어른 아이가 구별 없이
선배와 후배의 구별 없는 돌척 같은 놈들로 번하고 밀았다.

어른들의 타이름도 父母(부모)들의 만류도
先生(선생)들의 敎訓(교훈)도 아랑곳하지 않는다.
生覺(생각)했으면 行動(행동)한다. 무서운 아이들이다.
대하기가 두려운 時代(시대)의 産物(산물)들이다.
게다가 타이르고 나무라야 할 학식 있고 점잖은 어른들까지
거들고 부추기고 있는 양상이다.
그 색깔이 빨간색인지 검정색인지…

분간하기도 어렵게 돌아가고 있다.

나는 아파트 일층에 살고 있다.
어느 봄 날 응접실에 앉아서 잔디가 깔려 있고
수목들이 무성하고 장미꽃이며 목련이랑 진달래가 무성한
아름다운 뒷마당 정원을 감상하고 있었는데,
어떤 젊은 아가씨가 개를 끌고 가다가
하필 정원의 녹색을 즐기고 있는 창 바로 아래서
개의 용무를 보게 하고 있는 것이었다.

나는 창문을 열고 그 아가씨에게 점잖게 타일렀다.
"남의 집 창 밑에서 일을 보게 하면 어떡합니까?"
"치워 버리더라도 창문을 열면 좋지 못한 냄새가 들어오니,
앞으로는 주의 해줬으면 좋겠어요."
그러자 그 아가씨는 눈을 똑바로 뜨고 나를 독기 찬 눈으로
바라보면서 다짜고짜 하는 말!
"여기가 너네 꺼야!
너네 땅이야!" 하고 덤벼드는 것이 아닌가?
나는 나의 귀를 의심했다.
나이를 먹어도 손녀하고도 한참이나 나이가 적게 먹은 아이가

할아버지뻘이 되는 나에게 '느네 땅이야!'하고 소리를 지르며
덤벼드니 어처구니가 없는 일이었다.
상상조차 해보지 못한 상황이 벌어진 것이다.

마침 이웃집 아저씨가 옆에 있어서 그를 보고
나는 더 어지러워 말 할 수 없으니 전씨 아저씨가 나대신 좀
타이르든지 알아서 해보시라고 하고 소파에 앉았다.
전씨 아저씨가 "이봐! 젊은 여자가 할아버지뻘 되는 분에게
그 말버릇이 뭔가? 버릇없이…" 라고 타이르자,
그 여자는 대뜸 "너는 뭐야? 여기가 느네 땅이야!" 하며
대드는 것이 아닌가?
65세의 전씨 아저씨는 어이가 없고 기가 찬지,
부르르 온 몸을 떨었고 얼굴이 창백해졌다.

이런 상황에서는 계산이 빨라야 하는 법!
계산해 보니 勝算(승산)이 없고 더더욱 늙은이 망신만 당할 것
같아서 끌어다 의자에 앉히고 창문을 닫고 말았다.
그 아가씨는 뭐라고 중얼대며 가버리고 말았다.
수위 아저씨에게 물어보니 바로 옆 동에 사는 아가씨란다.

말세다 말세! 말세야!

이사야가 말했듯이 그 날(말세)에는 아이가 老人(노인)을

학대하고 노인을 향해 교만하리라(이사야 3:4-5)한 그대로

이루어지고 있구나!

생각해 보며 마음을 달래보았다.

그렇다고 해도 아무리 末世(말세)로서니…

이렇게 변해 갈 수가 있단 말인가?

마음마저 울적해진다.

서글퍼진다. 한숨이 나온다.

6·25戰亂(전란)때 김일성은 군사들을 이끌고 침공해 왔다.

宣戰布告(선전포고)도 없는 갑작스런 날벼락 같은 일이

일어난 것이다.

헤일 수 없이 많은 전사자와 희생자가 발생했다.

불행한 것은 각 부락 각 동리에서 잘 사는 부자들,

농사를 많이 짓고 땅이 좀 있는 地主(지주)들은

모조리 인민재판으로 처단됐고, 남의 집 하인이나

좀 못살고 가난했던 사람, 소작하던 사람들이

몽둥이 들고 완장차고 봉기했던 것이다.

일가친척 아저씨! 삼촌! 형님! 동생! 하던

가족 뻘 되는 사람들을 미국 놈의 앞잡이라 자본주의자라 하여
모조리 끌어다 몽둥이로 때려죽이고 총으로 쏘아 죽였다.

평소에 좋지 않은 감정을 가지고 지내던 사람들,
형제지간이나 친척지간이라 할지라도 모조리 잡아다가
처단하게 되니 理念(이념)도 아니요, 思想(사상)도 아닌
평상시 살아가면서 누적된 좋지 않았던 감정들이
증오와 원수와 복수심으로 돌변한 감정의 표출인 것이다.
평민, 농민, 시민, 각촌 부락마다 공포와 죽음과 통곡의 소리가
전란의 총성만큼이나 요란했었지 않은가?

요새 젊은이들은 6·25에 대하여 全然(전연) 無知(무지)하다.
교육의 책임이 크다.
교육 말이다! 지나온 歷史(역사)의 교육 말이다.
정치의 책임은 더 말할 필요도 없이 그 책임이 막급하다.
지금도 늦지 않은 것 같다.
6·25를 상기시키는 교육! 역사의 교육 말이다.

6·25전란의 역사를 똑바로 사실 그대로 가르쳐주고 알려주라.
몰라서 무지해서 많은 역사의 오류를 남기게 되는 것이 아닌가?

민족의 장래를 염려하여 정확하고 확실한, 역사를 공부시켜주어라.

무엇이 무서워 교육도 못시키고 올바른 교과서 하나 못 만들고

어물어물 하고 있느냐! 참으로 못난 것들!

어리석은 보잘 것 없는 것들…

남의 나라 일본 교과서 잘못 됐다고 흥분하고 떠들지 말고,

내 나라 교과서 제대로 만들어 가르치면 될 것 아니겠느냐!

6·25전란에는 쌍방간에 수도 없는 헤일 수 없는 많은 군인들과

민간인들이 희생되었다. 그리고 학살되었다.

우리의 우방이었던 미국은 즉시 젊은 군인들을 보내어

싸워 주었고 지켜주고 전쟁을 종식시켜 주었다.

이 나라 이 땅에서 희생된 미국의 젊은이들의 수가 3만6천명이

넘었다고 한다.

그 젊은이들의 피가 강수와 같지 않았는가?

모르면 물어보라!

15만 명이 넘는 젊은이들이 총상으로 부상을 당했고

그로 인하여 일평생을 불구로 살며, 침상에서 신음하다가

세상을 떠나가고 있는 미국의 젊은이들의 수가 얼마였던가를

생각할 때, 우리는 입이 백 개가 있어도 천개를 가지고도

대한민국을 지켜주고 전쟁을 종식시켜 준 그 고마움에
할 말이 없는 민족인 것이다.

그 뿐이랴!
백척간두에 놓여있던 이 나라를 맥아더 장군이 인천상륙으로
인천은 물론 수도 서울이 탈환되었고, 수많은 민간인들의
죽을 목숨을 사지에서 구해냈던 것이 아닌가!
자세하게 설명 못함을 유감으로 생각하며!
마음이 아프다!
그 때 맥아더 장군의 인천상륙이 없었더라면
이 나라는 적화통일이 되고 김일성이 주관하는 피어린 나라
굶주린 나라가 되있을 것이 아닌가?
생각만 해도 와르르~ 드르륵~ 떨린다.

어떤 교수는 맥아더의 인천상륙이 없었더라면
며칠 내에 통일이 되었을 것을…
맥아더 때문에 조국의 통일이 지연되고 있다고 했다.
별난 놈이다.
도대체 어느 나라에서 온 놈이란 말이냐?
어처구니없는 말이다. 기가차고 숨이 차다!

속 알머리 없는 뺑덕어미 같은 말이다.

그래도 백주에 활보하고 있고 강단에서 교사노릇을 하고

있으니 국가의 앞날이 어찌될지? 걱정 또 걱정이 아닐 수 없다.

옛날 오제도 검사 어디로 갔느냐?

제이 제삼의 오제도가 왜 없단 말인가?

오제도!

그 서슬이 시퍼렇던 오제도 검사 말이다!

백의민족 대한민족의 본연의 자세로 돌아가자!

그리도 착했던 민족이 아닌가!

예의가 바르고 어른들을 깍듯이 모실 줄 아는

상하의 구별과 분별이 강한 민족!

은혜에 보답할 줄 아는 어진 백성으로 돌아가자!

6·25戰亂(전란)과 함께 이상한 주의와 사상이 들어왔다.

이사야가 예언한 그대로 이웃을 殘害(잔해)하며,

아이가 노인에게, 비천한자가 존귀한 자에게 교만할 것이란

이야기들의 실례는 6·25전란 와중에 끝도 없고 한도 없었다.

슬프다~

어찌하여 이 순수하고 천진했던 민족이

이같이 惡(악)하게 되었고, 잔인하게 되었는가?

빨갱이 나라도 아니고 공산국가도 아닌데…

그렇다고 잔인한 빨치산도 아닌데…

대한의 아들들아! 대한의 딸들아!

이념과 사상이 밥 먹여 주느냐! 옷 입혀 주느냐!

지나간 과거를 돌아보니 피의 보복과 악순환뿐이요,

배고픔이요, 헐벗음뿐이었다.

이제 그만 이성으로 돌아가자.

순수했던, 착하고 아름답고 이웃을 아끼고 사랑하며

도와줄 줄 알던 민족으로 돌아가자!

보은을 아는 민족으로 돌아가자!

나의 대에 못 갚으면 대를 이어 받은 은혜를 아들 대에서라도

보답할 줄 알던 민족으로 돌아가자!

우리 민족이 잘 못 달리고 있음을 깨닫고 돌이켜보자!

달리던 길을 멈추고!

남의 옷, 맞지도 않는 옷은 모양새도 사납다.

옷감에 잘못 들은 물감 옷을 벗어버리고 빼어 버리고

본연의 색깔! 우리의 조상들이 물려주신 白衣(백의)의 옷을

입고 세계에 우뚝 서 보지 않겠는가?
본연의 자세로 돌아가 보자!

허리케인의 피해로 망연자실해 있는 저들을!
지진으로 허물어진 집터 위에서 울부짖고 있는 저들을
보은의 심정으로 도울 것이 우리 민족의 해야 할 일이다.
맥아더 장군의 동상철거가 보은하는 일보다 급하지 않을 것이다.
이성으로 돌아가자. 왜? 어그러진 길로 가려는가?
白衣(백의)로 돌아가 先後(선후)를 구별해 보자!
인천자유공원으로 몰려갔던 투기장의 모든 사람들이
발길을 돌려 신문사나 방송국으로 떼를 지어 몰려가서
고마움을 표하며, 마음 정성을 표현해 정성어린 마음으로
성의를 표하면 어떻겠는가?

우리가 굶주렸을 때 저들은 밀가루와 옥수수와 쌀을 보내어
우리의 굶주림을 면케 했고, 옷가지들을 모아 담요들을 모아
우리들을 감싸주었고 의약품도 보내서 병들은 우리네들을
치료해 주었고, 설탕까지 보내와 숟가락으로 퍼먹던 생각을
해 보며 감사의 미소를 지어보기도 한다.
그뿐인가! 평생에 맛보지도 못했던 초콜릿, 껌, 알사탕, 분유 등

그리고 구제품등을 배급 받고나니 갑자기 부자가 된 기분이었다.

지금의 젊은 세대는 꿈에도 생각해 볼 수 없는
도움이었던 것이다.
그러기에 지나온 역사를 똑똑하게 가르치란 말이다!
왜? 그 역사는 못 가르치느냐? 모르면 물어보라!
일제시대는 낱낱이 파헤치고 과거사를 끄집어내면서
가까운 근대사 6·25의 세밀한 참혹상을 그 비참했던 역사는
꽁꽁 숨겨두고 파묻어 두려는가?
누구 없느냐? 역사학자들, 성직자들!
역사를 말하고 가르쳐 주고 교과서화 할 위대한 영웅이…
어디에 숨어 숨도 못 쉬고 있단 말이냐?
은혜를 입었으면 갚아야 한다.
우리들의 우방이 多少(다소)의 잘못이 있다한들, 그 때 그
은혜를 생각하면 어찌 背信(배신)할 수가 있단 말인가!

가던 길을 잠시 멈추고, 옷깃을 바로 잡고 그 때 그 일을
모르면 물어서라도!
背信(배신)대신에 報恩(보은)으로 돌아서자!
배신자들의 말로를 우리는 보아왔기 때문에

두렵고 떨릴 뿐이다!

보은 보답! 그래야 福(복)이 돌아오리라.

반드시 말이다!

보은의 길만이 장래가 융성한 나라가 되는 길임을 생각하면서
글을 맺는다.

거지는 평생 거지다*!*

거지는 평생 거지다.
거지를 탈피하기는 지극히 어려운 일이다.
발전할 수도 없고, 향상 할 수도 없다.
그저, 거지다*!* 대를 이어 거지는 거지란 말이다.

쪽박 들고 대문 밖에서 구걸 온 거지에게 동냥만 다니지 말고
'일을 해라' 하고 충고하니 거지는 대답하기를
"마땅한 일거리가 없어요"
"그러면 들어와 우리 집 애나 좀 보라*!* 먹는 거야 해결되겠지"
하고 집 안에 들여 씻기고 딱은 뒤에 애를 보는 일을 맡겼다.

한 나절이 지나서…
주인에게 쪽박을 다시 돌려 달란다.

“왜 그러느냐?” 하고 물으니

“힘이 들어 애를 못 보겠어요! 동냥보다도 힘듭니다! 쪽박이나

주세요!” 하고는 쪽박을 다시 찾아 동냥 나섰다는

우리네들의 이야기가 있다.

가난은 나라도 구제할 수 없다 했든가?

북한의 사정이 어렵다 하는데 그걸 어찌 다 구제할 수 있겠는가?

오죽했어야 300만 명이 기아로 죽었겠는가?

지금도 죽어가고 있고…

그렇다고 계속 퍼 주면은 거지동냥 면하기 어렵다.

거지 연장시키는 처사다.

발전이 없다! 유익도 없다! 도움도 아니다!

얼어 있는 발에 오줌 누기라는 우리네 속담도 모르느냐?

진정 도와주고 싶으면 중국을 말해줘라!

가서 보라 해라!

자유 왕래, 자유 무역, 자유 시장!,

자유 경제, 자유 관광!

개방을 시켜 문을 열게 하라.

중국같이 말이다!

어느 누구든지 對話(대화)하게 하고,

自由(자유)롭게 행사할 수 있는 상거래의 원리를 심어주라!

그러해야 거지를 면하고 구걸을 그칠 것 아니겠는가?

왜? 거지를 연장시키고 구걸을 하게 만들고 있느냐?

그것이 원수 갚은 方法(방법)이란 말이냐?

평생 거지 만들어 놓고 心中(심중)즐기자는 거냐?

무슨 마음이기에 오냐, 오냐 하면서 가진 응석 다 받아 주면서

거지 시키고 있느냔 말이다.

거지를 면하게 하는 방법은 개방을 시켜주는 거다.

잔소리 말거라! 이유가 없다!

변명도 말아라! 설명도 말거라!

개방으로 유도하고 문을 활짝 열게 하라!

그것뿐이다!

이웃나라 中華人民共和國(중화인민공화국)같이 말이다.

핑계도 대지 말라!

돈 쳐들어 거지 연장 시키지 말고,

그 돈으로 개방을 유도했어도 벌써 되고도 남는 세월이었다.

그렇게 할 유능한 선구자 나서라 해라! 찾아보아라!

'찾는 자가 찾으리라' 했으니, '찾으면 있다. 시야를 넓혀
멋이 있는 유능한 인재를 같이 찾아보라!'
혼자서 찾지 말고…
걸맞지도 않고 타당치도 않은 신통한 인물도 못되면서
목에다 힘주고 깁스나 한 사람들만 코드 맞는다고
계속 내세우지 말고, 진실하고 신선한, 티가 없고 허물이 없는
덕망 있고 유능한 外交(외교)를 아는 사람들을 많이 선정해서
제1도 개방이요, 제2도 개방이요, 제3도 개방이라는 것을
이해시키고 설명하고 긍정케 하는 것이
영구한 거지를 면하는 방법인 것이다.

거지는 마음만 먹으면 별짓 다한다. 위폐, 아편, 납치, 방화,
살인, 도둑질 못할 게 없는 무서운 존재다.
쌀 퍼주고 옷 주고 신발주고 그런 유치한 짓은 할 필요가 없다.
그렇게 한다고 거지는 달라 질 것이 없다.
거지는 거지다! 오히려 엉뚱한 일을 저지르고야 말 것이다.
그 거지근성은 대를 이어가므로 버릴 수도 없다!
내가 못하면 이웃나라 멋이 있는 사람들을 동원해서라도
전문적으로! 거지근성을 버리고 개방으로 유도해 보라!
동냥으로 받은 물건 되팔아 먹는 것이 거지의 근성이다.

개방을 할 수 있도록 일할 수 있는 일꾼들에게 투자해 보라!

한 걸음, 두 걸음!

걸음마를 배우는 돌 지난 애들같이 재활원의 훈련처럼!

혼자서 걷는 연습을 시켜라!

문 활짝 열릴 때까지 말이다.

그렇지 못하면 큰일을 당하고야 말 것이다.

후회는 이미 늦은 때다!

돈! 돈을 그렇게 물 퍼주듯 퍼 주는 것이 아니다.

차라리 그럴 돈이 있으면 집안 살림에나 보태주어

결식아동이나 없게 함이 지당할 것이다.

가난하고 찌들고 못 먹고 헐벗고 병들고 학교도 못 보내는…

내 식구 챙기는 일이 시급하지 않을는지?

멋이 있고 유능한 외교관들을 내 나라 없으면

다른 나라에서 빌려서라도 계속 보내라.

문을 두드리는 자에게 문이 열리리라! 親書(친서) 들려서

외교적으로 공략하고 외교 침공을 개시해 보라!

이산가족들이 70이요, 80세가 넘고 죽고 죽어 가는데…

이산의 恨(한)을 품고 나라를 원망하고 지도자를 원망하다가

계속 눈도 감지 못 한 채 죽어가고 있는데…

그 한 맺힌 원한을 무엇으로 해결하고

무엇으로 풀어 줄 것이며 달래 주어야 할 것이냔 말이다.

그 어디 한두 사람이라야 말이지?

그 쌓이고 쌓인 한을 풀어주지 못하면, 무엇이 잘 되고

무엇이 잘 풀리고 어디에서 무슨 복을 기대할 수 있겠는가?

원한을 품고! 한 맺힌 원한을 품고 눈도 감지 못했는데…

그 한 맺힌 원망을 어찌 감당하려고!

딴 짓들만 하고 있으니 한심 무쌍이로구나!

물론 당신들이야 급할 것 뭐 있겠소!

거기, 아무도 없는데…

서두를 것도 없고, 나설 것도 없는 그러한 것을!

당사자나 가족들의 심정으로 잠시나마 돌아가서

절실한 상황에 처해 있는 저들의 아픔을

사람의 양심으로 돌아가 생각을 해 보자!

동족의 양심, 지도자의 양심!

저들의 소원, 저들의 바램, 저들의 원하는 것이 있다면

북한에 흩어져 있는 가족일 것이다.

그 가족을 만나보고 서야 눈을 감을 수 있다는 것이다.

눈들을 감지 못하고 죽어가고 있어요! 수많은 이산의 가족들!
속을 들여다보면 숯 덩어리처럼 바짝 바짝 타서 껌정색이 되어
부스러지고 있을 것이다.
그것하나 해결 못해주고, 어디로 돌아가고 무엇을 하고 있소?
뭐!
국민을 위해 이 한 목숨! 어쩌고 어째?
눈 하나 깜빡도 안하면서…

이제부터라도 힘쓰고 애쓰며 노력을 하면
왜 당신들을 원망하고 있을 일 없지 않겠소!
어느 놈 하나 깃발 들고 나서는 놈 없으니
한심하고 요원하기만 하구려!
끝이 보이지 않는 요원이로다.
얼마 오-래 오-래 살지 못하실 어른들 돌아가시기 전에
고향땅 밟아보게 하고 거닐어 보게 하라.
그것이야말로 멋이 있는 큰 정치일 것이다.

물고기 가운데 연어들의 이야기를 들었느냐? 알고나 있느냐?
보기나 했느냐? 연어는 자기의 죽음이 가까워졌음을 알고,
고향에 가서 죽으리라!

고향 찾아 가리라!

타관 땅에서는 죽을 수 없도다.

목숨을 걸고서라도 고향에 돌아가리라!

수천 수만리의 연어들은 목숨을 걸고 강 건너 바다 건너,

물 건너, 폭포를 타고 올라 천신만고 고향땅 고향물가 찾아와

애처롭게 지치고, 기진맥진하고 탈진한 모습으로 죽어가는

연어들의 모습을 아는가, 모르는가?

모르면 물어보라!

원숭이도 죽을 때가 되면, 아무리 멀리 멀리 와 있었지만,

불철주야 쉬엄쉬엄 고향땅 숲, 어릴 적에 놀던 나무 그 곳에

찾아와 자기가 놀던 나무 거기서 자고 놀며 성장했던 나무!

그 나무뿌리 밑에서 조용히 죽음을 맞이한다고 한다.

이유인 즉 나를 키워주고 놀고 자라게 했던 먹고 자고했던

그 정든 나무 밑에 한줌의 거름이라도 되어 주리라는

보은의 뜻으로 그 나무 밑에서 원숭이의 생을 마친다고 한다.

짐승들의 세계가 사람들의 세계 보다는

훨씬 더 아름답고 순수하고 멋이 있고 향기롭지 않느냐?

모르면 동물에게 배워라!

짐승들도 그러하거늘 사람이 어찌 고향이 그립지가 않을 것이며,

꿈엔들 어찌 잊어질 수가 있겠느냔 말이다.

恨(한)이다. 恨! 恨! 죽어도 감아지지 않는 눈!

사람의 탈을 쓰고 사람이 되었다고 하면

한을 품은 그! 눈! 눈! 눈! 들!

眞情(진정) 人間本然(인간본연)의 마음으로 돌아가

불쌍하고 가엾이 늙어 가고 죽어가는 이산가족의 恨을

하루가 급한 마음으로 풀어주고 해결하는데 힘을 모아

모두 모두 앞장 서 주지 않겠는가?

깃발 들고 앞장서는 사람 있으면!

그 사람이 진정 애국자요,

국민을 위하는 위대한 정치인이요, 영웅일 것이나!

그것 하나 해결하기 위해 앞장서는 전문적인 사람이 없으니…

무한히 한심한 일이 아닐 수 없도다!

숱한 구호 그 구호 속에 이산의 상처!

이산의 멍! 이산의 슬픔!

이산의 원통함을 풀어준다는 말조차 없으니…

한심한 일이 아닐 수 없다.

정치가 무엇을 하는 건지나 알고 떠들고들 있는가?

기가 차구나…

그 어느 정치가의 말 같이 늙은이들!

노인들은 투표하지 말고 집에서 쉬고 계시오!

어느 천하에 어느 식인종의 나라의 정치가라도

할 수 없는 말을 해댔으니 늙은이들, 노인들은 뒷전으로 하고

무엇을 어찌 하겠다는 말인지? 위험하도다!

그 늙은이들!

그 노인들이 다지고 지키고 가꾸고 일궈놓은 나라이거늘

철부지들이 과거를 무시하고 업신여기고

무엇을 하겠다는 건지? 백발 된 노인들이 일궈놓은 땅인데…

이 나라가 어찌 지켜지고 간직되었는데?

노인들을 뒷전으로 몰고 무엇을 하겠다고? 고~얀 지고!

결론은 거울을 보는 것 같이 뻔한 것을…

무슨 좋은 결론!

무슨 좋은 미래를 기대해 볼 수가 있겠는지!

한심 무쌍이로다.

거지 연장시키지 말고 개방하고!

활짝 大門(대문)을 열게 하라. 수단방법 가리지 말고 말이다.

그리고 이산가족들이 자기의 차를 타고 자가용에 몸을 싣고

단숨에 고향으로, 고향으로 달려가게 해보라!

그러기 위해 돈! 풀어라, 써보라!

거지 연장하는데 돈 처들이지 말고!

그 돈이 총알이 되어 날아올 것이며 그 돈이 대포알이 되고

탱크가 되어 내려올 것이며 미사일이 되어 날아올 것을

왜들 모르고 퍼주기만 하는지?

정치를 자기 생각을 내세우는 것으로 자기 고집을 부리는 것으로

자기 理念(이념)과 思想(사상)을 관철시키려 하지도 말라.

누구의 비위를 맞추는 것도 더 더욱 아니다.

돈을 벌어들이는 시장도 아니다.

존경받고 명사의 칭호 받는 일도 아니다.

퀵 서비스나 국민들의 머슴 정도로 알면 된다.

출마 당시에 허리 굽히고 악수하고 애들 뽀뽀해주고

추켜 안고 어루만지듯…

재래시장 찾아 고생하고 있는 콩나물장수 아주머니,

채소장수 아주머니, 생선장수 아저씨들! 찾아다니면서

허리 굽혀 인사하고 악수의 손 내밀 듯 하면 된다.

그게 정치라는 게다.

끝까지 그렇게 하면 된다.

목에 힘주고 도도한 모습 당장 버리라.

목의 깁스도 풀어 던지라.

그리고 국민들의 아픈 곳 어루만져 주라.

국민들이 울 때 같이 울어주라. 기쁨도 같이 나누며…

더 더욱이 노인들 무시하고 학대하면 천벌 받는다.

늙은 어버이 살펴드리는 孝道(효도)하는 자식 같이

살펴 드리고 위로해 드려라! 그것이 정치라는 것이다.

왜? 분노를 사게 하느냐?

왜? 서글프게 만드느냐?

늙기도 서러운데 왜? 부채질하느냐?

그! 소망!

그! 소원하나 못 풀어 드리고!

무엇을 어떻게 하겠다는 말이더냐? 아직도 철이 덜! 들었도다.

철이 들려면 멀고멀었도다. 한심하고 기가 차구나! 어이할꼬?

공부 좀 해보라. 연구하고 노력해 보라!

무엇부터 어떻게 해야 할지 말이다.

노인의 恨(한), 노인의 바램! 노인들의 고통이 무엇인가 생각하여

자식들의 마음으로 돌아가라! 서둘러라!

사실 날도 많이 남지 아니했으니…

내 부모같이 생각하고 말이다!

지금이라도 늦지 아니하니 부지런히 힘을 모아보라!

不孝子息(불효자식)들은 빼고!

후레자식들도 빼고!

부모에게 대드는 깡패 같은 놈들도 빼고!

白衣民族(백의민족)의 傳統(전통)을 이어받아

가족을 잘 다스리는 부모에게 효도할 줄 아는

兄弟友愛(형제우애) 할줄 아는

남의 아픔과 이웃의 고통을 나의 아픔과 나의 고통으로

여길 줄 아는 그! 좋은 사람들과 함께 모여,

이산의 한을 풀어주는 것이 우리들의 할일이라 생각하는

역사에 남을 人物(인물)!

멋이 있는 품위가 있는 존경받는 정치일꾼들이 되어주었으면

하는 바람으로 조용히 두 손 모아 기도해본다.

얼마 살지도 못할 거지왕초 그만 생각하고 시선을

내 나라, 내 민족, 슬퍼하는 나의 이웃에게로

하루속히 돌려주기를 진심으로 바라면서 기다려보련다!

너의 이름이 세월이냐? 네월이냐?

인정도 없고, 사정도 없는 몰인정하고 돌척같은 놈!

일분일초의 시간도 기다려 주거나 지체해 줄줄도 모르는

막무가내의 너!

뛰든지, 걷든지, 날든지, 기든지 너 혼자라면

그 누가 너를 나무라고 탓하겠느냐?

그 많은 인생들을 노예인양 채찍질하듯 몰고 몰아

죽음의 골짜기까지 몰아놓아야 시원해 하는 놈!

병들어 자리보존하고 누워있는 자!

늙어서 기동도 불편한 노인들!

병신 되어 걸음걸이도 시원치 않은 자!

맹인 되어 더듬거리는 자!

앞을 보건 못 보건, 막무가내 끌고만 가려는 무지막지한 놈!

너는 기아와 가난 속에서 굶주려 신음하는 저들의 소리가
들리느냐? 안 들리느냐?
다짜고짜 끌고만 가는구나!
도대체 네 놈은 무엇이냐? 염라대왕이란 놈이냐?
그렇지 않으면 지옥의 사자란 말이냐?

네놈! 인간사는 세상에 왔으면 순리를 따를 줄도 알고
형편 따라 살아갈 줄도 알아야 하는 법!
잠시도 한발작도 지체할 줄도 양보할 줄도 모르는
천하에 무서운 놈! 무조건 마구 잡아끌고만 가려는 네 심보는
알다가도 모르겠구나!

비가 오나 눈이 오나 덥거나, 춥거나,
법원의 집달리란 사람들이 졸지에 들이닥쳐
살림살이와 가재도구를 마구 밖으로 끌고 나와
집을 비우라 하듯이, 집안 도구 싹싹 쓸어 쓰레기를 버리듯
밖으로 내치고 동댕이치듯이…
그럴 때 마다 집 안의 애들 어른 할 것 없이 집달리 부둥켜안고
아저씨~ 울고불고 통곡하며 애원하고 통사정하며
집달리 아저씨에게 매달려 울부짖듯이 하는 일도 있다지만.

너는 한 술 더 뜨는구나!

천하에 망난이 같은 놈아!

너 역시 막무간의 돌척같은 놈이로구나.

도대체 너는 어느 나라에서 왔기에 인정사정없고

피도 눈물도 없는 물건이란 말이냐?

동서사방 지구 땅덩이 구석구석에서 너로 인해

아우성치며 조바심하고 급급해하고 있는 군상들을 보라!

들으라! 내 나이 열 살 때는 그렇게도 느리고 게으르던 놈이

내 나이 이십이 되니 너는 20Km로 달려서,

'게으른 놈아 빨리 빨리 좀 달리자!' 했는데,

내 나이 삼십이 되니 30Km로 좀 빨라졌다 하더니,

오십 살이 되고나니 그리도 게으르던 놈이

언제 그리도 속도가 빨라졌는지?

50Km 제법 빨라지더니 내 나이 육십이 되자마자

더 빨리 60Km 속도가 제법 빨라지고,

고희 칠십에는 70Km로 미친놈같이! 달려만 가고…

마치 돈키호테같이 마구 돌진하고 달리고 있으니…

이놈아! 네가 다칠라… 나 네가 걱정스러워진다!

이게 웬 일이냐?

놀랍도다! 허무하구나! 어처구니가 없구나!

입이 꽉 막히는 것 같구나!

내 나이 산수 팔십이 되면 너는 80Km로 더 빨리 달리겠구나!

구십이 되면 너는 90Km로 달릴 것이고

백살이 되면 100Km로 달리겠구나…

아니! 네 놈은 쉬어 갈 줄도 모르느냐? 피곤할 줄도 모르느냐?

감기나 몸살도 아니 걸렸더냐? 병과는 상관이 없는 놈이냐?

늙고 병들어 보행도 불편할 것인데…

네 놈인들 아니 늙을 수가 있단 말이냐?

달리느라 지쳤을 것이고, 피곤할 것이고,

나이도 많이 먹었을 것인데?

나도 인생살이 달리다 보니 늙고 힘 빠지고 맥빠져 버렸는데…

네 놈만은 펄펄 날고, 뛰고, 기고, 마구 달리니, 이상한 놈이로다.

참으로 네 정력이 부럽기 그지없구나.

좀! 나누어 줄 수는 없는 것이더냐?

이제 그만 좀 달려라!

좀 쉬었다 달려라!

한 세월에 지친 나! 맥 빠진 이 몸! 부축 좀 해 다오!

내 나이 팔십 된 것 어찌 알고

여지없이 80Km의 속도를 내는구나!

이놈아!

나, 어지럽다. 늙은 몸, 숨이 차는구나!

너 때문에 늙어야 하고, 네 놈 때문에 병들어야 하고,

너 때문에 죽음에 이르게 되니…

나 네놈이 원수 같아지는구나.

이! 천하에 웬수 같은 놈아!

나, 네놈만 생각하면 억울하고, 원통하구나.

기막히고 어처구니가 없어서 말문이 막히는구나!

천하에 망나니 같은 놈아!

나, 너에게 끌려 한 세월을 달리다 보니

검은 머리 백발 되어 휘날리게 되었고,

네 놈과 같이 달리다 보니 다리에 기가 빠져

삐그덕 삐그덕 하는 기 빠진 소리에 마음이 상해지누나.

나! 그 옛날 머리가 좋아, 총명하고 명석하여 신동이 났다~

동리에서 떠들썩했는데…

네 놈에게 끌려 철없이 살다 보니 웬 건망증이라 하는 놈이

내 머리 꼭대기에 앉아 나를 조롱하고 있구나,

깜빡 깜빡하면서…

이놈아! 네 놈에게 질질 끌려 여기까지 와보니
천리안이라 내 눈 좋아 밤을 새어 동이 틀 때까지 글을 읽고
또 읽었었는데…
어찌된 영문인지 그 밝은 눈이 흐려졌구나.
흐린 눈 부비고 또 부벼바도 옛날 같지 않아,
잔글씨 책글씨가 보이질 않는구나!
너는 참 별의 별짓도 다 할 줄 아는 구나.
어느덧, 굵은 알의 돋보기안경이 나의 유일한 벗이 될 줄이야…

이놈아! 네가 내 마음 아느냐, 모르느냐?
이 서글퍼지고 외로워지는 마음을…

공중에 날아다니는 비행기도 땅에 내려앉아 쉬기도 하고
물도 마시고 기름도 먹고 떠나는데,
유독 네 놈만은 쉴 줄도 모르고, 먹고 마실 줄도 모르고,
막무가내 달리기만 하니 웃기는 놈이로다.
내 보다 보다 처음 보는 놈이로구나!
가늠해 보기 참으로 힘겹구나.

쇳덩어리로 만들고 무쇳덩어리로 만든 기차란 놈도

달려가다가도 쉴 줄도 알고, 물도 마시고,

뒤로도 가보고 앞으로도 가보는데…

도대체 너는 무엇으로 만들어진 놈이기에 쉴 줄도 모르고,

후진도 모르고 달려가기만 하느냐?

사람들이 잠자고 쉬고 있을 때, 너도 쉬어 땀도 닦고

물도 마시고 하다가 동이 트면 그 때 달려도 될 것을…

세월아! 네월아!

이제 그만 좀 달려라.

세월에 지치고 내월에 늙어지고 찌들어 진 몸…

숨이 차구나 왜 이다지도 숨이 찬지? 내 너를 따르다 보니…

아니! 네게 쫓기다 보니 피곤하구나, 기력이 부치는 구나,

너 따라 나설 기운이 없어지는구나!

펄펄 나르던 기운이 너 따라 달리다보니 이 지경되었구나.

너 따라 나서자니 자신이 없어진다.

그렇게도 자신이 천천이요, 만만이던 것이 네 걸음걸이가

쏜살같고 바람결 같으니

어찌 나의 기력으로 너를 쫓아 갈 수가 있겠는가?

이제, 나, 더는 너를 따라 나설 수가 없으니 천천히 같이 가보자.

너! 나를 가자하니 아니 갈 수는 없고…

인정도 사정도 없어…

사정해 봐도 애원해 봐도 소용없는 줄 나 알기에,

꼼짝 없이 따라 나서기는 해야겠는데…

세월아! 네월아!

가기는 갈 것이니 숨 좀 돌리자! 쉬엄쉬엄 같이 가보자구나.

늙은 발걸음이 어찌 그리 빠른 네놈의 발걸음을

쫓아갈 수 있겠느냐?

할 일도 아직은 남아 있으니 해야 할 것이고…

세상살이에 어질러 놓은 것, 벌려놓은 것들!

슬슬 정리 좀 해 보리라. 그러니 서두르지 말거라!

가기는 틀림없이 갈 것이니 잠시잠깐 만이라도 기다리든지…

걸음걸이를 늦추든지… 슬슬 가면 안 되겠느냐? 기가 차구나!

늙기도 서러운데 늙은 몸 마구잡이로 네 놈에게 질질 끌려가니

내 너를 막지는 못하고 서러워지고 서글퍼지는구나!

살아온 한 세월에 찌들어지고 굵고 깊게 주름 잡힌 얼굴 골!

마치 가뭄에 갈라진 논두렁 밭두렁의 갈라진 골같이…

깊고 길게 주름 잡힌 얼굴 골 타고 맥없이 흐르는 눈물!

주체 할 길이 없어지는구나.

네 이름이 세월이더냐? 네월이더냐?
내게 발맞추어다오! 찾아가는 초행길 동행해다오!
서툰 길 네게 물어물어 갈 것이니 동행해다오! 발맞추어라!
내 가는 길 초행길이라 두렵기도 하고 떨리기도 하는구나!
너는 나의 길잡이 되어 조심조심 한 발짝 한 발짝 부축 하여라!
본향 가는 길 천천히 설명도 해 주고 안내도 해 다오!
요단강을 건너가기가 어쩐지 두려워지는구나.

본향에는 앞서가신 나의 부모님이 기다리고 계시고,
나의 형제와 친한 벗들이 기다리고 있으니
내가 반드시 돌아가야 할 본향인 것을…
왠지 마음이 서글퍼지고 두려움마저 앞서게 되는구나.

그 옛날! 뒷동산에 올라 장래를 꿈꾸며, 같이 놀던 동무들!
예배당 담장 밑에 쪼그리고 앉아 그릇 깨어진 사금파리 사이다
병마개들을 벌려 놓고 너는 나의 각시 나는 너의 신랑!
밥상차려 '아침밥이요~, 저녁밥이요~!' 하며 놀던
나의 각시 그 이름은 예뿐이!

그 예쁜이가!

속장님의 딸이요, 나의 각시였었지…

6·25 전쟁 통에 시름시름 앓다가 약도 써보지 못한 채…

저 세상으로 훌훌 서둘러 먼저 가버렸다니…

그렇게도 착했던 나의 각시가…

어찌 외로운 길을 홀로 떠나버렸는고?

기다렸다가 같이 가지 않고…

홀로 떠났다는 소식 듣던 날!

나는 어린애같이 흐느껴 울고 엉~엉~ 대고 울었지…

그러나 모두모두 그곳에서 기다리고 있을 것을 생각해보니…

내 마음 가눌 길 없어지는구나! 좋아서인지, 서글퍼서인지…

세월아! 네월아!

너! 왜 그리도 급하게 서두르고 있느냐?

나! 정신이 쑥 빠지는 것 같구나!

너, 그리 채근하고 서두르지 아니해도

나도 가야할 채비를 하고… 준비하고 있으니

채비가 끝나는 대로 너 따라 나서리라!

한 세월에 기 빠진 다리에서는 삐거덕 우두둑

뼈마디 부딪치는 소리 들려오누나.

너 따라 나서느라 일어서는 몸이 천근이요, 만근이로다!

그 옛날에는 훌훌 날아다니든 몸이…

백리를 달려도 까딱없었던 몸이…

네 놈 따라 한 세월에 늙어지고 꼬부라지고 말았구나!

늙어진 몸 이끌고 과연 너를 따라 나서기가 두려워지는구나.

걱정이 앞서는구나!

그러나 따라 나설 것이니, 염려를 놓아라.

세상살이 힘겹게 사느라 지치고 맥 빠진 몸!

기 빠져 휘청거리는 다리!

바로 세워 따라 나서 보리라!

나이 많아지니 몸도 마음도 나약해 졌구나!

흐려지고 침침해진 눈!

부비고 또 부벼 내 본향 집 바라보며 조심조심 걸어가 보리라!

이 풍진 한세월에 힘 빠지고 맥 빠져!

껍데기만 남은 것 같은 이 몸! 세월아! 내월아!

내 손 잡아 부축해다오!

그리고 너!

더듬어 찾아가는 내 본향길이 초행이로다!

네가 나의 지팡이가 되고 길잡이 되어

나를 본향까지 안내하여라.

나! 가는 길 원망하지 않고 조용히 너를 따라 나서리라!

다리에 맥 빠졌으니 세월을 타고 내월에 업혀

옷깃을 바로 세워 조용히 요단강을 건너가보리라!

안내하여라.

길잡이 되어 앞장서거라!

金(김)서방! 위대한 김서방

김서방을 풀어주라! 유익한 곳으로! 아주 멋이 있는 곳으로!
나이 많이 들어 병든 몸 되어 보았느냐?
자리보전하고 누위 있는 처량한 몸이 되어 보았느냐?
쿨룩쿨룩 기침하고 가래나 뱉고 축~ 늘어져 있어보라!
밥맛없다 하여 못 먹고 배곯아 죽상이 되어 누위 있어보라!

어느 놈 하나!
'보양식이요, 영양식이요.' 하면서 받들어 모실 놈 있는가?
'녹두죽이요, 깨죽이요, 전복죽입니다. 잡수셔야 합니다.' 하며
정성을 다해 끓여 올 며느리가 있는가? 딸이 있는가?
'보약이요, 탕약이요.' 하며 받들어 모시고 공양해 줄
아들놈이 있는가? 딸들이 있는가?
이리 훑어보고, 저리 훑어보라!

받들어 모실 며느리는 있는가?

더 더욱이 대소변 받아내고 냄새나는 속옷 빨아서

뽀송뽀송한 면으로 된 속옷으로 갈아입히고

이부자리 햇볕에 말려주고 빨아서 갈아주고 눕혀주고 할 놈이

어느 놈인지? 어느 딸인지? 어느 며느리인지…

살펴보고 점검 해보라!

기력 있을 때! 돈 푼이나 쥐고 있을 때!

이리 훑어보고! 저리 훑어보라!

큰 놈은 큰 놈대로 제 살림하나 제대로 꾸려갈 줄 모르는 놈!

그런 놈은 아닌지?

둘째는 제 색시에게 꽉 잡혀 꼼짝도 못하고

숨도 크게 쉬지도 못하고 처갓집 눈치만 보고 사는 놈!

그런 놈 아닌가를…

이런 놈! 저런 놈!

이 며느리! 저 며느리!

이 딸! 저 딸!

별로 마음에 들고 신통한 놈 없을게다!

꼼꼼히 살펴보면서 늙어도 늙어가라!

시대가 변해도 한참 변했고 계속 변해간다.

시대가 말세인 것을…

정신 차리고 노후대책 안하고 있다가 큰 일 당하지 말라!

후회는 이미 늦은 때!

어느 놈 믿고 안심하고 늙어 가지 말라!

자식들이나 며느리는 그 일을 못해도 할 놈이 있다!

멋들어지게 비위맞춰 잘해줄 놈이 있다!

대소변으로부터 죽 끓여 대는 일,

빨래해 주고 시간 따라 약 먹여 주는 일,

잠자지 아니하고 옆에 대기하고 지켜보는 놈 있다!

자식들 다~ 소용없다 했는가?

울타리라 했는가? 애물단지라 했는가?

그분들은 나를 낳아주시고 애지중지 키워 주시고

 젖은 자리 마른자리 갈아 눕히며

정성을 다~바쳐 청춘을 다~쏟아 키워주셨고

자식이 아플 때, 病(병)들었을 때는

안고 엎고 허둥지둥 이리 뛰고 저리 뛰면서

병원 찾아 헤매시던 부모님이셨거늘!

당신들은 먹을 것 아니 먹고 덜 입고

요리 아끼고 조리 아끼시며 키워주신 부모님!

공부시키느라 당신들의 몸은 돌볼 사이 없었기에

늙어 病(병)들었는데…

돌보아줄 자식 놈들은 없으니…

챙겨줄 자도 없으니…

슬프다~ 고달프고 원통한 人生(인생)살이여!

그러기에 정신 바짝 차리고 살아야 할 인생살이가 아니더냐?

청춘과 젊음을 다 바쳐 애지중지 키운 놈들!

나 몰라라 모두다! 다~

늙은 몸 어찌하랴? 뒤돌아다보지 않고 챙겨 주지 아니하니…

그런데 돌보아줄 놈 있다 했느냐?

도대체 어느 놈이 있기에 늙은 몸, 병든 몸

돌보아 준다 했는가?

天下(천하)에 그런 놈이 어디에 있겠는가?

있다! 있고말고!

다른 놈들은 할 놈이 없다.

믿지도 말고 의지하고 바라지도 말라!

의지하고 바라고 믿었던 만큼 실망은 더욱 더 커지는 법!

눈을 크게 뜨고 살펴봐도 그런 놈은 찾을 길 없을게다.

할 놈은 金(김)서방 이란 놈! 한 놈 밖에는 할 놈이 없다!

돈이라는 놈이다! 돈!

이놈만은 모든 것을 해 낸다.

돈! 돈이란 놈 말이다! 돈!

김 서방이란 놈은 별난 것 다~해준다.

멋이 있는 놈이다!

돈이라는 놈은 종놈 부리듯 해도 불평 없이 해준다.

하나부터 열까지 못할게 없고 못해줄 것이 없는 놈이

金(김)서방이다.

마른일, 구진일, 더럽고 냄새나는 일! 그놈은 다~해준다.

하고도 남는다.

그놈은 별난 놈이다.

별난 놈이기에 별의 별일을 다~해준다.

참으로 알다가도 모를 놈이다.

생각해보라. 그놈이 못할 일이 무엇이 있겠는가고?

그 놈은 재주도 많다. 별난 재주 다~부리며 웃긴다.

내 하고 싶은 일 다~해주면서도 불평이 없다.

투덜대는 법이 없다.

마음 편히 부릴 수가 있기에 좋다!

그놈의 눈치코치 볼 필요도 없는… 아주 편한 놈이다.

그 놈 움켜쥐고 놓치지를 말라!

그놈! 함부로 빌려 주지도 말라!

그놈은 일단 나가면 다시 돌아올 줄 모르는 놈이다!

기분 좋다고 내주면 안 되는 놈이다.

아양 떤다고! 기분 좋아 김서방 풀어주지도 말라!

알랑알랑 거려도 金서방 만큼은 놓치면 안 되는 놈이다.

알랑방귀 뀐다고 놓아주지 말라!

어디든 찾지 못하는 곳에 꽁꽁 숨겨 놓아라!

김서방 있는 척도 말라!

누가 김서방의 안부를 묻걸랑 모른다 해라.

쉬파리 날파리 똥파리까지 모여들고 시끄러위도

눈 지그시 감고 놓치지 말아라! 붙들어 두라!

놓으면 끝이요! 풀어주면 끝이다!

땡~하고 끝나는 종이 울린다. 끝났다는 말이다!

그러나 김서방을 풀어주고 놓아줄 때가 있다.

人生의 終着点(종착점)이 머~지 않았구나 느껴지는 驛(역)

인생의 終着驛(종착역)

그 앞 전역에서는 좋은 곳 찾아가라고 풀어주라, 놓아주라!

유익한 곳!

불쌍한 인생들이 모여 사는 곳으로 돈 없어서 공부하고 싶으나
공부 못하는 젊은이들이 있는 곳에
과부와 고아들이 모여 사는 곳!
과부와 고아들이 기다리는 곳에 '終着驛(종착역)이 가까워졌구나,
내려야 할 시간이 가까이 왔구나' 하는 時點(시점)에서
그 놈을 下車(하차)시켜라.

쓸모 있는 곳으로 훨~훨~ 날려 보내라!
달음박질해 찾아가라고 유익을 주고 기쁨을 주고 소망을 주고
열심을 줄 수 있는 곳으로…
꽁꽁 붙들어 매어 두었든 金(김)서방을 평생을 종놈같이
부려만 먹든 그 김 서방을 풀어 자유를 주라!
얼씨구나 더덩실 춤추며 좋은 곳 찾아 갈 것이 아니겠는가?

그 김서방은 孝子(효자)보다 낫고 어느 친구나 가족보다도
쓸모 있는 놈이다.
孝道(효도)도 할 줄 알고, 병도 고쳐내고, 박사도 만들어 내고
못하는 것이 없는 유익을 주는 놈이다.
그런고로 人生(인생)의 終着驛(종착역)까지 같이 가려하지 말고
움직이고 말하고 생각할 수 있는 그 前驛(전역)에서 풀어주라!

이름 없이 빛도 없이 소리도 없이 말이다!

그 놈을 쓸모 있는 곳으로!

대단히 쓸모 있는 곳으로 휠~휠~등 밀어

下車(하차)시켜주어라!

추하고 인색하게 같이 죽자 하지 말고 멋이 있게 보내 주어라!

멋지게 놓아 보내라!

자식들에게 대물림하는 우를 犯(범)하지 말자!

그것이 바로 실수다!

좋은 자식을 못된 놈 만들고 추한 놈 만드는 실수다!

게으르고 교만한 자식들 만드는 실수다!

큰 실수다! 아주 큰~ 실수란 말이다.

돌이킬 수 없는 실수요, 범죄이다!

추하고 치사한 人生의 終着驛(종착역)이 되지 말고

멋이 흘러넘치는 깔끔한 멋진 終着驛(종착역)에 下車(하차)하는

客(객)이 되어 많은 千軍의 天使(천군의 천사)들의 영접 받고

未知(미지)의 땅에서 貴(귀)한 손님으로 안내 받아

요단강을 건너봄이 어떠하겠는지?

아주 무서운 歷史的 意味(역사적 의미)

옛 소련의 지도자 레닌이 교회의 門(문)을 닫아버리고 말았다.

목사와 신부들을 탄광으로 보내고 혹은 옥고를 치르게 했다.

많은 교회의 신도들을 학살하고 수 없이 죽였다.

그! 못된 놈의 理念(이념)과 思想(사상)때문이었다!

자기네들과 코-드가 맞지 않는다 해서 말이다.

교회의 문을 닫고 나니

소련의 모든 문이 닫히기를 시작한 것이다!

理念(이념)은 살고 思想(사상)은 살아 움직였으나,

철공소의 문, 백화점의 문, 제조공장의 문, 극장과 문화원들

예술원, 대학의 문들도 닫기를 시작했고 모든 文化(문화),

生産(생산)분야의 문들이 서서히 닫히기를 시작했고

심지어는 사람과 사람들 간의 對話(대화)의 문들도 닫히고,

마음의 문도 굳게 닫혀 버렸다.

각 言論(언론)사의 문도 서서히 닫혀서

아주 얼어버린 동토가 되어버린 것이다.

자기네들의 사상과 이념에 동떨어진! 코-드가 안 맞는

敎會(교회)의 문을 닫아버리고 나니

수백 수천의 문이 닫혀 버린 것이다.

빵 공장의 문들도 닫혀버려 길거리에서는 빵 한 조각을 사서

먹을 수 없고 버터 한 덩어리를 구할 수가 없게 되었다.

모두가 배급이다. 배급도 제대로 이루어지지 않았다.

거지의 나라를 만들어 버리고 말았다!

무서운 일이다! 천벌이 따로 없다! 날벼락이 따로 없다!

그렇게도 세력이 막강한 나라가 종이호랑이가 되고 말았고,

강철같이 뭉쳐졌던 나라가 조밥 부서지듯이 흩어져버려

소련이 아니라, 러시아로 홀로 남아 氣(기)빠진 나라가 되었다.

이빨 빠진 호랑이라 했던가?

이빨 빠지고 발톱 빠진 호랑이 꼴이다!

아니! 종이로 만든 종이호랑이가 되고 말았다.

소련 연방국들이 모두모두 떨어져 나가면서

戰爭(전쟁)이 시작되어 피비린내 나는 동토가 되어갔다.

철의 장막이 始作(시작)되고

아주 못사는 나라로 전락되고 말았다.
시작과 끝은 있는 법!

정권! 그! 막강했던 정권이 물러갔고 그나마
自由民主主義(자유민주주의)로 서서히 돌아서게 되고
굳게 닫혔던 교회 문은 하나 둘씩 서서히 열리기를 시작했다.
교회 문이 열기 시작하고 나니 신기하게도 다시금 각 분야의
문들이 조용히 열리기 시작하여 공장이 돌아가게 되고
철공소, 제철소의 문이 열리어 요란한 소리를 내며
힘차게 돌아가고 닫혔던 문들이 교회의 문과 함께 넓고 넓게
개방되기를 시작하여 빵 공장도 돌아가게 되니 배급도 제대로
받지 못했던 빵을 자유롭게 배불리 사서 먹게 되었다.
그리고 마음과 마음의 문들이 열리고 자유를 누리게 되었다.
그것이 지금의 러시아다!

우리나라 군사 정권 시대에 發生(발생)한
비극의 한 토막의 이야기가 있다.
환경정화 차원에서 삼각산의 무허가 건물들을
모두 헐어 버리게 되었다.
그 와중에서 祈禱院(기도원)이 70여 棟(동)이 헐리게 되었다.

불도저로 마구 밀어 부수어 버렸다!
진정서도 소용이 없고 통곡도 애원도 묵살되었다!

헐려버린 기도원 터전에서 많은 성도들이 주저앉아
울며불며 금식하며 철야로 기도하게 되었다.
헐려버린 기도의 터, 기도하던 장소를 떠나지 않고 기도했다.
울부짖었다. 참혹한 일이다.
三角山祈禱院(삼각산기도원)은 옛날이나 지금이나
나라와 민족을 위해! 조국의 統一(통일)을 위해
주야장창 쉬지 않고 기도하는 장소이다.
부르짖는 장소요 눈물을 뿌린 장소였다.
그야말로 눈물의 제단이요, 민족의 제단이었든 것이다.
지금도 쉬지 않고 조국을 위해 불철주야 쉴 줄 모르고…
기도의 소리가 끊어질 줄 모르는 곳이 삼각산기도원이었다.

그러한 기도꾼들!
기도의 勇士(용사)들이 모여 사명을 가지고 울부짖던
기도원들을 무허가라 하여 70여개의 기도원이 헐리고 난 후
나라에는 험한 파도가 일기 始作(시작)했다.

波高(파고)가 점점 높아만 갔다.

쓰나미가!

그! 무서운 쓰나미가 몰려오기를 시작했던 것이다.

학생들의 데모의 파도가 날마다 그칠 줄 모르고 높아만 갔고

학생들이 다치고 부상당해 병원으로 들것에 실리고

업고 메고 달렸고 아까운 젊은이들이 죽어나가게 되고

부상당해 병원 신세를 지게 되어, 기나긴 세월에 아파했고

무서운 고문은 주야장창 어두운 곳에서 자행이 되고

찢고, 부러뜨리고, 몽둥이질하고, 물 먹이는 일!

달아매는 일 등 가혹한 행위가 거침없이 이루어졌으며

工場(공장)에서는 女工(여공)들의 분신자살이 벌어지고

투신자살이 자행되고, 붙들려 성고문의 수치와 아픔을

당해야 했다.

마산에서와 부산의 파고로 말미암아 結局(결국)은

부마사태라는 놀라운 역사에 남을 일들이 저질러지게 되었으며

계엄선포로 이어져 중앙청 앞 광화문 거리에는

불철주야 시민들을 위협하는 탱크와 기갑차들이

굉음을 내며 질주했다.

筆舌(필설)로 어찌 그 날의 일들을 표현해 낼 수가 있고

그려낼 수가 있단 말인가? 그저! 증인의 한 사람일 뿐이다!
북한에서는 청와대 습격을 목표로 決死部隊(결사부대)를
청와대 근처까지 보내어 대통령을 시해하려고
기관총과 따발총으로 중무장한 김신조 일당들을
우리군경들의 반격으로 일단락은 되었으나
우리 쪽의 군경이 많이 희생된 일이 있었지를 아니한가?

우리 국민들은 잠을 이루지 못하는 공포에 떨며 나날을 지내야
했으며 결국은 아주 무서운 일들, 들어 본적 없는 비극이
일어나고야 말았다.
마침내 대통령이 자기부하가 쏜 총탄을 맞고 사망하는
국가적인 비극이 시작되었던 것이다.
비극의 시작이며 結果(결과)요 結論(결론)인 것이다.
엄청나고 아주 무서운 結論(결론)이란 말이다.
前無後無(전무후무)한 國悲(국비)였다.

하나님의 교회! 기도드리는 제단! 그리고
하나님의 사람들을 마구잡이로 무서운 줄 모르고
함부로 대하지 말아야 할 것이다.
건드려 이로움이 없는 법!

교회는 하나님의 몸이라 하셨는데 왜 쥐고 흔들고
소란을 피워?
주의 종 잘못은 하나님의 責任(책임)인 것을…
왜? 사람들이 이렇고 저렇고 못살게 굴어?
심판하고 판단하려들어!
그! 종의 주인에게 맡겨 버리면 될 것을…
왜? 뒤흔들고 시끄럽게 굴고 있느냔 말이다!
떠들어 대고 잘난 척 해 봐야 有益(유익)이 없는 것을…
그! 결론은 아주 무서운 것을…

존경 받고! 대접 받고! 인사 받고!
잘난 척 하는 것은 교회 밖에서나 하는 일이고…
교회 안에서는 이름 없이! 빛도 없이! 소리 없이!
겸손히 주님을 받들어 모시어야 하는 것임을
명심 또 명심해야 할 것이다.
그래야 상급도 있고 칭찬도 있지!
무슨 유익이 있다고 떠들고 흔들어?

떠들기를 멈추자! 잘난 척도 말자!
휘어잡아 흔들지를 말자!

유익은 없고, 靈(영), 魂(혼), 肉(육)의 큰 손해

큰 상처만 남을 것이니 有意(유의) 또 유의하여 忠誠(충성)하며

겸손히 받들기를 바라는 바이다.

떨리는 마음!

하나님을 두려움으로 경외하는 마음으로

이름 없이 빛없이 소리 없이 섬기어 보자!

떠들고 흔들기는 왜 떠들고 흔들어?

그 結論(결론)이 무엇으로 어떻게 돌아오는지?

생각이나 해 보았는지?

예수께서 十字架(십자가)를 지시고 묵묵히 갈보리 언덕을

올라가시듯 쓰걱쓰걱 묵묵히! 존경 받으며! 칭찬 받으며!

섬기어 볼 생각은 없는지?

섬기는 途上(도상)에서 하나님의 福(복)과 갚아주시는 상급이

임하기를 바라며 아주 무서운 歷史的意味(역사적 의미)를

설명하며 글을 맺는다!

붉은 깃발을 높이 들어라!
그 밑에서 순교하리라

충청남도 어느 시골 교회에서 간절한 초빙을 받았다.

병원도 의사도 없는 작은 동리였다.

수 없는 청빈과 지방 감리사의 권유로 서울을 청산하고

조용한 시골로 비장한 결심을 가지고

봉사하고자 하는 마음으로 청빙에 응했다.

내가 저들을 위해 무엇인가 할 수 있는 것을 찾아서

봉사해 보리라는 마음으로 가족을 설득하고 달래고 해서

이삿짐을 싣고 내려갔다.

장로님은 나를 위해 도와주시고 기도 해 주시고

협력하며 보살펴 주겠다 하여 따라 나섰다.

그러던 어느 날이다.

시골에 내려 온지 얼마 안 되어서 6·25라는 전란이 터졌고

물밀듯 인민군대는 탱크를 앞세워 한강을 건너

남하를 계속하여 大田(대전)이 함락됐다.

모두 모두 피난길에 나서고 있었다.

우왕좌왕 보따리의 행렬! 그리고!

아주 무섭고 참혹한 일들이 꼬리를 물고 벌어지고 있는 것이다.

이런 와중에서 내가 의지할 곳은

나를 설득하여 잘 협력해드리겠다고 아무 염려 마시고

마음 푹~ 놓으시고 일하실 수 있도록

최선을 다해 도와 드리겠다고 하던 장로였다.

어찌해야 할지?

동리사람 모두모두 우왕좌왕 하고 있고

보따리 피난의 행렬은 시작이 되고!

갈피를 잡을 수 없기에 장로의 집을 찾아갔다.

이리 뛰고 저리 뛰고 하던 가운데

교회 장로를 찾아가 의논을 해 보리라… 생각하고

그의 집을 찾아가니 벌써 피난 떠난 지 오래이다.

문이 자물쇠로 잠겨있다.

난감한 일이 아닐 수 없다.

하는 수없이 교회의 재정을 맡고 있는 회계권사를 찾아갔다.

무슨 도움이 될까 하고 장로의 소식도 물어 볼 겸해서

찾아가 물어보니 그의 대답은 젊은 나를 무한히 실망시켰다.

기절할 정도를 넘어선 실망이었다.

그 사연은 이러했다.

장로는 교회에 있던 쌀과 모든 것을 며칠 전에 다 팔고

재정도 다 찾아서 어디론가 피난해 버렸다는 이야기다.

교회와 목사를 팽개치듯 버리고 말 한마디 없이 의논도 없이

혼자서 도망가듯 피난했다니…?

슬픈 일이다. 기가 찬 일이다. 어이가 없다.

나를 잘 섬기고 받들어 주겠다던 장로가 아니던가?

비장한 결심과 다짐을 하고 시골 농촌 교회로,

봉사와 희생의 각오를 가지고

서울에서 모든 생활을 다 청산하고 내려와

교회를 의지하고 장로를 의지하며 믿고 잘 해보리라 했는데

그 실망은 筆舌(필혈)로 어찌 다 설명할 수가 있겠는가?

배신이다. 배신자다. 괘씸하다. 가롯 유다가 따로 없다.

人生(인생)으로 세상에 태어나 지금까지 겪어본 일이 없는

실망의 절정이다. 배신감에 치가 떨렸다.

처절한 심정을 말로는 표현하기가 어렵다.

실망의 極(극)이다.

人生(인생)이 이다지도 허무하고 맹랑한 것이란 말인가?

망부석같이 그 집 문 앞에 우두커니 서 있게 되었다.

방향감각이 마비되어, 어디로 발을 떼어야 할지? 몰랐다!

그저 서 있는 것이다. 얼어붙은 것 같이…

발걸음을 옮겨 놓을 곳이 없다.

전쟁은 터져서 총소리 대포소리는 요란한데 망연하다.

인생이 처참해진다.

나 자신이 그렇게도 불쌍해지고 버려진 고아 같아지는 심정이다.

다음의 행동은 없다!

바로 서 있는 그 자리에서 잘 돌아가고 있던 필름이

갑자기 끊겨져버린 것이다!

아무 생각도 나지를 않는다.

어떻게 해야 할 것인지?

좌해야 하는 건지? 우해야 하는 것인지?

인생이 참혹해지는 것 같고 허무하기 이를 데 없다.

바로 그 장로가 전적으로 책임지고 자기가 잘 모시겠노라고

그렇게도 졸라대고 사정 또 사정하고 요청하기에

비장한 각오와 결단을 내리고

시골 아주 작은 동리 100호 밖에도 안 되는 마을로

봉사하자! 희생해 보리라. 농촌을 향한 꿈을 싸들고

초가삼간 시골 교회로 내려 왔는데!

이것이 웬일인가? 얼마 못되어 6·25전란이 터졌고

형제요, 자매요 하던 교회가 저 살기 바빠서 온다간다

인사 한 마디 의논 한 번 아니하고 훌훌 떠나버린 저들!

목사는 살든 죽든 먹든 굶든 팽개치듯 하고 떠나가 버린 저들!

나는 무엇으로 어찌 저들을 표현해 낼 길도 방법도 없다.

그때의 그 상황을 말이다.

말로나 글로나 그 때의 나의 마음을 그릴 수가 없다.

혼자만 살아보겠다는 그들의 모습을… 무엇으로 어떻게

설명하기가 아주 힘들다.

허탈할 뿐이요, 맥이 빠져 주저앉을 지경이다.

못된 놈들… 괘심한 것들… 짐승만도 못한 놈들…

쌀도 없고 돈도 없는 상태에서 뒤돌아보지도 않은 채

몰래 몰래 모두 모두 움켜쥐고 떠나버린 저들이 미워진다!

배신감에 분하고 억울하고 숨이 멎을 것만 같다.

용서할 수 없이 밉고 또 미워진다.

"하나님 어찌 하오리까?"

교회 장로가 되었으면 이 어려운 난리에 지켜주고 감싸주고

생활을 걱정해 주어야 할 것인데…

혼자서 움켜쥐고 도망가다니… 괘씸하기 짝이 없는 놈이다.

마음이 아프다. 적개심마저 느껴진다. 분통이 터진다.

그 때 나는 깨달아지고 터득되는 것이 있었다.

위대한 터득이요, 체험이다.

그것은 다름 아니라, 빨갱이 따로 없다.

배신당하고 억울하면 빨갱이 된다!

빨갱이 따로 없다!

잘 사는 놈들 거들대는 것 보면 빨갱이 된다.

빨갱이 따로 없다!

치가 떨리도록 상대가 미워지면 빨갱이 된다.

빨갱이가 따로 있나?

배신당하고 팽개질 당하면 빨갱이 되지…

쌀 떨어지고 돈 떨어지고…

사상이 있어서가 아니요 理念(이념)으로가 아닐 것이다.

인생살이에서 고달프고 천대 받고 멸시 받고 가진 것 없고

막막해지고 거들대는 놈들! 깔보는 놈들!

으스대며 돌아가는 놈들 보면 빨갱이 편 되고

못사는 사람끼리 모여 저들을 적대시 하다보니

天然(천연)적으로 붉어지게 되고 빨개지는 것이다.

감나무의 파랗던 감이 빨개지듯이

自然的 現象(자연적 현상)인 것이다.

이념과 사상이 있는 빨갱이가 아니다.

6·25 때는 모두 모두 그러했다.

배고프고, 처절한 가난의 생활이었다.

나는 평생 먹어보지 못했던 보리쌀을 구하여 먹어보니…

껄껄하고 미끈거려 목으로 넘기기가 힘들었고

넘기고 나면 배속에서는 와글댄다.

참으로 힘든 나날이었다.

共産治下(공산치하)가 되고 어느덧 인민군이 들이 닥쳤고

못살고 소외당하던 사람들은 붉은 완장을 차고 몽둥이를 끌고

의기양양하고 도도하게 거리를 누비고 골목을 누비며
어깨를 펴고 활보하고 있는 것이 아닌가?
좀 잘 살던 동네 어른들은 기가 죽어 두문불출이요,
구장 반장은 일찌감치 동리를 빠져나가 피난을 갔다하고,
졸지에 들이 닥친 아수라장이었다.

인사도 곧잘 하던 이씨 일가의 머슴들!
아침저녁 만나기만 하면 깍듯이 허리를 굽히던 사람들이
빨간 완장을 차고 난 후에는 힛득 뻣득 인사도 않고
눈에다 불을 켠 듯 무서워졌다. 자기네 세상을 만난 듯…
아주 무서운 사람들이 되어 버렸다.
사람들이 변해도 그렇게 변할 수가 없다!
氣高萬丈(기고만장)이다.
어처구니가 없다! 기가 차다!
변해도 이렇게 변할 수가 있단 말인가?
그리고 그렇게도 착하던 사람들이 무서운 아이!
무서운 사람들로 변해버린 것이다.
理念(이념)도 없는 빨갱이 들이 되었다.
서슬이 시퍼렇다! 아주 무섭다! 빨갱이 세상이다!
몽둥이는 무엇을 하려고 들고 끌고 다니는지?

그런데 나를 지켜주고 위로해 주어야 할 장로라는 사람은
줄행랑을 치고… 찾을 길이 묘연하다. 아무데도 없다.
고구마와 옥수수, 감자랑 호박이랑 깨진 바가지에 담아가지고
와서 '잡숴보셔유~' 하든 순박했던 동리 사람들과 교인들은
한 사람의 얼굴도 나타나지 않았다!

아주 이상한 일이요, 기이한 現象(현상)이 아닐 수 없다.
이상하게! 미묘하게! 신기하리만치! 돌아간다.
그리고 무섭다!
목사의 집! 앞길을 지나갈 때,
문 앞을! 지나갈 때면 모두가 한결같다.
무슨 염병이 걸린 집 앞 같이 여기고 있는 것이 아닌가?
이상한 눈짓들이다!

나는 어디로 가야 할 곳도 없고 갈 수도 없다.
수시로 감시하는 것 같고 세상이 이상하게 돌아간다.
갑자기… 나도 어디론가 피난가리라!
이 동리를 떠나야 하지 않겠는가?
생각해 보았지만 때는 이미 늦은 때다.
어디로 갈 곳이 없다.

砲火(포화) 소리만 요란하다.

제트기 소리, 탱크소리, 오토바이 소리와 함께…

감금당하고 유배당해 시골로 내려온 것 같다.

시골로 내려 온지 불과 몇 달 밖에 안 되었다.

가택연금이다.

그러나 내 良心(양심)은 평안했다.

내가 무슨 죄지은 사람도 아니요,

동리 사람들에게 害(해)가 되는 말을 한 것도 아니어서

공산당이나 빨갱이들이 나를 해할 이유가 없지…

생각하며 스스로 위안을 받고 하루하루를 가시방석에 앉아

지내고 있던 어느 날이다.

점심때가 되어 주택 마루에 앉아서 점심식사를 하고 있는데

靑年會會長(청년회회장)이 앞장서고 人民軍(인민군)이

따발총을 들고 주택마당으로 들어서는 것이 아닌가?

그리고 다짜고짜로 청년회 회장인 그가 나를 향해

"저 사람이 미국놈의 앞잡이요."하고

나를 가리키고 서 있는 것이 아닌가! 빨간 완장을 차고 말이다.

청년회회장으로 착실했던 사람이었다.

아주 무서운 아이로 돌변했다. 그리고 따라오라는 명령이다.

나는 맥이 쑥~ 빠지는 것을 느끼며

시작했던 밥상을 물리고 할 수없이 저들을 따라나섰다.

동리를 지나 한적한 곳에 가보니

벌써 여러 명이 전깃줄에 묶여 서있는 것이 아닌가?

동리에서 유지되는 분들 구장 하던 분!

그리고 좀! 잘 산다는 어르신들이다.

영문도 모르고 전깃줄에 묶이어 따라나서게 되었다.

끌려간 곳에 간판을 보니 분주소라고 쓰여 있다.

들어서 보니 철문으로 창살박이 한 유치장이 아닌가?

이유도 죄명도 모른 채 유치장 철장 안으로 들어가게 되었다.

그리고 밀어 처넣고는 열쇠를 잠근다.

아주 좁은 유치장 방안이다.

같이 묶여온 사람들과 함께 처박힌 것이다.

그곳에 먼저 와있는 사람들의 모습은 아주 초췌하다.

안면도 있고 부농이었던 이웃동네 유지들이다.

그리고 이웃동네 어른들이었다.

모두가 반장이요, 구장이요, 하던 사람들이다.

피난간다 했는데? 어디서 찾아냈는지 모두 모두 잡혀온 것이다.

숨을 곳도 없었던 모양이다.

피난도 못가고 잡혀와 있다!

이게 또 웬일인가? 기절초풍할 일이 아닌가?

교회의 쌀 팔고 교회 돈 찾아 도망가듯 피난 갔다던 장로가

그 유치장을 먼저 차지하고 한편 구석에

쭈그리고 처박혀 있는 것이 아닌가?

얼굴도 못 든 채로… 풀이 죽어 쭈그리고 땀을 철철 흘리며

앉아 있는 모습을 보는 순간 나는 심장이 멎는 줄 알았다.

기가 딱! 막히는 순간이다.

나를 힐끗 쳐다보고는 고개를 못 든다!

어안이 벙벙할 뿐이다. 숨이 차다. 심장이 뛴다!

그곳에서는 눈인사들만 했지 절대로 말을 하면 안된다.

대화가 금지되어 있는 곳이다!

어처구니가 없다! 기가 막힐 일이다!

먼저 피난 간다고 도망가듯 뒤돌아보지도 않고 달아났던 장로가

아니! 웬일로 먼저 와서 자리 잡고 있을 줄이야 꿈엔들…

누가 알았겠는가?

상상조차도 못할 일이며

어느 소설이나 영화 속에도 없는 이야기다.

유치장의 선배가 될 줄이야… 누가 알았겠느냔 말이다!

다리 뻐칠 수도 누울 수도 없이 등을 맞댄 초만원 유치장이다.

앉아도 두 다리의 무릎을 세우고 앉아야 했다.

앉은 채로 자야 했다.

여름철이라 썩은 냄새가 코를 찌르고 등을 맞대고 살을 맞대니

온통 찜통이다. 질식 일보직전이다.

숨이 막힐 지경이다. 어지럽고 답답해진다.

밤마다 이름 불려 나가면 얼마 후에는 소리소리 지른다.

살려 달라는 소리요, 발악이요!

죄 없다는 소리며 마지막으로 소리쳐 보는 아우성 소리다!

비명과 함께 총소리가 들린다.

총소리 후에는 고요가 깃든다.

아주 무서운 적막이… 침묵이…

무쇠덩어리가 녹아 흘러내리는 듯한 무거운 침묵이…

밤이면 무서워진다. 소름이 끼쳐진다.

이름 적힌 노트를 들고 나타나면 염라대왕이 찾아온 것 같이

숨소리 기침소리도 멎는다!

낮에는 불려나가 몽둥이로 맞고 고문을 당하게 된다.
아주 무서운 고문이다! 도끼로 장작을 패듯 내려친다.
몽둥이 찜질이다! 저렇게 맞고도 살 수 있을까?
그리도 무더운 여름밤이것만 선뜻선뜻한 몸서리처지는
공포의 기압이다.

이승만 정권에서 무슨 짓을 했느냐? 뭐해 먹었느냐?
마구 때리고 내려친다!
바로 우리들이 보는 앞에서 이런 일이 벌어진다.
맞는 자보다 그 광경을 보는 자가 더 괴롭다!
이러한 사정을 그 누가 알려주고 말해주고 가르쳐주겠느냐?
그내 그 일을 누가 共感(공감)해 주겠는가?
나는 그때 피비린내 나는 6·25의 증인이다.

맞고 나서는 엿가래가 늘어지듯 척 늘어져 버린다.
그러면 제쳐놓고 다음사람을 불러 꿇어앉히고
또 몽둥이로 내려치고 욕지거리가 터져 나온다.
지옥 입구의 공포다! 미치기 일보직전의 공포다!

이게 웬일인가?

우리교회에서 충성하며 여선교회 회장하시던 권사님을
윗저고리를 벗기고 몽둥이로 내려치는 것이 아닌가?
그는 이웃동리에 살면서 대한부인회 회장을 지내셨던 교양이
있는 동리의 유지이며 봉사하는 일에 열심이 있는 일꾼이셨다.
교회에서는 여선교회 회장일로 아주 열심히 봉사하시는
분이신데 옆에 있는 유치장에 갇혀 있다가 끌려나오자마자
몽둥이로 내려치는 고문을 당하고 있는 것이 아닌가?

죽으라고 내려치는 짓이다!
어찌 그 매를 맞고 살 수가 있단 말인가?
맞으면서 권사님이 하시는 말씀 "아이구! 목사님도
오셨네요~"하며 젊은 내가 끌려와 고생하고 있는 모습이
몹시 애처롭고 측은하게 여기시어 동정어린 눈으로
안쓰러워하는 눈으로 나를 쳐다보시던 그! 눈빛! 그 모습!
아~ 나는 그 눈빛을 잊을 수가 없다!
어머님의 마음으로 나를 걱정하시던 권사님의 그 눈빛을…
평생 살면서 나는 잊을 수가 없다!
6·25 하면 가슴이 메어진다!
찢어진다! 아프다! 몸서리쳐진다!
생각만 해도 온~ 몸이 저려온다 살이 녹아내리는 것 같다.

내려치고 맞으실 때마다 또 신음소리와 함께

나를 향해 나를 바라보며 "목사님~나! 죽네요~"하시던 그 음성

50년이 아니라 100년이 지난들 어찌 잊을 수가 있겠는가?

지금도 내려치는 소리… 신음하는 소리…

양동이로 물 뿌리는 소리! 소리 소리 지르는 아우성

그 소리가 들여오는 것 같아 마음이 쓰리고 저려온다!

소름끼친다!

내가 뛰쳐나가 대신 맞아줄 수 있다면 얼마나 좋을까?

나의 우리의 羊(양)이 맞는 매가 왜 그다지도

내가 아프고 쓰라렸는지… 그리도 아파했는지?

권사님은 결국 모진 매를 맞다가 수없이 기절을 하셨다.

애국부인회 회장이라고 맞아 죽어가는 모습을 물론

장로도 보았다! 아니! 다 함께 보고 전율을 느꼈다!

그리고 그날 밤 권사님을 끌고 나가 총을 쓰기 전에

"할말이 없는가?" 라고 물었다고 한다.

권사님은 할말이 있다! 하고는 힘차게 만세를 불렀다는 이야기다.

그 "만세~!" 는

"하나님 만세~" "예수 그리스도 만세~" "대한민국 만세~"

나는 권사님의 최후의 소식을 듣고 철없는 어린애가 울듯이…

"엉~엉~" 울었다. 흐느껴 울었다.

그 때에 그 눈물은 강수와 같은 눈물이었다.
지금도 생각하면 어머님의 사랑을 지니신 권사님이
보고 싶어진다. 지금도 말이다.

이거 또 웬일인가? 그 다음 날이다.
장로님이 김일성 빨치산의 노래를 어디에서 배웠는지
적어가지고 일어서서 그 노래를 다같이 부르자고
선동하고 있는 것이 아닌가?

서로가 어떻게 하면 살아남을 수 있을까?
고민하고 있던 차에 빨치산의 노래를 부르자고 하니
모두 모두가 인민군대들 같이 아주 힘차게… 소리 높여
두 주먹을 불끈 쥐고 흔들며 살아 남기위해
열심히 부르는 가증한 일이 벌어지고 있었다.

그 노랫말인 즉,
붉은 깃발을~ 높이 들어라! 그 밑에서~ 전사하리라!
비겁한 놈은~ 갈려만 가라! 우리들은 붉은 깃발~ 지키련다.
하루 종일 시끄럽게 열심히들 부르고 있는데
철창문을 지키고 있던 간수와 같은 북에서 온 사람이

책상머리에서 우리들을 지켜보고 뚫어지게 하나하나 점검하고

있다가 우리를 마주 바라보고 있던 무섭게 생긴 사람이

철창으로 다가와서 나를 향해 하는 말이

"동무 동무는 와 안 부르는 기요?"

걸렸다! 들켰다! 끌려 나가면 이제는 맞아 죽겠구나!

하는 생각에 머리를 어지럽게 한다!

열이 올라 목청을 높여 주먹을 쥐고 흔들며

죽기 아니면 살기로 부르는데…

나만 유독 침묵을 하고 있었으니 눈에 왜 안 띄었겠는가?

장로가 컨닥을 하고 찬양대의 지휘자처럼 하고 있는데…

아니꼽고 치사하다는 마음도 있고 빨갱이 노래를 왜 부르랴!

하는 마음에서 부르기를 거부하고 있었다.

걸려도 크게 걸린 것이다.

"같이 부르기요!" 나는 안 부를 수가 없었다.

저들이 보는 앞에서 안 부르면 맞아죽는다!

부르기는 불러야 할 터인데…

장로를 따라 부르기도 나의 양심과 자존심이 허락지 않고

아니꼽고 치사한 일이요! 더더욱 그 노래는 적의 노랜데…

찬송을 부르자 하면 장로 따라 열심히 부를 것인데

뚱딴지같은 빨치산의 노래를 지휘하고 있는데

어찌 내가 부르랴! 信仰良心(신앙양심)으로는 허락이 안된다!

자존심이 상한다!

불러도 저들같이! 장로 같이 열심히 불러야 살아남을 것인데…

큰일이다! 참으로 난처하다!

그런데… 하나님께서 지혜를 주셨나보다!

주먹을 휘두르며 장로보다 더 열심히 힘 있게 불러댔다.

붉은 깃발을~ 높이 들어라! 하는 것을

(십자 깃발을~ 높이 들어라) 하고 부르니

신바람이 저절로 날 수 밖에…

그 밑에서~ 전사하리라~(그 밑에서~ 순교하리라~)로

말을 바꾸어 열심히 더 열심히 부르게 되니

나도 기운이 나고 살 것 같다. 스트레스가 풀린다!

말도 않고 대화도 없고 흥얼댈 수도 없든 판국에…

비겁한 놈은~ 갈려면 가라~(가룟 유다야~ 갈려면 가라)

우리들은 붉은 깃발 지키련다~(우리들은 십자 깃발 지~키련다!)

막 불러댔다. 아주 열심히 불렀다.

두자씩만 바꾸어 부르면 되는 것을… "붉은"깃발을 할 때

입속에서 "십자"라고 하고 깃발을~ 아주 힘 있게 그 밑에서

"전사" 하리라를 입속에서 "순교"하리라! 로 바꾸어 부르니
아주 재미있다.

그러면서 생각해보다 붉은 깃발은 주님의 피로 새빨갛게
물들여졌으니 그대로 주님의 피로 물든 붉은 깃발이 아닌가?

고쳐 부르지 말고 그대로 부르자 생각하고 그다음부터는
"붉은" 깃발을~ 높이 들어라 그 밑에서 "순교" 하리라~
순교도 전사로 그대로 불러댔다.

우리는 十字架軍兵(십자가군병) 아닌가?

복음 들고 마귀와 싸우다 전사하는 것 아닌가?

생각하고 그대로 불렀다.

비겁한 놈은(가룟 유다야~) 갈려면 가라!

우리들은 붉은 깃발(십자깃발 예수의 피로 물들어진 붉은
깃발!) 지~키련다.

그대로도 부르고 가사를 바꾸어도 부르고

스트레스 풀리는 일이다. 재미있다. 힘이 난다!

믿음으로 더욱 불타오르는 찬송이라 열심히…

아주 열심히 부르고 나니 배가 고파진다!

배에서 쪼로록 소리가 난다!

아주 배고픈 깊~은 밤이다.

그러나 이게 또 웬일인가? 졸도 할 일이 아닌가?

저녁때가 되어 앉은 채로 잠이라도 자려고 하는데

지휘하면서 빨치산의 노래를 가르쳐 주며 설치던

장로의 이름을 부르는 것이었다!

"예~" 하고 대답도 못하고 이름 부르는 그 즉시

혼이 빠졌는지? "응~" 하고 얼이 빠진 사람같이

몸을 가누지도 못하고 벌떡 일어나지도 못하고 비실댄다.

기가 빠진 것 같다.

그도 그럴 것이 밤에 이름 불려 나가면

나 살려라 살려달라고 아우성 소리와 함께 총소리가 나고

총소리가 나면 고요한 적막이 흐르기 때문이다.

그것은 장로도 알고 거기에 있는 모-든 사람들이 다~알기

때문에 이름 부르는 순간 혼이 빠질 수밖에 없는 노릇이다.

총성후의 고요와 적막은 사람들을 숙연케 만든다!

철창 속에 있는 사람들은 모두 모두가 착한 양들이 되었고

겸손하고 아주 善良(선량)한 사람들 같이 느껴졌다!

또 그러한 사람들도 많이 있었을지도 모른다.

철창속의 인생들은 모두 다 내 노라 하던 사람들이

아니었던가? 교양도 있고 돈도 있고 명예 있고 땅 있고

논 있고 꿀릴 것이 없고 비굴할 필요도 없는 사람들…

굽실댈 필요도 없는 아주 당당한 사람들이 아니었던가?

교만하고 자만이 꽉 찼던 사람들도 있고

별의 별 오만가지의 군상들이다.

장로와 같은 사람도 있고… 말이다.

그런데 오늘의 우리들!

지금의 저들은 그렇게도 착할 수가 없다.

얼굴에는 죽음의 공포로 가득 차 있지만 아주 착한 양과 같이

겸손하고 서로 서로를 아끼고 걱정해 주고 배려해 주고 있다.

내게 기대서 한숨 눈 붙이세요!

다리를 뻗어보세요

그리고 주물러 주고… 서로를 이해해 주고 있다!

철장 속에서 이런 말을 들었다!

낮 시간에 이름 불러 끌려 나가서 두들겨 맞고 조사를 아니 받는

이유를… 처형당해 죽을 사람이니까 불러내지 않는다고 한다!

차라리 취조를 하면 죄없다하고 할말 다하고

매 몇 대 맞고 나가면 되는 것인데…

이것이 또 무슨 날벼락인가?

밤 시간이 되어 눈 좀 붙여보려 하는데 바로 옆자리에서

나를 배려해주고 자리를 양보해 주던 앞 동리 구장님의 이름을

부르는 것이 아닌가?

옳지! 나의 이름도 부를 시간이 가까이 왔구나 생각하고

나는 서둘렀다.

하나님 앞에 서야할 몸이기에 말이다!

무릎을 꿇고 "주여~" 하니 눈물이 비 오듯 하는 것이 아닌가?

슬픈 눈물이거나 죽게 되어 흐르는 눈물도 아니다.

그 눈물은!

죄 많은 人生(인생)이 주 앞에 갑니다!

살아온 한 세상 돌아보니 죄뿐이오!

위선과 바리새인적인 신앙생활이었기에

주님 앞에서 눈물만 흐르는 것이었다.

부모님 생각! 가족들 생각! 자식들 생각!

그러한 것이 아니다!

"죄 많은 인생 오늘 밤이나 내일 밤 주 앞에 가오니 불쌍히

여기사 그리스도의 십자가의 보혈로 씻으시고 깨끗하게 하시사

공로 없사오니 십자가의 보혈의 공로로 날 받아 주시옵소서!"

애절한! 목숨을 다한! 가슴속 깊이에서의 솟구쳐 나오는 기도다!

솟구쳐 흘러나오는 간절한 기도는!

난생 처음으로 눈물, 콧물 쏟으며 이를 악물고 몸을 비비
꼬면서 소리를 삼켜가며 했던 기도는 영혼의 부르짖음이었다.
한 여인이 해산하려는 진통의 신음이었다.

내 믿음의 기도가 아니라 주께서 성령으로 감동케 하셔서
마지막 기도를 하나님께서 시키셨던가 생각하게 하는 기도였다.
회개와 후회 그리고 잘못을 뉘우치며 간절하고도 애절한
기도가 눈물, 콧물에 뒤범벅이 되어 끝나고 나니!
이상하다! 신기롭다! 놀랍다!
평생 잊혀지지 않는 기이한 자신의 모습을 발견하게 되었다!

그렇게도 무거웠던 마음이! 지옥의 대문 앞에서의 두려움!
공포에 떨고 죽음의 두려움이 엄습했었고
그렇게도 안절부절 했던 마음이…
가라앉을 줄을 모르고 떨리기만 했던 마음이…
죽음과 같은 나날을 보내야 했던 나였었는데!
죄를 회개하고 내 영혼을 주께 위탁하며 맡기고 나니…
죽음도 그 어떤 두려움도 모두 모두 다~ 사라져 버리고…
온데간데없이 사라져 버리고!
천사와 같이 날아갈 것만 같다!

날개가 달렸는가? 싶게 말이다!

나의 평생 처음 느껴보고 체험해 보았던 일이요 사건이다.

나와 세상은 간 곳 없고 구속한 주만 보이도다.

그 찬송이 내게 이루어진 것이다.

눈물과 콧물로 마비되어 회개로 하나님 앞에 설 준비를

마치고나니 세상이 바뀐 것 같다.

맞아도 아프지도 않을 것 같고 마음의 平和(평화)를

무엇으로 어찌 표현할 수가 있겠는가?

바울과 실라가 옥중에서 그렇게 맞아서 터지고 피가 흐르고

실신하기 까지 매를 맞고 감옥에 갇히었으나 얼마 후에 의식이

돌아왔는데 여전히 기도와 찬송을 불렀다 했다.

찢어도 찔려도 몽둥이질도 아멘과 할렐루야로 이기고도 남음이

있을 것 같다!

그리고 순교가 그리도 힘들고 어렵게만 느껴 왔었는데

회개한 심령위에 주시는 넘치는 은혜!

그 은혜로 순교케 되니 그리도 쉽구나 느껴 보기도 했던 밤이다.

응답하심에 감사와 감격으로

마음의 참된 평화가 강같이 넘쳐흐르는 밤이었다.

바로 기도가 끝나고 마음의 평화가 넘쳐나는 그날 밤,

살생 명부록을 들고 매일 밤 날마다 저승사자같이

이름 불러 끌어내던 그 인민군이 철장문 밖에 서서

내 이름을 부르는 것이 아닌가?

"박장원" 하고 말이다.

죽음의 준비도 끝난 밤!

내 영혼도 주님께 맡긴 밤!

구원과 용서해 주심으로 마음의 평화가 넘치는 밤!

오늘밤 이 세상을 떠날지라도 주님의 영접을 받으리라

믿어지는 밤!

죄 많고 허물 많으나 나! 죽을 대신 죽어주신 예수가

깨끗이 지난 죄 씻어주시고 맑게 해 주신 줄 확신하며

감사와 감격의 벅차 있는 밤!

무엇이 두렵고 무엇이 무서우랴!

그의 흘리신 보혈의 붉은 피의 공로로

용서함 받은 밤인 것을…

이름 불러주기를 기다리기나 한 듯이 담대하고 큰 소리로

"예~"하고 벌떡 일어서니, 내 이름을 부르던 그 사람이 놀라는

눈으로 나를 쳐다보며 하는 말을 나는 잊을 수가 없다.

지금도 기억에 생생하기에 얼굴에 미소를 지어본다.

그는 나를 향해 되묻는 것이었다.

"알고 있어서?" 이상한 어조로 묻는다.

나는 반문한다.

"예?" 도무지 그의 말이 무슨 뜻인지를 몰랐다.

"오늘밤 풀려나는 것을 알고 있었느냐 말이오?" 하는 것이

아닌가?

철장속의 사람들은 자기의 이름이 불리어지면

인생은 끝이 나는 것임을 잘 알고 있었고 이름이 불려지면

그것이 곧 죽음이요, 마지막이요, 변명도 항변도 저항도 모두가

다~ 소용없음을 알기에 얼이 빠지고 혼이 빠져서 "예" 소리를

제대로 하지 못하고 휘청거리며 일어나서 허리춤을 부여잡고

삐딱 걸음으로 불려나가는 것이었는데…

그러나 나는 나의 이름을 부르는 그 부름이

주님의 부르시는 부름 같았고…

회개한 심령 위에 차고 넘치는 은혜로 충만한 밤이었기에

나의 대답이 클 뿐만 아니라 분명 똑똑 했던 것이다.

보관되었던 허리띠와 안경을 되돌려 받고 나니

저승사자 같은 책임자가 하는 말! "가보기오!"(가시오)

그리고 "똑똑히 들으시오!
24시간 안에 다시 돌아오시오!
특별히 베푸는 휴가요, 다녀오기요" 하는 것이다.

24시간의 휴가요, 풀려남이다. 이상야릇한 감정이다.
이상하기는 했지만 발길을 집으로 향했다.
아마도 자정이 넘어 새벽 한 시쯤은 되었으리라.
어두운 밤하늘엔 그날따라 별들이 유난히도 반짝이고 빛났다.
나를 환영하여 빛나는 것 같았다.
그리고 신선하고 맛이 있는 공기 마음껏 들이마시며
별빛 따라 집으로 돌아오는데… 마음이 편치가 않고
어쩐지 찜찜함을 느끼며 걸음이 잘 걸어지지 않았다.
뒤에서 방아쇠를 당겨 총을 쏠 것만 같아서… 말이다.
내 뒷머리와 어깨랑 잔등 쪽이 이상하게 사물거림을 느꼈다.
그래도 집을 향해 걸었다.
풀려난 그날 밤 집으로 돌아와 보니 불은 꺼져 있는데…
도란도란 조용조용 몇 사람들의 합심하여 기도하는 소리가
들리지를 않는가?
내가 돌아왔음을 알리고 나니 이웃에 계신 권사님과 집사님
그리고 우리 식구들이(장모님을 모시고 있었음) 우리의 기도를

하나님이 들어주셨다고 기뻐들 하시면서 돌아들 갔다.

"내일 이 시간에 다시 돌아가야 해 24시간의 휴가야

왠지 모르겠어!" 하니 장모님은 "아무 소리 말고 푹-자게"

모기장을 쳐 주시고 자리를 펴주셨다.

그러시고는 윗목에 엎드려 기도를 계속 하시는 것이었다.

나는 오래간 만에 자는 잠이라, 깊-은 잠에 취했다.

먹지 못하고 자지 못하고 다리 펴지 못하고 맞고 때리고!

소리 지르고! 살려 달라 하고! 총소리 나고…

그러한 일들이 되풀이되어 신경이 피로했고

심신이 쇠할 대로 쇠하여 졌는데,

두 다리 뻗고 베개 베고 푹신한 요 깔고… 잠을 청하게 되니

눕자마자 깊-은 잠에 취하게 되었든 것이다.

옛 어른들이 잠이 깨알의 고소함같이 고소하다 했던가?

잠에 취한 그날 밤!

귓가에 소리가 들린다! 꿈인지? 생시인지?

누구의 소린지는 몰라도 "어서 도망가라!" 하는 소리에

벌떡 일어나 앉고 소리를 질렀다.

"누구야!" 하고 소리를 지르니 장모님은 걱정을 하신다.

"허했구나, 허했어…"하시며 혀를 차신다.

그리고는 "어서 눈을 붙이게 내일이면 또 들어가야 한다면서?"

나도 그렇게 생각하고 잠을 청해 깜빡 잠이 또 들었다.

또 귓가에 드리는 소리 "빨리 도망가야 산다."

"예?" 하고 벌떡 일어나니 장모님은 혀를 차시며 "심신이

허해서~ 아주 허했구만… 하시며 어서 눈을 붙이게" 하신다.

나는 장모님의 말씀 같이 허했나 보다 생각하고

자리에 누워 또 잠을 청했다.

그런데 이번에는 아주 급한 소리로

"빨리 일어나 동리를 빠져나가라" 하신다.

세 번째 소리에는 나도 알아차렸다!

그 위대하신 분이 내게 소리쳐 "피하라!" 하시는 구나!

정신이 번쩍 든다.

아~ 나는 그날 밤에 그분의 음성을 평생 잊을 수가 없다.

젖먹이 애는 아내가 업고 자전거가 있었기에

안장에는 다섯 살 박이 큰 딸을 싣고 보리쌀과 식량을

자루에 담고 둘째 딸을 위해 염소를 키워 젖을 짜야 했기에

자전거 뒤에다 염소의 목줄을 매고

해뜨기 전에 어디든지 동리를 피해 떠나야 되겠다. 생각하고

부랴부랴 갈 길을 서둘러 대문을 나서는 순간!

이것이 웬일인가? 기절초풍할 일이 벌어졌다.
따발총을 든 유격대 대장과 인민위원회 위원장이 나타나
앞을 막아서 있는 것이 아닌가?

나는 맥이 빠지고 입으로 흘러나오는 말!
내가 허해졌구나… 기운이 빠져 자전거 핸들을 놓고 나니
자전거는 넘어지고 애는 굴러 떨어져 울어대고 염소도 겁이
나서 매~ 하고 이리 뛰고 저리 뛰고 소란했던 밤이다.
그 때 인민위원회 위원장은 동리에 사는 마을 사람으로 추대가
되었고 유격대 대장도 동리사람이 유격대 대장으로 일하던 때다.
평상시에 사상이 우리와는 조금 다른 사람들이라 생각했던
안면이 있는 사람들이 빨간 완장을 차고 나타난 것이다.

그가 나를 이리 좀 오세요. 하더니
담장 옆으로 끌고 가서 하는 말이,
목사님! 어제 아침에 잠깐 분주소에 들려서 명단을 훑어보니
오늘 밤 총살하기로 순번이 결정된 것 보고 많이 생각했습니다.
서울에서 많은 약과 의료품을 가지고 와서
말없이 동리 사람들의 고통을 덜어주고 있고
인민위원장 자기 자신의 가족들도 많은 신세를 지고 있는데…

죽어야 할 이유가 없는 사람이 아닌가? 많이 생각했다고 한다.

그리고 이분을 죽일 수는 없다하여 인민위원회 위원장이

유격대 대장과 의논하고 내가 보증을 서고 각서에 도장을 찍고

24시간 하루 동안만 석방해 주면 반드시 내가 데리고 돌아올

것이니 나를 믿으시오. 우리 어머님이 돌아가시게 되었으니

치료 후 곧 다시 데려올 것이라 하여 풀려났으니

오늘 밤으로 백리길 멀~리 멀리~ 도망가세요.

우리 동리를 유격대 대장인 이 동무가 안내해

빠져나게 할 것입니다.

안심하고 따라나서세요.

그리고 타 동리에서는 통행증을 해왔으니 보여주십시오.

어시 시둘리주십시오 하면서 돈을 힌 다발 주는 것이 아닌기?

많은 돈이었다.

동리를 빠져나오면서 간간히 암호를 묻는다.

유격대장은 그날의 암호를 알고 있기에 "올빼미~" 한다.

그 암호를 나는 잊을 수가 없다. "올빼미…"동리를 빠져나왔다.

국도까지 우리를 인도하고 나서는 크게 허리 굽혀 인사를 한다.

"살아 있으면 또 만나겠지요."애들 데리고 건강하게

잘~지내세요.

그것이 그 사람하고는 영~원한 마지막 인사였다.

공주를 지나서 큰 길로 큰 길로 한없이 걸어가면서 하나님의

은혜에 감사 감격하여 눈물이 앞을 가리는 것이 아닌가?

회개한 심령 회개하고 용서받고 사하심 받은 심령

하나님의 것으로 인치시고 하나님이 책임져 주신다고…

나는 어디에서나 위대하신 그분을 자랑한다.

그리고 또 간증한다.

"주의 종 대접이 예수님 대접이라고…"

9·28 수복이 되어 몇 달 만에 돌아와 보니

복수의 악순환이 계속되었다.

나를 구해준 生命(생명)의 恩人(은인)이었던

인민위원회 위원장을 찾아보니

잡혀가서 매 맞아 다~ 죽어간다는 소식이다.

경찰서로 달려가 보니 잡혀온 사람들로 차고 넘쳐서

수용할 길이 없어서 소방서 창고에 수용되어들 있는 처지다.

나를 잘 알고 있는 사람들이 많아서

겨우 창고의 문을 열고 들어가 보니

거동하기도 힘들게 맞아서 축~ 늘어져 있는 것이 아닌가!

웃전에 이야기 했다! 생명의 은인이라고!

잘 치료해서 같이 데리고 올 것이니 일주일만 휴가를 달라고!

내가 책임질 것을 단단히 약속하고 각서를 쓰고 도장을 찍어

보증을 서고 그를 리어카에 싣고 내 집으로 데려왔다.

웃방에 잠재우고 먹이고 약주고 치료해서

거의 완쾌는 되었으나 다시 들어가면 또 매 맞아야 했고

몇 사람 죽였느냐? 재물은 얼마나 빼돌렸느냐?

유격대장 있는 곳을 대라! 하면서 맞을 것이 뻔~하다.

돌아가면 죽는다! 생각하니 어지럽다! 정신적으로 혼란이 온다.

나를 살려 주었으니 나도 살려야 하겠다는 마음이 굳혀진다!

그때만 해도 교인증명서를 가지면 자유롭게 통행하는 시기였다.

위의 사람은 교회 권사임을 증명함! 이라는 교인증과

쓰다가 남은 돈(피난시키며 주었던 돈)과 함께 7일 되는 새벽에

서울로 도망치게 했다.

나중일은 하나님께 맞기고 말이다.

이 고비를 잘 넘기도록 말하고 반드시 교회에 열심히 출석할

것과 성경을 많이 읽을 것을 부탁하고 피신을 시켰다.

그 후로 그는 나의 아버님이 시무하시던 교회의 권사로

충성했고, 그 자녀들은 미국으로 유학을 보내어 공부시켰고,

그의 자녀들과 가족들이 모두 모두 잘되고 축복받아 살고
있다고 들려오는 소식에 감사하여 마음의 위로를 받는다!
어디에 가나 어느 집회에서든지 간증거리로 간증을 하며
지금까지 지내오고 있다.
주의 종을 선대하고 잘~ 돌보아드리며 잘~ 섬겨드리라고…
장로는 총살을 당했으나 인민위원장의 장래는 큰~축복을
받게 되고 본인은 물론 온 가족이 주님을 영접하여 충성하며
살게 되었다.
하나님의 하시는 일!
분명히 내가 알기로는 회개하고 나니 하나님은 나를
죽을 자리에서 축복하시어 살리셨고 쓰임 받는 종으로
쓰임 받게 하셨던 것이다.
주의 종을 선대했던 인민위원회 위원장은 하나님이 축복하시어
생명을 연장 받았고 하나님은 그가 죽을 자리에서
피신하게 하시고 교회 권사가 됨으로 가짜 교인 증을 만들어
준 것이 헛되지 아니 했으며 그들의 가정을 축복하셨다는
확실한 사실이다.

나는 지금도
십자 깃발을 높이 들어라 붉은 깃발을~ 높이 들어라~

그 밑에서~ 순교 하리라 그~ 밑에서~ 전사 하리라~

비겁한 놈은~ 갈라면 가라 우리들은 십자 깃발 지~키련다~

우리들은 붉은 깃발 지~키련다.

하며 빨치산의 노래를 불러본다. 십자깃발의 빨치산 들이다!

물론 하나님의 빨치산이요, 하나님의 용사들이다…

붉은 십자깃발 예수의 피로 붉게 붉게 물들여진 붉은 깃발을

높이! 높이! 들고 하나님의 빨치산 되어!

오늘도 내일도 전진해 보자.

하나님의 戰士(전사)되고 勇士(용사)되어

마귀들과 싸우고 싸워 승전고를 울릴 때까지

쉬지 말고 전진! 또 전진!

앞으로~있 가!

6·25때 겪었던 한가지의 사건을 기록해 보았다.

그러나 숫한 사건! 수많은 비극! 참담! 비참한 일들!

눈뜨고 볼 수 없는 目不忍見(목불인견) 죽이고 죽고

우물에 처넣고 젓갈 담듯 뒤로 묶어 돌을 매달아 큰 우물에

집어넣는 일! 어린애들이 무슨 죄 있다고 가마니에 꽉 채워

연자맷돌로 짖눌러 죽이고! 구덩일 파게 하고 생매장을 시키고!

인민재판해서 죽이고! 수복 후에는 남하했던 군경들의

보복살인! 죽고 죽이고 그! 악순환! 지옥같은 참상!

누가? 기록해두었는지? 교과서를 만들고! 역사에 담아!

대대손손 가르치며 상기시켜 이런 참상이 다시는 이 땅에서

일어나지 않도록 교육할 사람 없는지? 알게 하는 것 역사를

가르치는 것도 정치이거늘…

할말이 泰山(태산)같지만 할말을 못다한 채 긴~ 한숨과 함께

글을 맺는다!

6·25의 산증인 聖雲

어머니와 野生馬(야생마)

(聖雲(성운) 나의 지나온 생을 돌아보며!)

거친 들판을 이리 뛰고 저리 뛰며 제멋대로 달리는

야생마 같이 어린 시절(時節)을 그렇게 보냈습니다.

생각하면 행동했고, 행동(行動)하고 나면 짜릿한 쾌감을

느꼈기에 이리저리 마구잡이로 발길질하며 야생마같이

겁도 없이 자랐습니다.

그러했기에 나는 많은 형제들 중에서

유독 의붓자식 취급을 받고 자랐던 것입니다.

종아리가 성할 날이 없었고 저녁밥을 굶는 벌을 수도 없이

받으며 자라났습니다.

몽둥이로 호되게 맞은 날 밤은 나도 아파서 울고

아버지도 우셨습니다.

회초리에 맞고 몽둥이로 맞았기에 더더욱 거칠고
복수심에 찬 사나운 野生馬(야생마)가 되었습니다.

다음날에는 아버지에게 고자질한 놈!
이 골목 저 골목으로 끌고 가서 코피가 나도록 두들겨 팼습니다.
그것이 또 말썽이 되어 맞고, 또 맞아 악순환은 계속되었습니다.
아버지에게 맞고 나면 분하고 억울했기에
복수심에 잠을 못 이루었습니다.

나의 어머니는 나의 잠자는 방문을 살며시 열고 들어오셔서
나의 머리맡에 조용히 무릎을 꿇으시고 기도의 눈물로
나의 베개를 적시었습니다.
맞은 상처를 어루만져 주시며 흐느끼셨습니다!
그 흐느낌은 가슴속 깊~이에서 솟구쳐 나오는
자식을 위한 통곡이었습니다!
그! 통곡을 어머님은 참으시느라 몸부림치셨고 그 몸부림은
흐느낌으로 변하여 눈물에 젖어 기도 하셨습니다.

"주님~" 하고는 강수와 같이 흐르는 눈물의 기도가
나의 베개를 적시었습니다.

그 눈물이 이불잇을 적시었고 이불잇을 적시던 눈물이
잠든 척 하고 누워있는 나의 볼에도 튀어 흐르고 또 흘러
나의 마음까지 적시곤 하셨습니다.
아직 식지도 않은 따뜻한 눈물은 어머님의 영혼 속 깊~이에서
흐르는 자식을 위한 거짓 없는 사랑의 눈물이었기에
野生馬(야생마)같고 돌척 같은 나를 울리시곤 하셨습니다.

"주님~" 하고 흐느끼실 때 나도 흐느끼게 되었습니다.
나! 어른 되어 告白(고백)합니다.

나의 잠자리!
나의 머리맡에서 흘리셨던 어머님의 기도의 눈물!
나의 베개를 적시며 흐느끼셨던 그 뜨거운 기도의 눈물!
어머님의 흘리신 그 눈물 먹고 그 눈물마시며 자랐노라고!

내가 잘못을 저지르고! 싸우고!
동리 애들을 두들겨 패고 나면
반드시 들려오는 소리! 가 있습니다. 크게도 들려오는 소리!
나로서는 감당할 수 없는 제일 듣기 싫은 소리!
목사의 자식 놈이 왜 저렇게도 못돼 먹었어?

목사의 자식이 깡패야! 싸움쟁이야!

못돼 먹었어! 망나니 같이 막나가는 놈이야!

그리고는 아버지를 찾아와 자식교육 좀 잘 시켜달라고

타이르고 돌아갑니다!

그러고 나면 반드시 아버지는 나를 부르십니다.

화가 나신 음성으로 찾으십니다.

아버님이 나를 부르시는 소리에 나는 또 맞아 죽겠구나!

하면서 성이 나신 아버지 앞에 고개 숙여 서게 됩니다.

아버지는 나를 보고 돌연변이의 자식이 태어났다고…

걱정과 함께 탄식을 하셨습니다.

그리고 나는 매를 맞을 각오를 합니다.

회초리냐? 몽둥이냐? 오늘은 몽둥일 것이다!

그것은 나 자신이 너무나도 잘 알고 있었습니다.

지독히도 죽도록 몽둥이로 때리셨기 때문에

그 매를 나는 잊을 수가 없습니다.

성장한 지금에 와서도 생각해 봅니다.

미워하시기에 때리셨는지? 사랑하셨기에 때리셨는지?

그것은 지금도 알 길이 없었습니다.

판단하기가 힘이 듭니다.

마귀의 자식 같다고! 마귀 짓만 하고 돌아가는 놈이라고!
미워하시고 나무라시는 아버님의 모습이
지금도 눈에 선~합니다!

웬 장난이 그다지도 심하고 싸움과 미운 짓은 골라서 했던
어린 時節(시절)의 자신을 뒤돌아보게 됩니다.
어른 되어 나이들은 時點(시점)에 서서 뉘우쳐 보기도 합니다.

나의 어머니는 잘했다, 잘못했다, 나무람이나 꾸지람이
한번도 없으셨습니다!
그저 묵묵히 나의 곁에 계시어 눈물로 기도해 주셨고
흐느끼며 어루만져 주셨습니다.
매 맞아 아파할 때 어머님은 같이 아파해 주셨고
어루만져 주셨기에 그! 사랑의 기운이
지금도 내 몸을 훈훈히 감싸고 계신 것 같습니다.

나의 방문을 살며시 열고 들어오시던 어머니,
잠자고 있는 자식 혹시라도 깰세라 조심조심 들어오시던
그 우아하셨던 어머님의 모습이…
지금도 막무가내 잊혀지지 않기에 빚진 자 같이

마음이 무겁고 짓눌려있습니다.
꿈속에서라도 뵈옵고 용서를 빌고 싶어집니다.

어머니! 하늘나라 천사들의 마차타고
나의 꿈속에라도 찾아오세요!
그리고 철없이 어머님을 울리던 죄 많은 불효자를 만나주세요!
빚진 자 같은 무거운 마음을 벗겨 주세요!
그리고 용서한다고 말해주셔야 살 것 같습니다.
이대로는 무겁고 힘겨워 살아 갈수가 없습니다. 어머니!

나는 자는 척하고 실눈 뜨고 어머님의 모습을 바라봅니다.
매 맞고 누워있는 나의 머리맡에 조용히 무릎 꿇으시고
흘러나오는 한숨과 함께…

"아버지~"
하고 흐느끼시던 어머님의 그 모습을
아~ 나는 평생 잊을 수가 없습니다!
어찌 잊을 수가 있겠습니까?
그의 모습이 지금도 나의 마음을 아프게 합니다!
생각만 해도 목이 메어옵니다.

어른이 되고 또 나이 먹은 지금의 나를 서글프게 만듭니다.

어머님의 모습이 지금 와서 생각하니 몹시도 안쓰러워집니다!

그리고 그! 옛날!

이불잇을 적시며 흘리셨든 어머님의 그 눈물이

나의 볼에 흘러내려 베개를 적시며, "아버지~" 하고

기도하시던 그 모습이…

이시간도 不孝子(불효자)를 울리고 있습니다.

그! 흐르는 방울방울의 따뜻했던 눈물방울을

나 말고 그 누가 알 수가 있겠습니까?

나 외에 또 누가 이해 할 수가 있었겠습니까?

그리고 그 누가 체험했겠습니까?

기도와 함께 흐느끼며 흘리셨던 그 따뜻했던 눈물방울을…

말입니다.

세계의 有名(유명)한 화가인들!

그림으로라도 그려낼 수가 있겠느냔 말입니다.

그 어느 누가 글로나 詩(시)로나 표현해 볼 수가 있겠습니까?

樂器(악기)를 가지고도 표현할 수가 없을 것이며,

세계의 有名(유명)한 說敎家(설교가)인들 어찌 우리 어머님의

그! 흐느끼시며 기도하시던 모습과 자식을 위해
흐느끼시며 흘리셨던 사랑에 데워진 그 따뜻했던 눈물을
표현해 낼 수가 있겠습니까?

성경에 보면 "받은 자 밖에는 알자가 없도다." 하셨는데,
과연 그러합니다.
받은 자 외에는 어찌 우리 어머님의 기도와 함께 흘리셨던
그 눈물을… "아버지!"하고 사랑에 데워져
흘리셨던 그 뜨거운 눈물의 내력을 알 수가 있겠느냔 말입니다.

진정 내가 확실히 알기로는 그 눈물,
아~ 그 뜨거운 눈물이 아니었으면…
나! 이 세상에 尊在(존재)하고 있을리도 없고
혹시 살아남아 있다 해도 野生馬(야생마)되어
지금의 나의 모습이… 현재의 나의 몰골이… 어떠했겠는지?

나는 잘 알고도 남음이 있기에 나에게 천사와 같으신 어머님을
주신 하나님께 감사하며 고마움에 못 이기어
이 밤도 눈물 흘립니다.
고마우셔라! 위대하도다!

감사와 감격의 충만함이 나를 목메이게 합니다!

“아버지~” 하며 흐느끼시던 어머님의 그 거룩했던! 모습은
마치 聖女(성녀)와도 같으셨던 모습이었습니다!
“주님~” 하시며 기도하시던 그 기도는
염통 속 깊~이에서 솟구쳐 나오는 기도였습니다.
그! 터져 나오는 울부짖음을 억누르시고 “주님~” 하셨던
그 울부짖음의 기도는 한 여인의 해산의 고통이었습니다!
죽어가는 한 여인의 신음이었습니다.

떨리며 신음하시듯 하셨던 기도가 있었기에
그 기도가 나를 거듭나게 하였으며…
신음하시듯 하셨던 나의 머리맡에 어머님의 기도가
나를 착한 아이 되게 하셨습니다.
삐뚤어졌던 나를 바른길 찾아 걸어가게 하시었습니다.

지금은 “아버지~” 하시던 그 아버지 품에
편히 안겨 계실 나의 어머님!
“주님~” 하고 강수와 같이 흘리시던 그 눈물이
나의 이불잇을 적시고, 나의 볼을 적시고 남고 남아

나의 베개를 적시곤 하셨던 따뜻한 눈물로
기억에 남게 하셨던 그 어머님이!
당신이 의지하고 믿고 사랑했던 주님의 품에
안식하고 계실 것을 믿고 감사해 봅니다.

나의 아버님은 앞서가신 어머님의 장지에서 많은 조객들을
향한 추도사 한 구절을 울먹울먹 하시면서 말씀하시기를 “그는
나의 아내라기보다 하나님이 보내 주신 天使(천사)였습니다.”
그리고 위대한 선생님이었습니다! 라고 고백하셨던 그대로
기도하는 사모님이셨고, 기도하시는 어머님이었습니다.
그리고 天使였습니다!

나도 이 밤이 맞도록 기도하고 싶어집니다.
“아버지~” 하며 “주님~” 하며 흐느끼시며 기도를 시작하셨던
어머님과 같이 그 아버지를 부르며 그 어머님의 주님을 부르며
나도 기도를 시작하려 합니다.
멀~리 이국땅에 흩어져 살고 있는 자녀들과
정직하고 충성스러운 많은 성도들을 기억하며
어머님 같이 흐느껴 보리라
무릎을 꿇어 봅니다.

유골과의 결혼 주례*! 그 사건!*

어느 날이다.

깔끔하게 차려입은 젊은 청년 하나가 찾아왔다.

옷차림은 깨끗한데 얼굴은 핼쑥하고 수염을 깎은 지가

이미 오래된 것 같다.

눈에는 젊은이의 정기가 있었으나 피곤해 보인다.

아주 피곤해 보인다. 지쳐있었다.

人生(인생)살이에 찌들어있는 모습이다.

무엇을 구걸하러 온 것 같지는 않은데

몹시 말을 꺼내기를 주저한다.

머뭇머뭇하다가 그는 자리에 앉자마자 자기를 소개한다.

J여고 3학년 담임선생이었는데

사건이 하나 있어서 퇴직이 되었노라고…

흰 보자기에 쌓은 상자를 내려놓고 그는 말을 이어 간다.

"목사님! 제자와의 사랑으로…"

긴~ 한숨과 함께 말을 잇지 못하고 고개를 떨군다.

사연인즉 다음과 같다.

J여고 3학년 졸업반 담임이었던 시절 제자와 사랑에 빠져

끊으려야 끊을 수 없는 너무나 깊은 사랑에 빠짐으로

학교에서까지 알게 되어 학교를 퇴직하게 되었다.

퇴직 후 실의에 빠져있는 자신을 그 여학생이 하숙방으로

찾아와 매일 돌봐주고 있었고 학교를 졸업하고 난 후에도 계속

자기 곁을 떠나지 않았다고 한다.

그러던 어느 날 그 사실이 여학생 부모에게 알려지고

부모는 강제로 여학생을 끌고 시골로 내려갔다고 한다.

울며불며 결혼의 승낙을 애원하고 졸라 보았으나

결혼 승낙은 불가능 했다.

감금도 당하고 매도 맞고 머리도 깎이고

바깥출입을 엄금 당했고…

그러나 그럴수록 총각 선생님에 대한 사랑과 그리움은

식을 줄을 몰랐고 그리움만 더해갈 뿐이었다.

그러던 어느 날 그녀는 지칠 대로 지쳤고 심신은 피곤하기
이를 데 없었는데 그 아버지의 말씀이
"그 선생 놈은 학교에서 쫓겨나서 취직도 못하고 거지꼴이고
장래가 없는 놈이니 속히 단념하라! 내가 아는 친구의 아들이
있는데 너를 여고시절부터 잘~ 알고 사모해 왔단다.
가정도 좋고 대학도 나오고 직장도 튼튼하고 정치적으로도
인정받는 집안이라 이 아비가 약혼 날짜를 정했다.
아비의 능력을 보고 그 집에서도 승낙이 되고 신랑 되는
사람도 서로가 잘~ 아는 터이니 그리고 양가가 결정한 일이니
너는 꼼짝 말고 그 날을 위해 준비하고 기다려라."
아버지의 청천벽력 같은 말이었다.

그녀의 아버지는 고향에서 정미소 사업을 크게 하고
정치적으로도 기반을 닦고 있고 경제적인 기반도 있는
사업가였고 동네의 유지였던 것이다.

세월이 흘러 약혼 날이 다가왔다.
그녀는 그 전날 밤 청주 집을 탈출해 서울로 올라와 사랑하는
선생님이 자취하고 있는 아현동 자취방으로 달려갔다.
그녀는 이미 약을 먹고 몽롱한 상태에서 자취방 문을 열고

들어와 선생님 품에 쓰러지듯 안겼다.

입에서는 피가 흐르고 있었다.

그리고 그녀는 이렇게 말했다고 한다.

"선생님! 많은 사랑, 많은 정을 품고 갑니다.

선생님과 합쳐질 수 없기에 차라리 약을 먹고 죽어서 저세상에

먼저 가서 기다리겠습니다. 언젠가 선생님이 오시면 그 곳에서

결혼해서 행복하게 살아요. 네?

오늘 밤이 지나면 나는 내일 딴 사람의 것이 되겠기에

선생님의 품에 안겨 잠들어 먼저 가렵니다. 선생님

행복했습니다. 후회도 없습니다.

그러나 한 가지 미련이 있다면 멋진 드레스를 입고 많은

사람들의 축복 속에서 결혼식을 못 올린 것이 후회스러울

뿐입니다. 행복했습니다."

그리고는 말을 못하고 맥이 빠지더라는 것이다.

축~ 늘어진 그녀!

그래서 그는 그녀를 둘러메고 비가 오는 밤에 달리기 시작하여

병원 문을 두드렸으나 자정이 넘어 문 열어 주는 병원이 없어

몇 시간을 헤매다가 명동 성모병원까지 왔다는 것이다.

숨을 거둔지 몇 시간이 지났다는 진단이 나왔고 할 수 없이

화장장을 찾아 뼈를 추려서 상자에 담고 흰 보자기로 정중하게
싸서 그 유골을 가지고 그녀의 마지막 소원을 이루어주기 위해
유골하고라도 결혼식을 올려야겠다는 일념으로 명동성당을
찾아 결혼식을 부탁했으나 거절당했다는 것이다.
이 교회 저 교회를 찾아 사정이야기를 하고 결혼식을
부탁했으나 모두 거절하더라는 것이다.
총각 선생님의 생각에 이 세상에서는 이루어지지 않으니
차라리 나도 죽어서 저세상에서 만나서 함께 살리라 생각하고
극약을 구해 주머니에 넣고 또 생각하기를 마지막으로 교회를
찾아 부탁해보리라 생각하고 종로3가에 있는 감리교
H목사님을 찾아 사정을 했다.

"만일 목사님이 주례를 거절하시면 저는 이 약을 먹고 죽을
것이니 화장을 해서 같이 묻어 주시고 '이춘우 군과 이계숙
양이 서로 사랑하다가여기에 묻혔다'라고 쓴 팻말을 하나 세워
묻어주십시오." 하고 사정을 하니 그 목사님이 오히려 사정을
하며 "나 좀 봐주시오. 당신의 유골과의 결혼을 주례하고 나면
교회에서 쫓겨나는데 많은 식구들하고 갈 곳도 없고 늙으신
노모를 모시고 있으니 사정 좀 봐주시오." 라고 오히려 사정을
하더라는 것이다.

사정하는 모습이 오히려 자신보다 그 목사가 측은히
생각되었다고 한다.

H목사님은 "저기 보이는 교회가 장사동 감리교회인데
박 목사님이 계실 겁니다."라며 교회를 소개해 주더라는 것이다.
그리고 찾아와 하는 말이 "나는 이 교회가 마지막입니다.
나를 살릴 것이냐, 죽일 것이냐는 목사님에게 달렸습니다.
나는 이제 지쳤습니다.
더는 찾아가지 않을 것입니다.
버틸 기운도 없고 살아야 될 이유도 없습니다."
약 봉지를 꺼내는 것이다.
쥐약인 듯싶었다. 난처한 일이 아닐 수 없다. 난감하다!

'우선 이 청년을 살려야 한다.' 라는 생각에 무슨 방법으로든지
살려야 한다는 마음이 앞섰든 것이다.
내일 오전 11시로 우선 유골과의 결혼식 일정을 잡아주었다.
그리고 돌아가 좀 쉬라고 하고 돌려보내놓고는 나는 숨 가쁘게
이리 뛰고 저리 뛰었다.
그 길로 신학교 홍현설 박사를 찾아가 신학적인 하교를 부탁했다.
"글쎄, 말썽이 일어날 텐데!" 시원한 해답이 없다.

시간만 흐를 뿐 대답이 없다.

총리원으로 내려와 마경일 총무를 만나 사정 이야기를 하니

"안돼요, 안돼" 단호한 거절이었다.

절간도 아니고 교회 망신 이야요, 망신…

칼날 같고 면도날 같은 분이라! 생각하고 교육부 총무였던

송종율 목사님을 찾아 사정이야기를 했다.

"주례를 안 해주면 죽는다. 우선 사람을 살리고 봐야지"

멋이 있는 목사의 답변이었다.

"박 목사가 알아서 해." 모두가 정답이 없다.

내일이면 한 청년이 죽느냐? 사느냐? 하는 분기점이랄까?

고민이 아닐 수 없다.

뒤처리는 내 몫이니 말이다.

나는 마음을 가라앉히고 성전으로 들어갔다.

주님과 더불어 의논하리라 결심하고 말이다.

성전으로 조용히 들어가 하나님 앞에 머리를 숙이고 물어보았다.

주님~ 하고!

이리 뛰고 저리 뛰어다니느라 점심도 굶고 저녁도 못 먹으니

입술은 바짝바짝 타기 시작하고 참으로 고민스러웠다.

나는 이렇게 생각해 보았다.

이 사건!

이! 문제를 학장이나 총무들에게 가지고 가기 전에 예수님
앞에 가지고 가서 물어봤다면 예수님은 무어라 대답하셨을까?

해답이 빨랐다. 놀랍게도 빨랐다.

한 생명에 대한 존귀와 존엄성.

온 천하를 얻고 자기 목숨을 잃으면 무엇이 유익하겠는가?

양 한 마리가 빠져서 죽어 가는데 안식일이라고 구해주지
않겠느냐? 하시는 예수님의 말씀!

법이요, 교리요, 하기 이전에 한 생명이 얼마나 귀하고
중요한가?

교리요 법이라고해서 한 생명이 죽어 가는데 그냥 버려둘 수
있겠는가? 하는 해답과 함께 결심이 서게 되었다.

또한!

나! 자신을 위해서라도 해야 된다는 생각이 강하게 밀려온다.

그것은 내가 주례하지 않으면 이 청년은 바로 죽을 것인데…

나의 일평생 나 때문에 그 청년은 죽었구나.

나는 교회법 때문에 사람을 죽인 살인자가 아닌가?

그 청년의 핼쑥한 얼굴이 평생 떠올라 나를 괴롭힐 터인데…

나 때문에 한 청년을 죽일 수는 없지!
하나님 앞에 엎드려 그분과 의논하고 나니
그렇게도 해답이 빠른 것을…

그 때 나의 결심이 하나 새로 생겨났다.
멋이 있는 결심이다.
앞으로 살아가면서 모든 문제를 사람들 붙잡고 해결하지 않고
하나님 앞에서 물어보고 의논하고 해결하리라하는 다짐이었다.
지금도 그 다짐에는 변함이 없다.

참! 평안한 마음으로 다음날 오전 11시를 맞이했다.
말끔하게 이발을 하고 깔끔하게 단장한 손에는 흰 장갑을 끼고
유골상자를 정중하게 목에 메고 주례자의 지시를 기다리고
서있다.

나는 숙연해졌다. 가슴이 뭉클해짐을 느꼈다.
동시에 눈시울이 뜨거워짐을 느꼈다.
얼마나 큰 사랑이요 절실하고 애절한 사랑이었던가!?
그 사랑이 무한하게 부럽게까지 느껴지면서 웨딩마치의 반주도
없이 신랑신부 동시입장을 선언했다.

대기하고 있던 친구들의 플래시는 터지고 신랑은 뚜벅뚜벅
주례자 앞으로 걸어왔다.

주례자 앞에 서서 신랑은 깊이 머리 숙여 인사를 한다.
그리고 그는 나지막한 소리로 "죄송합니다. 감사합니다."
염통 속에서 솟구치는 감사였다.

나는 차분한 마음으로 "신랑 이춘우 군과 신부 이계숙 양의
혼례식을 거행하겠습니다."로 시작하여 성경도 읽고 좋은 믿음
가지고 살아달라고 권면도 한 후 "선언합니다. 신랑 이춘우
군과 신부 이계숙 양의 영혼과 영혼이 결합하여 영원한 부부가
됨을 선포합니다."로 약 20분간의 혼례식이 끝났다.

"광고는 없습니까?" 주례가 물으니 신랑이 공손히 인사한 후
"감사합니다. 주례 목사님과 여러분들을 결코 실망시키지 않을
것입니다."로 인사를 하니 기립박수로 완전히 식은 끝났다.

식을 마치고 지치고 피곤해 있는 신랑에게 택시에 태워 남산을
한 바퀴 드라이브하고 돌아오라고 하고 교회 앞에 여관방을
얻어 신랑 신부의 첫날밤이니 새 요와 새 이불을 준비시키고
웃돈을 얹어 여관비를 지불하고 집으로 돌아와 할 일을 했는가
싶어 마음의 참 평안과 그 뜨겁고 멋있는 사랑에 감격하여
몇날 며칠을 흥분상태에서 지냈다.

결국 신문 1면에 기사가 터지고 연일 영혼과의 결혼식이라든가 또는 유골과의 결혼이라 하여 기자들이 주례자를 찾으며 면담하자는 것이다. 피하느라 진땀을 흘렸다.

곤욕스러운 일이 아닐 수 없었다.

예측한대로 종교재판을 받아야 된다는 것이다.

그것은 그렇고 이 동네가 웃기는 동네요, 한심한 인생들의 세계임을 뼈아프게 느꼈던 것은 일이 터졌으니 교회에서 나가게 될 것이라는 소문을 듣고 많은 목사들이 넘실대고 기웃거리는 것이었다.

참으로 슬픈 일이다. 비극의 한 장면을 나 자신이 목도하고 있는 것이다.

교회 내부를 둘리보고 가는 목사도 있고, 주택을 둘리보고 가는 철면피의 가면을 쓰고 기웃거리는 목사!(아직도 생존해 있음) 마치 팔려고 내놓은 집을 둘러보고 가듯이 복덕방사람들이 드나들 듯이!

염치도 체면도 없는 철판을 깐 그들의 철가면의 모습이 세월이 많이 흘러갔는데도 아직도 나를 쓸쓸하게 한다.

신학교가 아니라 예수직업학교를 나온 무리들…

결국 둘러보던 목사가 부임을 한다는 소문이 들려왔고 그 목사가 급기야는 부임을 해왔었다.

마치 아편쟁이가 죽기도 전에 옷 벗겨간다는 만주벌판의
이야기 같다.

이춘우 선생은 총리원으로 매일 찾아가 종교"재판이나 파면을
시키면 나는 할 일을 다 했으니 유감없이 할복자살 할 것이다.
총리원 목사들 앞에서 할복해서 피를 뿌리고 창자를
뿌리겠다."고 떠들기 시작했다.

그 기사가 연일 또 신문에 떠들어 대게 되었고 결국 오라 가라
하는 일 없이 흐지부지 끝나고 말았다!
나는 섬기던 교회를 떠나 시골 중학교 교장으로 부임을 하게
되었다.
판이하게 다른 세계의 생활이었으나 정겨웠고 시골사람들의
순진함과 천진한 때 묻지 않은 세계를 보게 되었다.
시골 학부모들의 티 없는 마음,
고구마 한 개라도 옥수수 한 개라도 들고 오는 고마움과
공기 좋은 시골에서 조용히 자신을 반성하고
기도할 수 있는 3년의 세월을 보내게 되었고
그 후 이춘우 선생은 전기도 없는 강원도 산골 마을로 들어가
낮에는 밭에서 일하고 밤에는 학교 못가는 학생들을 모아

천막을 치고 가르쳤고 믿지 않던 그가

성경도 열심히 보면서 주경야학을 묵묵히 하고 있다는

간간히 들려오는 소식에 고무되어

나도 열심히 학생들을 가르치고 성경도 열심히 읽고…

하나님은 '심은 대로 거두리라 행한 대로 갚아 주리라'

변함없는 그분의 말씀대로 한 영혼을 귀하게 여기고

아끼고 사랑했기에…

희생하면서라도 한 영혼을 버릴 수가 없다고 생각하고 결단

내려 건져준 것을 하나님은 기억하고 계시다가

'네가 한 영혼을 그렇게 아끼고 사랑했으니 내가 많은 영혼을

네게 맡기리라' 하셔서 지금까지 쉬지 않고 설교하고

부흥집회를 인도하면서 방방곡곡을 누비며 많은 영혼 구원의

사역을 했고 뿐만 아니라 일본, 중국, 러시아, 미국은 물론 수십

개국의 나라를 뛰게 하시니 감사할 뿐이다.

정신없이 뛰다가도 뛰던 걸음 멈추고 생각해 보면,

그 때 그! 사건을 하나님은 잊지 않으셨다가

때가 되매 많은 영혼을 맡겨주셨구나 하는 생각을 하며

지금도 그 때 그! 일을 회상해 보게 된다.

그! 사건으로 비난도 많았고 선배 목사님들의 꾸지람도 많이 받고 비판도 받았으나, 그와 반대로 격려와 위로도 몇 백배로 넘쳤던 것을 기억한다.

그 사건이후에 여자대학, 여중고등학생들, 도처에서 하루도 쉬지 않고 '멋있어요, 원더풀 해요, 감사해요, 뵙고 싶어요.' 하는 수십, 수백 통의 편지가 날마다 날아 들어와 나를 위로했고 격려했기에 서울을 떠나 먼 시골 섬 마을에 와 있었지만 난 외롭지 않았고 '나 혼자가 아니었구나!' 많은 위로와 격려를 지금도 잊을 수가 없다.

교회에서는 그래도 내가 떠나는 것을 만류했지만 지방 감리사의 정치적인 세력으로 밀려 떠나게 되었으나(그 당시 감리사의 세력은 막강한 때였다) 지금 와서 생각하니 멋이 있는 멋쟁이 하나님이 여호와이레~로 모든 것을 준비하시고 진행하셨음을 깨닫게 된다.

한 영혼, 한 생명을 귀하게 여겨 희생이 따른다 할지라도 그 결과는 많은 것으로 갚아주시는 하나님 앞에 오늘도 감사하며 글을 맺는다.

어느 결혼식장의 이야기

어느 결혼식장이다.

하객들이 자리를 메웠고 신랑 신부의 양가 부모님들은
앞자리에 마련해 놓은 의자에 자리 잡고 앉아 있고, 주례자는
흰 장갑을 끼고 연단에 서서 신부의 입장을 기다리고 있고
사회자는 신부 입장을 선언했다.
상상 하고도 남는 아름다운 모습으로 신부의 입장도 끝났고
늠름한 신랑은 사회자의 선언으로 신랑입장을 선언하니
뚜벅뚜벅 아주 씩씩하게 입장이 모두 끝났다.

기쁠 때나, 슬플 때나, 건강했을 때나, 병들었을 때나, 신부는
오늘의 신랑을 그대의 남편으로 삼아 오늘의 언약을 지키며
영원토록 사랑할 것을 맹세할 수 있습니까?

신부는 다소곳이 고개를 숙이며 '예'라고 대답한다.

신랑을 향해 주례자가 신부에게와 같이 묻기를 시작하는데,

이때에 마침멀리서 불자동차가 요란한 사이렌 소리를 내며

질주한다.

신랑은 바로 이 때! 결혼식 도중에 도망치듯 밖으로 뛰쳐나간다.

하객들은 물론, 주례자와 신부 친구들과 모두 모두 웅성웅성

술렁대기 시작했다.

한심 무쌍한 일이 아닐 수 없다!

어안이 벙벙할 일이 아닌가?

신랑의 친구들도 도망가는 신랑을 따라 모두가 빠져나갔다.

이러지도 저러지도 못할 일이다.

난감한 일이 아닐 수 없다.

그런데 신부는 주례자를 향하여 담담한 어조로 '조금만 기다려

주십시오,' 한다.

모두 모두 놀라서 어쩔 줄 모르고 있는데…

신부의 모습은 그렇게도 태연할 수가 없었다.

얼마 후 신랑이 나타났다.

온통 물을 뒤집어쓰고 검은 먼지와 재를 뒤집어쓰고 말이다

마치 놀란 쥐가 뜨물통에 빠졌다가 튀어나와 아궁이 속으로
들어갔다 나온 그 몰골로 신부 옆에 서 있는 것이 아닌가?
대강 예식은 끝이 났고 하객들은 신랑이 머리가 돌았나?
웅성거리고 시끌벅적한 와중에 신랑의 직업을 나중에서야 알게
되었다.

소방대원이었던 것을…
使命(사명)에 忠實(충실)해야 할 것인데…
지금의 時代(시대)는 그렇지가 못하다.
그러니까 문제도 많고, 말도 많고 병신 짓만 하고 돌아간다!
자기자리를 사수하라!
자기의 책임이 무엇인가를 알아라!
그리고 그 자리를 지키면 된다.

聖雲(성운)의 인생살이 回顧(회고)

나 어찌하여 세상에 대한 욕심이 그다지도 많았던고…
실오라기 한 끝 금전 한 푼 손에 쥐고 가지 못할 것을…

어린 시절 딱지 치며 구슬치기에 정신없이 한 세월을 보냈듯이…
때 묻은 종이 딱지 한 장이라도 더 따려고 혹은 땅재먹기에 열을
올려 작은 손 크게 벌려 한 뼘이라도 더 재먹으려고 울그락
푸르락 그 얼마나 어린 몸과 마음이 피곤하고 고달파 했던고…

서산에 해 넘어가면 저~ 멀리서 들려오는 소리…
"어디에서 무엇하고 있느냐?~"
"빨리 오라~" 하시는 어머님의 소리!…
따 놓은 종이 딱지 욕심 부려 뼘 재먹은 땅 모두모두 뒤로하고
묻은 먼지 툭툭 털고… 다 털고… 집으로 다름 박질해

돌아가야 할 것을… 왜 그다지도 열을 올렸었는지?

나 이제 늙어가는 몸 되어 지나온 세월 회고해 보니!
마치! 어린시절 딱지치기와 땅재먹기와 다름없는 인생살이
한 세월을 보냈는가 싶어 부끄러움에 몸 둘 바 찾을 길 없도다.
부끄러운 지난날의 나의 인생살이…
하나님 앞에 무릎 꿇어 용서를 빌 뿐이로다.

나 이제 황혼 길에 철이 들고 보니 지나 온 인생살이 한심하고
죄스럽기만 하구나 딱지 치던 것, 구슬치기와 땅따먹기를
멈추고 옷깃을 바로 세워!
단정하리라! 진실하리라!
정신을 가다듬어 길고도 먼~본향 집 더듬어 찾아갈 채비를
서둘러 보리라! 살아오면서 묻은 먼지 툭툭 털고 다 털고…

나의 부모와 형제가 기다리고 있는 곳
나의 친한 벗들이 먼저 가서 모두모두 기다리고 있는 내 본향!
세상살이에 침침해지고 어두워진 눈을 비벼 저 멀~리
본향의 집 바라보리라.
기 빠진 무릎 세워 조용히 걸어가리라!

평생 아끼고 사랑하던 소장품을
모교에 기증하고 나서

나의 평생 아끼고 사랑하고 귀하게 여기고 사랑을 주었던
모든 소장품…
적은 것 하나에라도 나의 손때가 묻고 정이 묻었던 것 들,
대화를 나누면서 닦고 또 닦아 거울같이 맑고 윤이 나던
소장의 물건들, 수십여 성상을 나와 같이 살아왔던 것들…

도자기와 금 부치들, 선물로 받은 귀중품, 동서양의 산수화
그림들! 세계의 우표, 산삼, 웅담, 호랑이 신, 백사, 물개 신 등
수백점이 넘는 수십 년을 동행자 되어주었던 정이 담긴 애착
물들…
황혼길!

오늘에 와서야 버리듯 포기하고 나니
만사가 편하고 개운한 것을…
무어라 수없이 긴~ 세월에 끼어 안 듯 아끼고 어루만지며
애착을 갖고 신경을 곤두세워 피곤하게 살아왔는지?
몸과 마음만 피곤했을 뿐! 소장의 무슨 유익이 있었던고!

다른 사람보다 유난하게 별난 것들을 더 많이 소유하고 있다는
것이 자랑거리요 삶의 보람인가~ 생각했었는데
그것들이 오히려 나의 신경을 피곤하게 했고, 그것들을 아끼고
사랑하면 사랑할수록 심신의 피곤함이었을 뿐…
지키느라, 간직하느라 괴로웠던 것 뿐…

나 이제 황혼길 늙은 몸이 되어 주마등 같이 흘러간
지난날들을 뒤돌아보며 가던 길 잠시 멈추고 회고 해보니
착잡한 심정, 쓸쓸한 마음, 금할 길 없고 허전해지고
피곤해짐을 느끼게 하는 구나…

하늘에 계신 내 아버지!
나를 향하여 오라하시면 오늘밤이나 내일이나 하시라도 아멘~
하고 가야할 것을…

벌거숭이 알몸으로 왔다가 껄껄하고 뻣뻣한 베옷 한 벌 얻어
입고 빈 손 들고 공수로 가야할 것을…

왜 그다지도 많은 세월에 애착을 갖고 끼고 품고 아끼고
그리고 인색하게 살아왔는지…?
나 이제 황혼길에 철이 들고 보니 지난날 나의 삶의 모습이
부끄럽기 짝이 없어지는 구나…
하나님 전에 용서를 빌 뿐이로다!

지금 나의 심정은 '마치 애지중지사랑으로 키우고 귀여워했던
딸자식을 멀리 출가시키던 날 같이…
텅 빈 집에 홀로 남아 있어서 비어있는 구석구석을 바라다보며
허전하고 서글퍼지는 마음 달랠 길 없어
안절부절 가눌 길이 없구나.
딸자식을 시집보내던 날 밤 같구나…

그러나 지금 곧! 어디에선가 들려 올 것만 같은 위대하신
그 분의 음성…
"내 사랑하는 종아 참으로 잘 하였도다"라고 하시는
그분의 음성!

위대하신 그 분의 음성이 들려올 것만 같아 귀를 기울여 본다.

오~래 오~래 한 평생 살아온 험난한 인생살이

앞을 보나 뒤를 보나 지나온 발자욱 더듬어 생각해보니

그저 고맙고 감사한 것 밖에는 아무것도 없구나…

오늘도 텅 빈 집 지키며

그! 크신 은혜 생각하니 감사와 감격의 눈물이 흐르고 또 흘러

나의 옷깃을 적시고 있구나.

달리던 길 잠시 멈추고

예수만 바라보고 예수만 열심히 따라 가고
그를 닮아 살아가기를 힘쓰면 아무 문제도 아무탈도 없을 것인데
예수는 예수, 나는 나 따로 돌아가고 있으니 문제도 많고
소리도 요란하다.
하여튼 말 많은 동네요,
소리가 요란한 동네인 것만은 틀림이 없다.

아무리 생각해 봐도 바로 고쳐질 것 같지 않은 큰 병에 걸려
잇는 것 같아 걱정이 앞선다.
계집애들 같이 시기하고 질투하고 유난히 시샘이 많고 헐뜯고
비난하고 깎아 내리고 짓밟는 것이!
이! 동네 사는 사람들의 특징인 것 같다!
남을 칭찬하고 존경하고 아끼고 사랑 할 줄 모르는!

아주 짜고! 인색하기 짝이 없는 동네이기도 하다.

남이 잘 되고 칭찬받고 존경받는 꼴을 속이 상해 못 보아주는
아주 이상한 동네이기도 하다.

동지들이나 선배나 후배들이 또는 친한 친구들이 높아지고
잘되고 신령해지고 이름이 나고 요샛말로 뜨게 되면 그 꼴을
못 봐준다.
눈을 뜨고는 볼 수 없는 모양이다.
반듯이 과거사가 나오고 험담이 나오고 중상하는 말이 나온다.
그리고는 반듯이 여자 문제를 덧붙여 떠들어 댄다!

그리고 이 동네는 무슨 약들을 먹었길래 선후배가 없는 동네다.
독불장군의 세계다.
빨갱이의 나라도 선후배가 뚜렷하고 상하구별이 깍듯한데!
이 동네는 선배도 후배도 없는 막나가는 동네다.
막가파도 형님! 아우님! 하고 허리를 깊~이 깊~이 굽혀서
형님 대접을 깍듯이 하든데…
아낄 줄도 알고 도와 줄줄도 알고 칭찬도 할 줄 알고 귀하게
여길 줄도 알고 키워 줄줄도 알아야 하는데 그런 것이

없어진지 이미 오래됐다.

옛날에는 있었던 것 같은데 지금은 찾아 볼 수가 없다.

그렇기에 이 동리에서는 한국적 빌리 그래함 목사가 생겨날 수가 없단 말이다.

서열이라는 아름다움도 있다.

"형님 먼저 아우 먼저" 멋이 있는 말이다.

순차도 없고 기다릴 줄도 모르는 막나가는 무례한 동네가 되어 버렸다.

씁쓸하고 서글퍼지고 한심 무쌍한 일이 아닐 수 없다.

바라보고 있노라면 허탈해진다.

기가 막혀진다! 이럴 수가? 걱정스러워진다!

양보의 미덕이라 했든가?

형님 먼저 아우먼저는 호랑이 담배피던 시대의 말인가?

그리고 형님도 동생도 없이 덤벼드는 막가는 동리다.

선배도 후배도 없어진지 이미 오래됐다.

눈을 크게 뜨고 찾아보아도 보이질 않는다.

무조건 나 하나 잘되고 높은 자리 차지하고 나하나 출세하고 이름 날리면 그만이다.

그리고 큰 집 차지하고 거들댄다.

예수는 어디에 가시고 보이지 않는 아사리판세를 만들어 놓았다.

만든 사람! 찾아 보면야 있겠지…

두렵고 무섭다. 아주 삭막한 동네 꼴이 되었다.

옛날 예수님 당시의 바리새인들은 남들이 보기에는

거룩하고 말씀대로 살고 있는 것 같이 보였지만…

지금의 이 동네 사람들은 그런 냄새도 모양새도 없는 것 같고

예수 냄새도 안 나고 바리새교인 근처도 못가 있다.

마음이 착잡해지고 씁쓸해 진다. 머리가 어지러워진다.

나 역시 한 때는 휘말려 돌아가든 때도 있었다.

내가 가장 잘난 것 같았다. 말도 조리 있게 잘하는 것 같았다.

유형기 감독님이 계실 때 '잘해 보자'고, 그리고는 등을

어루만져 주었고 '박 목사 참 조리 있게 발언을 잘했어'

그 한마디 말씀 듣고 정말 내가 잘난 줄 알고 우쭐했다.

어느 년도인가 연회가 정동 감리교회에서 열릴 때였다.

마이크를 잡고 떠들고 나니 모두가 '옳소' 했다.

그리고 박수 소리도 들렸다.

지극히 타당하고 정리된 발언이었다고 나 스스로도 생각했다.

그리고 그 발언의 안건이 통과되었다.

안건이 통과되고 나니 더더욱 기고만장이다.

의기양양하며 우쭐하고 자만하지 않을 수 없었다.

회의는 정회가 되고 점심시간이 되어 잠시 정회가 선언이 되어

모두 모두 회의장 밖으로 몰려 나갔다.

아버지가 (박용익 목사, 종교감리교회에서 은퇴) 옆문에서

한참이나 나를 기다리고 계시다가 나를 보시자마자 나를 좀

보자고 하신다.

교회 한적한 담 모퉁이로 끌고 가시더니 격양된 어조로 이렇게

말씀 하시는 것이다.

(아버지도 연회 회원이셨다)

'박 목사! 내 눈에 흙 들어가기 전까지는 연회에서 마이크 잡지

말어, 그리고 떠들지 말어, 너 아니더라도 말할 사람 많아'

나는 그 후부터 은퇴 할 때 까지 삼사십년의 긴 세월동안

한 번도 연회에서 마이크를 잡고 발언하는 일이 없었다.

지금에 와서 생각하니 얼마나 다행한 일인지 그 아버지가

감사하게 느껴진다.

그렇지 않았으면 얼마나 정치에 휘말려 정신없이 날뛰고
돌아다녔을지 생각해 본다.

감리사 출마요, 감독 출마요, 접대비요, 해외 무슨 회의
세미나요 하면서 교회 돈을 낭비하는 한심스러운 목사가
되었을 것인데…

교인들의 헌금을 마구 잡이로 물 쓰듯 하고 정치한다고
모인다고 회의한다고 국내로 국외로 몰려서 돌아갔을 것인데…
아버지의 그 얼굴모습과 강한 말씀 한마디가 곁길로 가지 않고
목양의 길을 걷게 하셨으니 감사 또 감사한 일이 아닐 수 없다.

그리고 생각해 본다!

교인들은 먹을 것 먹지 않고 쓸 것 쓰지 않고 아끼고 또 아껴
모았다가 가난 중에서도 하나님 앞에 바쳐진 헌금이다.

십일조요, 감사헌금이요, 건축헌금이요, 선교헌금이요, 구제
헌금 등등 요리 쪼개고 저리 쪼개서 바쳐진 헌금이다.

생각하면 마구 쓸 수 없는 떨리는 돈이다.

잘못하면 천벌 받을 일이다.

그 거룩한 돈을 마구 잡이로 쓸 수가 있겠는가 말이다!

내가 첫째로 제일 먼저 감사해야 할 큰 감사는
일찌감치 아버님의 격양된 어조와 흥분하신 모습으로
훈계하셨든 그 나무람이 정치에 뛰어들지 않게 한 것을 다행한
일이요, 제일 큰 감사한 일이라 생각한다.
반드시 하나님 앞에 서서 심판 받을 날이 올 것인데
우선 거기에 대한 것은 면케 되었으니 말이다.

나는 그 후로 많은 인연과 많은 시련을 통해 기도하게 되었고
부모님의 배후 중보기도로 은혜를 체험하게 되었고
은혜를 체험하고 나니, 그 은혜를 증거하고 전할 기회를 부여
받게 되었고, 부여받고 나니 정신없이 팔도강산 면면촌촌
방방곡곡 해외로 까지 뛰면서 증거 하게 되었다.

그로 인하여 얻어진 것들은
십의 일조가 아니라 십의 십조 주의 것이라는 신념으로
교회에서 주는 것으로 생활비로 생활하고 사례비는 그대로
저축하게 되어 요긴한 아주 쓸모 있는 곳에 주님이 명령하시는
곳에 주님의 영광을 위해 쓰려고 모으기 시작했던 것이다!
그러던 중 감리교신학대학에 학비가 없어서 공부 못하는
고생하는 학생과 학비로 인해 고통당하고 있는 학생들이

있음을 듣게 되어 마음의 감동을 주시기에 바쳐지게 되었다.

한 가지 못 바친 것이 남아 있는데
그것은 각지에서 은혜 받은 성도들이
"목사님, 은혜 많이 받았어요. 드릴 것이 없네요." 하고
끼고 있던 해묵은 금반지를 빼서 혹은 목걸이를 풀어서
"전하시는데 쓰시든지 또는 잘 잡수시고 건강 하세요"하며
선뜻 뽑아주는 가난에 찌든 성도들의 정성어린 금붙이 들이다.

내가 어찌 팔아서 먹고 마시고 또 내 마음대로 쓸 수가 있으리오.
그 귀한 귀중품들 하도 오래되어 금빛은 다소 바랬지만,
고이 간직하고 있었던 것들이기에 모든 소장품과 한께
전시실에 전시할 마음이 생겼던 것이다.
언제든지 신학교에 올라오면 누구든지 볼 수 있게 될 줄 안다.
거기에는 아끼던 귀중한 물건들, 내가 사랑하고 귀하게 여겼던
것들이 아낌없이 모교에 바쳐져 전시되고 있는 것이다.

주님께서 오라 하시면 내가 쓰던 젓가락 짝 하나라도 가지고
가지 못할 것을…
끼고 지니고 간직해 두었다가 그 정성담긴 선물들이 뉘 것이

되겠느뇨?

뉘 손에서 마구 유용될 것인고?

예수님 옷을 제비 뽑아 나누어 갔듯이

동서 사방으로 흩어질 것들을…

한자리에 모아 같이 보고 같이 느끼고 공감하며 감사했으면

하는 마음에서 내 생애동안 옆에 두고 즐기던 것들을

나의 모교에 전시하게 된 것이다.

이것이 계기가 되어 선후배들 또는 뜻있는 동지들이 귀한 것들

하나 둘씩 바쳐서 감리교 신학 대학 기념박물관이 되었으면

하는 기대도 가져보는 바이다.

안심하고 헌금하고

안심하고 헌물한 동기도 사연도 있겠지만

첫째로 총장님을 뵈올 때 그의 순수하고 착한 마음과 인격에서

흘러나오는 매력, 누구나가 다 같이 느낄 수 있는 그의

겸손함과 티 없는 마음, 꽉 차 있는 학식과 믿음, 과연

믿음직스럽고 안정된 모습이었다.

목회의 경험이 있다한다.

그리고 기숙사의 학생들이 새벽 기도회에 참석하지 않으면

퇴사를 시킨다는 말을 들었다.

얼마나 든든하고 마음 놓이는가!

전국의 학생들을 다 맡겨도 안심되는 인격이며 신앙인인 것이다.

그렇기에 안심하고 귀하고 아끼던 모든 것을 아낌없이 바치고
싶은 마음에서 바치게 된 것이다.

교수 진영도 살펴보니 믿음직하고 빈틈없는 세계적인 수준이다.

전 총장을 지내셨던 총장님도 아주 멋이 넘치는 신사다.

다시 말해서 탤런트 같이 잘 생긴 미남 형에 매력을 느낀다.

나의 모교가 나를 목사로 낳아준 모태의 모습이 자랑스럽고
어깨가 펴지고 소리쳐 알리고 싶어진다.

또 학교에 올라가면 동문회를 찾게 된다.

동문회 회장을 만나면 그의 거룩한 모습, 목사다운 위엄과
허식이 없는 인격적인 참 목사 상을 보는 것 같아 마음의
평안을 느낀다.

떠들거나 정치하는 일에는 상관하지 않기에 연약했던 교회가
대 교회로 부흥 발전하게 된 것이 아니겠는가.

두루두루 그 동리만은 옛날 같지 않고 신앙으로 뭉치고 거룩한
향기가 나는 동리 같다. 냉천 골! 동리 말이다.

하나님의 축복과 넘치는 은혜가 충만한 동리가 되어 세계적인

신학교로 변신하게 되기를 기대할 뿐이다.

장학회 사무실이 소장품 전시실이기도 하다.

누구나 오면 감상하며 공감할 수 있음은 물론이요

"성도의 생애" 일명 "새 노래"라 하는 찬송가와 테잎과 CD를

무료로 가져 가실수가 있다.

그리고 미국 뉴욕의 메트로폴리탄에서 활약하고 있는

캐서린 R.의 찬양 바이올린연주도 있다!

물론 누구든지! 무료로 선물 받아갈 수 있다!

지금 우리네가 부르고 있는 찬송가는 작사 작곡이 모두

미국사람들이 백 년 전 혹은 이백년 전에 쓴 가사이다.

자기네들도 이제는 안 부르고 새것을 부른다.

나름대로 만들어 복음성가를 부르고 있는데 유독 우리들만

백년 전, 이백년 전에 미국 사람들이 작사한 찬송을 우리들은

번역을 해서 까지 부르고 있다.

시대가 흐른다. 다양하게 변화되고 있다.

미국 사람들이 자기네 문화에 맞게 만든 찬송이다.

하나님의 말씀은 천년이 흐르고 만년이 흐른들 변할 수야

있겠는가.

그러나 찬송은 시대에 따라 문화에 따라 변할 수 있는 것이다.
많은 경건한 시인 많은 신령한 종님들이 기도하며 금식하며
심금에서 우러나오는 찬양의 시가 얼마든지 있을 법한데
번역해서 꼭 미국 사람들의 것만 부르자는 생각의 의미가
무엇인지?
이해하기가 힘들다. 누가 대답 좀 해줄 수 없는지?
지금 부르는 찬송 중에서 좋은 것은 골라서 선별해서 부르게
하고 새로운 멋이 있는 은혜의 합동된 찬송이 나왔으면 하는
마음이 간절하다. 기대해 본다!
복음성가 등… 우리의 감정! 우리의 문화에 맞는 공감대를
이루는 성가를 많이 만들어 불러 보자!

성도의 생애는 1장부터 187장까지 평생을 살아오면서 만들어진
주찬양의 노래다.
그리고 성도의 생애라 새 노래라 이름 해 보았다!
예배드릴 때 철야에 밤에 기도원에서 또는
가정기도회에서(일본과 미국 한인들의 교회에서) 부르며
은혜를 나누고 있다.
그리고 부흥회에서는 반드시 함께 부르며 은혜를 나누고 있다.
우리 이제는 예수의 마음으로 돌아가서 살아 보기로 힘써보자.

예수 닮아 살아보기로 노력해 보자.

사랑의 종교가 아니겠는가. 억지로라도 사랑해보자.

나의 아버지의 유언을 소개하며 글을 맺고자 한다.

돌아가시기 전날이다.

자리에 누워 계실 때 내 아들 박보영목사가 이렇게 물었다.

"할아버지! 하시고 싶은 말씀 계시면 말씀해주세요."

힘겹게 마지막 남기신 말씀은 이렇다.

"목회 생활에 있어서 너를 미워하고 괴롭히고 찌르는 가시처럼

너를 찌르는 가시 같은 사람이 앞으로 반드시 있을 것이다.

그러한 사람을 정성을 다해 돌봐 주고 제일로 사랑해 주라.

사랑할 수 없는 사람을 사랑해 보아라."

그 말씀 한마디 남기시고 며칠 후 성도의 생애 테이프 찬양

곡을 녹음기에 틀어놓고 잠자는 것 같이 찬양 속에서 훌훌히

떠나 가셨다.

예수만 바라보고 예수만 열심히 따라가고 그를 배우고 예수만

닮기를 노력하자.

교인이 많이 모이고 성공한 어느 목사의 설교하는 모습을

닮아서 흉내 낸다고 교인이 모여 드는 줄 착각 말고

혀 꼬부라진 소리 흉내 내지 말라!

그 누구의 설교를 흉내도 내지 말자.

예수 모습 닮아서 그분의 흉내라도 내보자.

새 길이 전개되리라.

새로운 삶의 보람을 느끼게 되리라.

반드시 교회는 부흥하리라.

깔끔하게 인생살이 정리하며

어릴 때 뒷동산에서 뛰어 놀던 동무들!

학창시절에 머리 싸매고 같이 고생하며 공부했던 동창들!

어른이 되어 서로서로 알고 지내던 이웃들!

목회선상에서 제각기 임지에서 수고하고 기도하던 동지들!

같이 울고 같이 웃던 친한 벗들!

나를 가르치셨던 선생님들과 교수님들!

나와 혈육을 나눈 형제와 친척들!

이제는 하나 둘씩 내 곁을 떠나가 버리고 허전하고 삭막한

사막에서 자신만이 남아있는 듯한 모습을 보고 느끼게 된다.

마치 풀 한포기 없는 모래 바람만 부는 사막 한 가운데 서서

방향을 잡지 못하는 자신의 모습,

그것이 진정 나의 진실한 모습 같다.

전화도 그리도 많더니만 은퇴를 하고 나니

전화벨 소리도 조용해 졌고, 대문 벨 소리도 요란하게

울려댔으나 그마저 조용해졌습니다.

편지통에 그리도 많았던 각처에서 날아오는 편지들도 이제는

복덕방과 중국집 선전 광고 뿐 텅 비어 있을 때가 많습니다.

내 곁을 다 떠나버렸습니다.

허전합니다. 그래서 노래가 흘러나오기에 그려보았습니다.

<어두워진 세상길에서 천국의 안식을 생각하며>

고향생각의 곡에 맞추어 불러보았습니다.(해는 져서 어두운데)

1. 해~는 서산에 기우는데 나~의 갈 길 어느메뇨.

   이~곳저곳을 돌아봐도 고향 길 아렴하다~

   내~ 동무 하나둘씩 모두 다 떠~나네.

   지난날들을 생각하며 고향 길 찾아보네.

2. 해~는 서산에 숨어들고 땅~거미만 찾아드네.

   벌~레 소리도 사라지고 찬바람 스며든다~

   서~쪽 산 저 하늘엔 별 하~나 빛나네.

   저~ 별 따라서 고향 가리 고향 길 비추어라~

3. 별~빛 따라서 찾아가네 어~두움을 헤어치고.

   많은 세월에 피곤한 몸 쉬일 곳 찾아가네~

고~향엔 동무들이 날 반길 동~무들.

모두 거기서 기다리네 영원한 안식의 집.

(성도의 생애 181장)

이제는 차분히 마음을 가라앉히고 주위를 정리하리라.

작정하고 하나 둘씩 차분히 정리하기 시작했습니다.

혜성병원 원장으로 의사였던 아들이 마가의 다락방 기도원에서

은혜를 받고 목사가 되었습니다.

피땀과 눈물의 기도로 이루어진 기도원을 아들 목사의

이름으로 등기가 완료되어 대를 이어 마가의 다락방 기도원을

이끌어 나가게 되었습니다.

40년 동안 목회하며 건축한 인천방주교회도 원치는 않았던

일이었으나 교회전체와 지방 감리사님까지 합세해서

아들 목사를 원했기에 순종하는 마음으로 초빙되어

담임으로 계승하고 있으니, 진실로 크신 하나님의 은혜를

감사치 않을 수 없습니다.

기도원도 교회도 다 정리되어 홀가분하게 원로목사로 남게

되었고 네 남매 모두 하나님의 은혜와 축복으로 미국 땅에서

시민권자로 유복하게 하나님의 은혜와 축복 속에서
좋은 믿음 가지고 기도의 응답받으며 신앙생활도 아주 멋이
있게 잘~하고들 있으니 도와줘야 할 자식도 없으며
평상시에 마음먹은 것, 생각하던 것을 실행에 옮기기
시작했습니다.

40여 년간 나가라 들어와라, 잘했거니 못했거니, 불평 없이
허물 많은 종을 섬겨왔던 고마운 교회와 나를 목사로 만들어 준
모교 신학교를 위해 보답하리라는 정리의 생각이 들었습니다.
평생을 동분서주 하나님의 말씀을 들고 뛰고 나니
하나님의 도우심과 축복으로 얻어진 풍요로움과 넘치는 복을
나를 위해서 보다 훗날의 일꾼들을 위해 바쳐 보리라는
마음에서 모교를 찾았던 것입니다.

은행 예금과 적금 든 것 모두 모두 찾았고
기도원과 연수원을 하려고 사 놓았던 물 좋고 산 좋아
장만했던 7만여 평과 평생 모은 금붙이, 도자기 나의 모~든
소장품, 귀중품을 트럭에 실려 보내고 나니
이렇게도 개운한 것을…
날아 갈 것 같은 기분…

해는 서산에 기우는데 목적지 있는 나그네이기에
갈 곳을 향해 거추장스러운 것 없이 훨훨 가리라 하는 마음
밖에는 남아있지 않습니다.

막대기 하나 들고 실오라기 한끝이라도 들고
걸치고 가는 곳이 아니기에 말입니다.
껄껄한 수의 한 벌과 관 한 개면 만족했기에
생각해본 것입니다.
가지고 있자니 부담스럽고,
마음 무거워지는 것 같아서 시작했습니다.
집도 땅도 아끼던 보물들도 오라하시는 날 나에게는
거추장스러운 미련만 남기게 되는 것들이기에
작정을 한 것입니다.

뛰어 분주했기에 동문들에게도 무심한 사람이 되었었기에,
착하고 성스러워 보이는 총 동문회장도 만나서 사죄의 작은
뜻을 전달했던 것입니다.

이제 남은 여생 얼마를 기다려야 할지 알 길 없으나 부르시는
그 날까지 뛰려고 합니다.

지금도 가난한 교회의 집회와 여유가 없는 교회를 위해서는 내
것 가지고 자비량으로 마음 편하게 뛰고 있습니다.
국내로 국외로…

건강 주시고 기억력 있게 하시고 피곤함이 없게 하시니 쉬고
있을 수가 없습니다.
만 가지 주신 은혜 중 최고의 은혜는 주님의 구원하심입니다.
그 은혜를 생각하면 무엇이 아깝고 무엇을 망설이고 주저할 수
있겠습니까!

구원의 기쁨, 구원의 감격, 구원의 환희,
구원의 감사 그 고마움을 무엇으로 갚고 무엇으로 보답할지!?
염통 속에서 솟구쳐 나오는, 터져 솟구치는 감사와 감격이
없다면 되겠습니까?
구원의 확신이 없는 증거가 아닐까? 생각해 봅니다.
감사 감격의 고마운 마음이! 그 뜨거워지는 마음이 없다 하면
아직도 구원과는 멀리 떨어져 있는 증거가 아닐까?
생각해 봅니다.
근자에 체험한 이야기로 글을 맺고자 합니다.

<나! 죽을 대신 죽어 주신 그분!>
일본에 있는 한인 교회 집회 때 일입니다.
대개 일본 한인 교회의 구성은 돈 벌러 간 젊은 여인들로
구성되어 있고, 고전무용이나 노래를 좀 부르면 연예인 등으로
비자를 받아 밤무대, 밤업소, 야간 술집 등에서 일을 하다가
저들이 모이는 곳이 교회입니다.
예배드리고 나면 서로들 만나서 이야기를 나누고 더 좋은
일터를 알선 받아 일자리를 옮기기도 합니다.

예배가 끝나면 교회 식당에 모여 점심도 같이 먹고 커피도
마시면서 이야기들을 나누게 됩니다.
죄의 소굴에서 일주일간 지내다가 교회에 와서 설교를 들으며
죄책감에 고민하고 슬픈 마음에 눈물들이 많습니다.
구원에 대한 확신이 없기에 더더욱 서럽습니다.
신앙에 공포도 포함되어 있습니다.
지옥 간다! 저주 받는다! 죄 값을 치른다!
부흥 목사나 어쩌다 한번씩 스쳐지나가면서 하시는
목사님들의 설교에 고민이 증폭됩니다. 책임없이 내뱉는 말에
저들은 지옥의 괴로움을 경험해야 합니다.
나의 미래는 어찌 될 것인가 등으로 고민하며 자신의 처지를

생각하며 교회에 나오기만 하면 슬퍼 웁니다.

눈물이 마르지 않는 대부분의 불안정한 사람들입니다.

비자가 몇 년씩 끊겨 불법으로 머물러 있기 때문에 저들의

불안함은 이루 말할 수가 없습니다.

쫓겨 다니고 숨어 다니고!

병원도 갈 수 없는 여인들입니다.

병이 들어도 보험이 없기에 어떤 사람들은 일본인과 결혼하여

영주권을 가지고 다소 안정된 생활을 하고 있으나

마음의 불안과 정신적인 고통은 여전하기에 교회를 찾습니다.

그러나 구원의 문제, 회개 등에 걸려

신앙생활도 불안전한 상태입니다.

그렇기에 그들은 벌어서 바치는 데는

누구도 따라갈 수 없습니다.

더욱이 십일조, 감사헌금, 특별헌금에 앞장섭니다.

그것으로라도 탕감 받아보자는 심정일겁니다.

그러한 상황에 있는 교회에서 집회를 이끌어 나가던

어느 시간에 구원의 확신이 있는가? 물어보았습니다.

눈을 감고 양심적으로 확신 있는 사람은 손을 들어 보라고

했더니 한 두 사람 뿐 모두 다 숙연해 있었습니다.

구원의 자신이 없는 것이었습니다.

눈을 뜨게 하고 구원의 설명을 시작하였습니다.

대학에 합격하려면 100점 맞아야 되는데 학교에서 정한 점수에 못미처 점수를 40점, 50점 맞으면 어찌 되겠는가? 낙제다.

세상에서는 재수도 있고, 삼수도 있고, 그나마 떨어지면 군대도 갈 수 있고, 여자들은 공순이로라도 취직이라도 할 수 있으나 하늘나라에서 불합격하면 갈 곳이 없습니다.

재수도 삼수도 없는 곳입니다.

라고 세밀하고도 알아들을 수 있도록 설명을 하였습니다.

성경에 보면 <예수께서 가라사대 천국은 세례요한이 올 때부터 지금까지 힘씀으로 얻나니 힘쓰는 자가 들어가리로다.>

'내가 힘쓰고 애를 써도 40점 밖에는 천국 점수를 못 받았다 하자. 40점이나 50점 점수를 맞아 가지고 천국에 들어 갈 수 있겠는가?

물론 불합격이다.

그러나!

그러나! 내 대신 죽어주신 그분이, 나를 살리시고 구원하러 오신 그 예수가 우리의 연약함을 도우시나니 하신 그 분이 반드시 죄 값으로 죽어야 할 내 대신 죽어주신 그 분, 예수께서 모자라는 점수 50점 60점을 채워 100점을 만들어 천국에 들어가게 하십니다.

힘쓰고 애씁시다.

십일조 헌금에 힘쓰고, 감사에 힘쓰고, 제단섬기는 일에 힘쓰고, 기도에 힘쓰고, 전도에 힘쓰고, 종 섬기는 일에 힘쓰고, 맡겨진 사명에 힘쓰고, 주님의 일에 힘쓰게 될 때 모자라는 점수는 예수가 채워주십니다.

설교가 끝나자마자 서로 얼싸 안고 감격하여 서로 볼들을 비벼대며 껴안고 아멘!

아멘! 할렐루야!

할렐루야! 해결됐다.

해결됐어. 살았다, 살았어. 구원의 확신이 오는 순간 소리 높여 누가 시키지도 않았으나 통성기도가 시작되었습니다.

환희와 소망에 찬기도요!

감사와 감격의 눈물이 흘러내리는 기도다!

죄의식에 사로잡혀 구원의 확신 없이 공포의 신앙생활이었으나 나! 죽을 대신 죽어주신 예수님이 모자라는 점수를 채워주신다는 말씀에 그리도 감격해하고 이제 살았다고 하는 함성과 함께 감사와 감격의 눈물 섞인 통성기도를…

아~ 나는 지금도 잊을 수가 없습니다.

지금도 기억하면 가슴이 뭉클해지고 감격스러워지고 집회의
보람을 느끼게 됩니다.

때로는 오히려 강사가 은혜를 받고 돌아오게 되는 때가 많습니다.

구원의 복음, 이것을 위해 부르심을 받았고 이것을 위해 땀
흘리고 수고하고 노력하는 것입니다.

이 구원의 복음을 증거 하기 위하여 당하는 고통도 헤아릴 수
없이 많습니다.

방해꺼리, 중상모략꺼리가 주춤하게 할 때가 수 없이 많았으나
개는 짖어도 기차는 달린다는 소신을 가지고 지금까지
달려왔습니다.

"노병은 결코 죽지 않는 다 사라질 뿐이다"

"맥아더"장군의 말이다.

사명을 가지고 구원의 복음을 전하던 수없는 사명의 별들
그! 별들이 살아지듯이 사라져 간다.

한 별, 두 별! 하나 둘씩…

이제는 후학들이 바통을 받아 가시밭 길!

훼방의 돌팔매가 날아오며 중상도 모략도 당해야 하고 분통이
터지고 가슴 아파도 눈물을 머금고!

철로역정의 존 번연의 저서 같이 귀를 틀어막고 천성만을
향하여 열심히 뛰어야 하겠습니다.

사명을 둘러메고 말이다.

상 주실 것을 바라보고…

먼저 구원의 확신을 가져야 합니다.

전하는 자가 먼저 구원의 확신을 가지고 구원을 심어주는
전문 주치의들이 되기를 기대해 보면서 글을 맺습니다.

교통사고를 통한 거듭난 인생

예전에는 서울에서 충주를 가려하면 동대문에 있는

시외버스 정류장에 가서 충주행 급행 버스를 타고 약 네 시간

남짓이든가 다섯 시간이 넘게 소요됐다.

비포장도로였고 버스도 낡아서 소리도 요란했고 몹시 덜그럭

덜그럭 거렸다.

한번 타고나면 피곤도 하고 전신이 아프기도 했다.

몸살 날 지경이었다.

지금은 포장이 잘 되어 한 시간 남짓이면 가는 거리가

되었지만…

충주에서 목회하시는 아버님을 만나 의논할 일이 생기어

아버님(박용익 목사)을 찾아뵙기 위해 2박 3일 예정으로

다녀오리라 생각하고 떠나기로 결심하고 나니 혼자 가기는

심심해서 동갑되는 삼촌에게 같이 가자고 했다.

동갑네가 되어 자라날 때에는 서로가 한집에서 어머니의 젖,
할머니의 젖을 같이 번갈아가며 먹으며 자라난 삼촌이다.
유치원부터 초등학교도 같이 다녔고 일본 유학도 같이 떠났고,
결혼도 합동했고 그도 사남매 나도 사남매를 두었다.
때로는 친구도 되고 때로는 앙숙도 되고 네가 잘났느냐? 내가
잘났느냐?
다투고 멱살잡이하고 싸우면서 어른들이 되었다.
때로는 그가 나를 부르고 때로는 내가 그를 불러 식사와 차를
나누기도 하는 흉허물이 없는, 친구로서 같이 성장했든 터라
없으면 죽고 못하는 친구요, 삼촌이었다.

버스표는 내가 두 장을 사들고 동대문 버스터미널에서 기다렸다.
때는 마침 가을이라 바깥 풍경이 아름다울 것이라 생각하고
창가에 앉으려하니, 자기가 창가에 앉겠다는 것이다.
할 수 없이 가위 바위 보로 결정했다.
네가 창가에 앉아 가느냐?
내가 창가에 앉아 가느냐의 가위 바위 보다!
내가 지고 그가 이겨 그는 창가에 나는 사람들이 드나드는

복도 쪽에 서로 앉아 차가 출발하기를 기다리고 있는데, 바로
내 앞에는 노란 투피스를 입은 젊은 여자가 앉아 있는데,
머리를 얼마나 높이 빗어 올렸는지… 속으로 사닥다리를 타야
올라 갈 지경이로구나 중얼거리고 앉아 있었다.
그리고 주위의 가지각색의 사람들을 둘러보며 감상하느라
정신이 없었다.

바로 내 옆 길 옆자리에 아주머니 한 분이 어린애를 업고
들어와 앉는데, 구럭 망태기에는(전기 줄 같은 것으로 얽어맨
속이다 드려다 보이는 가방 같은 것) 기저귀 타올, 손수건, 과자
부스러기 그리고 아주 크고 무거운 성경, 찬송이(최대의 큰
사이즈) 들어 있었다.

나는 목사이면서도 포켓용 성경책 한권 지니고 가지 못하는데
2박3일의 여행을 떠나면서도!
저렇게 무거운 성경과 찬송을… 그 뿐 아니라 어린애는 업고…
미련한 여인으로 밖에는 보이질 않는다.
여행을 떠날 때는 눈썹 하나라도 빼 놓고 떠나라!
라는 우리 어머니의 말씀이 생각나서였다!

이게 또 웬일인가?

의자에 앉자마자 어린애는 앞으로 쓱 돌려 안고 젖을 물리고는 두 손은 깍지를 끼고 머리를 좌우로 살랑살랑 흔들면서 기도를 시작하는 것이 아닌가?

내가 신령한 기도하는 목사였으면 그 모습이 거룩해 보이고 천사같이 다정해 보였을 것인데 은혜 받지 못한 기도라고는 없는 아주 못되고 세속적인 목사였던 고로 그 모습이 오히려 보기가 싫고 광신적으로 보였으며, 창피한 감마저 느꼈으니 백번 맞아 죽어도 지당한 종놈이 아니었던가?

그 때의 자신의 모습을 생각해 보면 가소로울 뿐이다.

그래도 목사 행세를 하고 다녔으니 말이다.

시간이 되어 버스는 떠나가고 있는데, 박자도 맞지 않는 찬송을 부르고 더구나 음정도 맞지 않는 찬송을 나지막하게 부르고 있으니?

이 망할놈의 목사는 소름이 끼칠 일이 아닐 수 없다!

나는 중얼거린다.

'오늘의 여행은 망쳤다!' 저 여자가 초쳤다! 기분이 안 좋다!

삼촌과 시시닥거리고 낄낄대고 잡된 이야기나 하면서 가야 했는데… 세속적인 이야기를 하면서 여행을 즐기려 했는데…
웬 일인가?!
나의 신경은 온통 내 바로 옆에 앉아있는 여인, 즉 애기엄마인
시골 아줌마에게 신경이 온통곤두서 있으니… 말이다.

장호원에서 버스가 한번 서고, 그 다음엔 충주까지 직행하는
급행 버스다.
버스가 장호원에 들어서서 잠시 멈추고 있는데, 이 시골
아줌마는 정류장 수돗가에 가서 어린 애를 물로 얼굴을 씻어
주고
가지고 있던 수건으로 닦아주고 자신의 손을 닦고 물을 마시고
천연스럽게 버스로 올라오는 것이 아닌가?
조금도 잘못된 아줌마가 아니고 극히 정상적인 농촌의
애기엄마였다.

내 속으로 생각하기는 뭔가 조금은 잘못된 여자가 아닌가?
생각했는데, 여전히 자기의 할 일을 실수 없이 마치고 올라와
자기의 자리에 앉는다.
자기의 자리에 앉는 순간 애는 여전히 앞으로 돌려 안고
두 손을 깍지 끼고 또 기도가 시작된다.

버스는 시동을 걸고 떠나기 시작한다.

그 여자를 자세히 보니 혀끝이 들락날락하며 소위 방언으로

기도하는 것 같다.

나는 또 속으로 외친다! '아! 용문산 도깨비구나!' 하고…….

삼촌과는 이야기를 나눌 시간이 없었다.

삼촌은 싱거웠던지 어느새 잠이 들어 코를 곤다.

온통, 이 시골 애기엄마에게 그 행동 하나하나를 살펴보느라고

온 신경을 곤두세워 몽땅 신경을 빼앗겨 주시하고 있노라니…

차는 거의 충주를 약 한 시간 정도 남겨두고 직행하고 있었다.

그런데 이게 또 웬일인가?

깍지 낀 손도 흔들고 머리도 도리도리 흔들면서!

어린애까지 흔들거리면서 방언으로 기도하고 있는 것이

아닌가?

확실한 방언은 방언인데 나로서는 이해가 안가는 방언이다.

그 옆에 앉아있는 할머니 한 분은 본체만체 잠에 취해

곤드라져 있고, 앞뒤 사람들은 서로 이야기 하느라 정신이

없고, 털거덕거리고 달려가는 차 소리에 서로서로의 대화하는

말들의 톤이 높아져서 말들을 똑똑히 들을 수가 없다.

나의 삼촌은 심심하다 못해 코를 골아 제키고 있고,
나 혼자서만 그 여인의 행동에 온갖 신경을 곤두세우고 있는데,
이게 또 웬일인가!
흔들어 대던 기도를 멈추고 버스 차장에게로 다가가서 "나 좀
내려줘…" 하고 사정을 하고 있지를 않은가?

버스 차장양은 "이 버스가 급행이 돼서 중간에 멈출 수가
없어요! 거진 다 왔으니 조금만 참으세요.
왜 장호원에 정차 했는데, 그 때 볼일 다 보시지…
지금 내려 달라 하면 어떻게 해요!" 차장의 목소리가 날카롭다.

아주머니는 하는 수 없이 자기자리 의자로 돌아와서 앉자마자
기도를 시작하는데, 보니까 무섭기까지 하다.
꼭 무슨 일이라도 낼 여자 같이 서두른다. 강한 기도다.
소위 쎈 기도다!
혓바닥이 모두 다 입 밖으로 나와 돌아가는 것 같다.
그러한 여자를 쳐다보고 있노라니 슬그머니 겁이 난다!
무슨 발작이라도 일어 날 것만 같아 불안하다.

5분이 지났을까?

여자는 애를 앞에다 씩~ 끌어안은 채로 자리에서 또 일어난다.

버스차장 아가씨에게 다가 가더니 아까보다 더 강한 어조로

"나 내려줘!"

"왜 내리려고 해요?" 차장 아가씨의 날카로운 말이다!

"나 걸어서 갈래!" "무슨 이유인지는 모르지만 조금만

참으세요. 다 왔어요." 하고 기분 나쁘다는 듯이 말을 내뱉듯

하고 돌아선다.

돌아서는 차장 아가씨를 끌어 당기면서 또 사정한다!

"아냐, 나 내려줘!"

"글쎄 안 된다니까요!"

차장도 신경이 날카로워졌다.

톡! 한미디 내 뱉고 다시 뒤돌아선다.

애 엄마는 다시 제자리로 돌아와 주위를 인식하지 않고

방언으로 휘저으며 기도하는 것이 아닌가?

내가 왜 신경을 곤두세우고 있었는지?

나도 모를 일이다!

그 광경을 일거수일투족 빼 놓지 않고 보고 있노라니…

어지러워진다!

차장 아가씨보다 몇 배 몇 십배 기분이 나쁘다.

신경이 쓰여진다. 남의 일 같지가 않다!

버스는 덜컥거리며… 엔진 소리는 요란하지!

성경 찬송을 구렁망태에 기저귀와 함께… 온갖 잡동사니와

함께 집어넣고 들고 다니는 시골 아줌마는 애를 앞에 하고

서둘러 대고 있지… 아~ 피곤하다!

그러던 와중에 이게 웬일인가?

또 일어선다! 차장을 붙들고 애원한다. 내려달라고!

차장아가씨가 "아줌마 도대체 왜 그러세요?

중간에 정차하는 차가 아닌 줄 알면서도 내려달라는 거야요?"

아줌마의 대답에 나는 기절하고 초풍하는 줄 알았다.

호흡이 멎을 뻔하고 심장이 정지할 뻔 했다.

"하나님이 내리라고 하셔."

차장은 그때서야 잘못된 여자로구나 생각했는지, 픽~ 웃으며,

"하나님이 내리시래요?"

비웃는다! 나는 속이 뒤집어졌다.

뱃까지 뒤집어지는 줄 알았다.

하나님은 급행차인 것도 아시고 도중에 멈출 수 없는 버스임을

더 잘 알고 계신 분이신데 무식해 보이는 여자보고 내려라

말라 하실 수 없지!

나는 분개함을 느꼈다. 내가 왜 분개했을까? 나도 모를 일이다.
우리 하나님을 저 무식한 여자가 제 마음대로 편리한대로
이용하며 하나님의 이름을 마음대로 부르고 있구나싶어 분하다
소리치고 싶다. 끌어다가 주저앉히고 싶다.
그러는 동안에 운전기사가 그 광경을 처음부터 목격하고
알았는지 옆으로 버스를 세우더니 점잖은 말로 내려드리라고
하는 것이 아닌가?

시골 아줌마!
용문산 도깨비!(방언하는 사람을 그 때는 그렇게 불렀다)
내가 신경을 곤두세워 몇 시간을 지켜보든 여인이 내리는 순간
마음이 개운해졌고!
무거운 짐을 벗어버린 듯 시원했다.
앓던 이가 빠진 것 같고 피곤했던 몸이 아줌마가 내리는 순간
싹~ 가시는 것 같았다.
어찌나 속이 시원했었는지… 무거운 짐을 벗어버린 느낌이다.
버스는 종점 충주를 향해 계속 달리기 시작했다.

여자가 내린지 5분이 되었을까 말까 하는 순간 속력을 내서
마구 달리던 버스는 어디에 걸렸는지 덜컥하는 순간에

그! 대형 버스가 핑~ 돌더니 길 옆 낭떠러지로 구르기 시작했다.
세 번 구르는 것 까지는 알았는데 그 이후의 일은 알 수가 없다.

시간이 많이 흐른 것 같다.
얼마간의 시간이 흘렀는지 모를 일이다! 대형 사고였다.
어떻게 해서정신이 희미하게 돌아오고 주위를 살펴보게 되었다.
그리고 내가 왜? 밭고랑에 누워 있는지?
도무지 알지 못할 일이다.
주위를 살펴보니 아우성이다!
가마니로 덮은 시신이 대 여섯이 보이고 나는 밭고랑에
누워있고 사방에서 신음소리, 울음소리 아비규환이었다.
통곡소리며 어린애들의 엄마~ 하고 우는 울음소리며!
그 와중에 몇몇 사람들은 이리 뛰고 저리 뛰고 마치 지옥의
문턱에서의 광경이었던 것이다!
그리고 생각이 났다!
교통사고! 교통사고를 당했다!

정신을 차려 자가진단이 시작됐다.
먼저 허리는? 괜찮다. 양다리, 양팔은 목과 등은 다 좋은데,
엉덩이 환도뼈가 부러져 삐그덕 삐그덕 하는 소리가 움직이는

대로 난다. 3개월의 깁스감이다.

진단을 내리고 드러누운 채로 삼촌은 어찌되었는가?

궁금한 일이다!

생각이 들어 그의 이름이 「용필」이다.

"용필아" 하고 불러보니 나의 바로 옆에 드러누워 "나 여기
있다." 하는 것이었다.

"괜찮어?" 하고 물으니 "허리가 부러졌어."하며 울음을 터트린다.

여하튼 비참한 아우성이다.

충주비료 공장에 미군차가 동원되어 환자들을 나르기 시작했다.

나의 바로 앞좌석에 앉아 있던 노랑 투피스의 머리 높은
여자는 어찌되었는가?

찾아보았더니 바로 내 오른쪽에 누워 실신하고 있지를 않는가?

고개 돌려 살펴보니 유리창이 박살이 나서 찰떡을 콩가루에
버무려 놓은 것 같이 얼굴이 온통 유리 파편으로 범벅이 되어
피투성이로 의식을 잃어버린 채 드러누워 있다.

참혹한 현상이다.

가마니와 옷가지로 대강 덮은 옆에서는 몸부림치며 통곡하고
있지를 않은가?

실로 지옥의 문턱의 모습이다.

나는 그 때 그 광경을 잊을 수가 없다.

지금도 나는 그 후로는 버스를 타는 것을 두려워한다.

버스기피증에 걸린 것 같다.

그 높은 머리는 사다리를 타고 올라가도 한참을 올라가야

겠구먼 했던 내 앞의 여인의 머리는 흐트러지고 주저앉고 노란

옷인지 얼룩 문의 옷인지 피로 물들어져 있어서 처참의 극을

이루었으며 실로 평생 처음 당하는 처참한 광경이다.

어느 전쟁터의 야전 장을 방불케 했다.

버스 역시 드러누워 있는 것이 아닌가?

바퀴는 하늘을 향해 있었고, 몸통 자체는 찌그러져 꾸겨져

있었고, 성한대가 아~ 무대도 없었다.

사람들은 이리 뛰고 저리 뛰며 중상자를 실어 나르느라

바빴고… 지나가던 미국인(충주 비료 공장의 사람들)들은

부지런히 응급치료에 나섰고, 미국인을 불러, 나는 목사인데 좀

도와 달라고 요청했다.

즉시로 자기 지프차에 태워 충주 도립 병원으로 실려 왔다.

엑스레이와 응급치료 등, 깁스 등을 마치고 물어보니 역시 환도

뼈가 나가서 약 3개월 깁스 신세지면 좋아질 것이라 한다.

일종 "깁스벧"이다.

침대에 누워 생활을 하면서 몇몇 달의 고통스러운 나날을
보내야 했다.

그리고 날마다 하루하루를 내가 나와 더불어 싸우는 생활이
계속되었다.

해답을 얻을 수 없는 수수께끼와 더불어 싸움이 시작된 것이었다.

그것은 다름 아니라 내가 목사인데 버스가 위험하고 뒤집혀질
것을 하나님이 아셨으면 목사인 내게 알려 주시면 더! 좋았지
않았나?

큰 사고를 미연에 방지했을 것을…

하나님은 왜 무식한 여자에게만 알려 주시고 나에게는 안 알려
주시고 그 여자만 내리게 하셨는가?

원망하면서 한달의 세월을 보냈는가 싶다!

원망이요, 반항이요, 하나님을 향한 항변이다.

하나님의 하시는 일에 회의를 가지고 침상에서 나날을 보냈다.

고민했다. 그! 고민과 싸우는 것이 일과다.

책이나 보라고 많은 책을 사다가 옆에 쌓아주었으나 한 줄도

읽어지지가 않았다!

고민이다.

하나님을 향한! 기도가 아닌 항변이다.

그 사건이 나를 괴롭히고 잠을 빼앗아 갔다!

그 사건의 실마리가 도무지… 풀리지가 않는다!

괴로웠다. 딱딱하기만 한 깁스벧의 괴로움은 문제가 아니다.

이해가 안 된다!   도무지 막무간에 그러던 어느 날!

내가!   나를 향하여 소리친다.

"야! 이 잡놈의 목사야! 그 먼~ 길을 가면서도…

눈 한번 감고!   하나님 먼~ 길 부탁합니다!   라고!

기도로 부탁해 보았느냔 말이다!"

목회하던 교회도 기도로 맡기고 2박 3일의 여정도 하나님께

부탁했어야 했지 않았겠느냐?

이!   천하에 날강도 같은 목사 놈아!

그 여자는 버스에 올라타자마자 등에 있는 어린애를 앞으로

땡겨 안고 두 손 깍지 끼고 기도하지 않았었는가?

그 때 그 여인의 모습이 눈에 선해진다.

그러나 나는 기도 없이 오히려 기도하는 여인을 흉보고 무식한

촌 아줌마라고 깔보고 얕보지 아니했던가?

뼈아픈 일이요, 한심하기 짝이 없는 마귀도 걱정할 정도의
목사 놈이 아니었더냐?

내가 업신여기던 그 여인은 긴~ 여행길에 그 크고 무거운
찬송과 성경책을 들고 어린애는 업고 했는데, 이 잡놈의 잡종
목사는 어린애도 없고 짐 보따리도 없는데 포켓용 성경도
주머니에 넣지 않고 긴 여행을 떠났으니 참으로 한심한 건달
같은 목사 놈이 아니었든가?
내가 나를 향한 책망의 목소리가 튀어 나온다.

그 여인은 무식해 보이고 찌들은 가난한 시골 여자였으나
찬송과 기도를 쉬지를 않고 있었지 아니했던가?
그러나 나는! 그 여인을 깔보고 얕보고 무시하고 천하게
여기고! 용문산 도깨비라고 투덜댔지 않았는가?
기도도 없이 찬송도 없이 그저 주절대고 세상살이 세속적인
이야기에 시시덕거리고 지절대고 신앙세계와는 상관없는
시중 잡배나 다름없는 목사 놈이 아니던가?
월급 탄돈 주머니에 넣고 다방이나 당구장에나 돌아다니던
망나니 같은 목사 놈! 내가 나를 향해 욕설을 붓는다.
뼈아픈 반성과 회개의 눈물이 앞을 가린다.

비로소 병상에서 목사의 자세로 돌아가 보는 시간이기도하다.

교통사고로 병신 되어 일평생을 마쳐도 할 말이 없는 목사다.

목사 냄새도 나지 않는 설익은 목사님이 아니요.

목사(木死)놈이다.

牧羊(목양)의 목사가 아니라 나무목(木)에 죽을사(死)의 목사다.

나무에 목매달아 죽은 가롯 유다적인 목사가 아니겠는가!?

목사가 아니라 먹사였지? 놀고먹고 마시기를 좋아하던 이 못 된 놈의 삯군 목자야!

천 번이요, 만 번이요, 또 죽고 다시 죽어도 싸지!

몽둥이로 맞아 죽어도 싸지! 망할 놈의 종자야!

병신 되어 기어 다녀도 무슨 할 말이 있겠느냐?

이 天下(천하)에 못된 놈의 목사야!

江水(강수)와 같이 흐르는 悔改(회개)의 눈물을 주체할 길이 없었다.

회개의 기도가 터지기 시작하니 한도 없고 끝도 없었다.

그 때에 나에게 決心(결심) 하나를 하게 되었다.

병상을 툭툭 털고 일어나서 내가 해야 할 일이 하나 있다.

급하다. 마음이 조급해 진다.

결심이 서고 나니 마음이 그리도 급해지는 것이다.

지팡이라도 집고 해야 할 일이 있다!

무슨 일! 무슨 짓! 무슨 대가를 지불해서라도!

체면 접고 염치도 제치고 그 때 그 애기 엄마가 광신자처럼

해대던 방언은 받아야겠다!

하는 決心(결심)이었다.

방언하면 이단이요, 삼단이요 하며 교회서는 쫓겨나던 때다!

그 결심은 비장한 결심이다!

보통 생각하고 마음먹는 決心(결심)이 아니다.

생각만에 그치는 결심이 아니란 말이다.

참으로 절실하고 非常(비상)한 결심이었다. 목숨을 건 기필코

해야 할 결심이다. 무슨 대가를 치루더라도 말이다.

그러기에 지난 날 목사로서의 잘못된 생활을 내 자신이 나를

향해 책망하고, 나무라고, 욕하고, 후회하며 슬퍼했던 것이다.

목사도 別種(별종)의 목사가 아니었든가?

선배님들의 가시밭길! 배고픔! 멸시와 천대! 다 받으면서도

목사답게, 늠름하게, 어엿이, 聖道(성도)의 길을 묵묵히 걸어

가셨던 그 분들의 모습이나 나의 아버님 목사님의 삶과는

너무나도 거리가 먼~ 별난 놈의 목사였지 않았나 생각하며,

병상의 나날을 자신을 학대하고 천대하면서 회개의 눈물로

나날을 보냈다.

차츰 걷기를 始作(시작)했고, 연습하고 山(산)에도 오르고
집회라는 집회는 다~ 쫓아다녀보고 염치를 무릅쓰고 체면
제쳐 놓고 신령한 강사 집회 때마다 안수 받기 위해 잠바 걸쳐
입고 머리를 숙여 제일 먼저 안수 받으려 맨 앞줄에 앉아
열심을 냈던 일이 어제와 같다.
박수치며 찬송을 불렀고 소리치며 기도했고 회개와 눈물로
마비되어 옷을 적시었으며 강사의 설교에 아~멘으로 화답해
가며 목이쉬어 말도 못할 지경으로 사활(死活)을 걸었다
죽기 아니면 살기로 말이다.

장로교의 동지 목사님들과 함께 산으로 산으로 기도의 생활이
시작되었다.
결국 산으로 올라간 지 1년 2개월 만에 은혜를 체험하고 나니
天下(천하)를 得(득)한 것 같고, 만사를 해결 받은 것 같고,
그 때의 그 감격, 희열과, 상쾌함은 글로 표현할 길이 없다.
"받은 자 밖에는 알자가 없도다"하신 말씀과 같이 어찌
표현하리오!
내 몰골이 뼈하고 가죽만 남은 거지꼴이 되었다.
먹고 마시는 것 잊은 지 이미 오~래이다.
기도하다 성경보고 성경보다 또 찬송 부르고 말이다

이상한 일이다.

은혜를 체험하고 성령 충만을 받고 나니, 2~30명도 못 되었던
성도의 수가 200명, 300명으로 늘어나게 되고 결국은 교회를
증축하고 목사관을 2층으로 새로 건축하고, 그 뿐이랴! 이 곳,
저 곳에서 내 힘으로는 감당할 수 없는 부흥집회의 요청이
쇄도하게 되었다.

방방곡곡 면면촌촌 아니 간 곳 없이 집회를 인도하게 되었다.
산에서 들려주셨던 그대로다.
"내가 이제부터 너를 들어 크게 쓰리라" 하신 말씀 그대로 말이다.
그런데 또 이상한 현상이 나타났다.
장로교와 타 교파에서는 그리도 집회의 요청이 쇄도해오는데,
감리교에서는 뜨문뜨문 별로인 것이다!
시기심인지? 질투심인지는 모르겠으나
중상모략이 나를 괴롭히는 것이다.
친한 벗들이 한술 더 뜨고 나선다!

하기야 바울사도 같은 사람도 핍박과 박해는 물론
생명의 위협까지 느끼며 전하지 아니했던가?
생각하며 달래보고 자신을 나무라며 달래어 본다.

수십 년을 정신없이 뛰다가 보니 잃은 것도 많고 아쉬움도
남게 되고 좀 더 잘할 것을… 후회도 남기게 되고 때로는
흐뭇한 마음도 가져보게 되고 자신의 노고에 치하도 하게 된다.
참으로 수고가 많았느니라… 하고.

잃은 것도 많고 얻은 것도 많고 배우고 터득한 것도 있기에
이래도 저래도 감사하고 또 감사할 것 밖에는 없다.
천 번이요, 만 번을 죽고 또 죽어도 할 말이 없고 병신 되어
절룩대도 그저 감사할 수밖에 없는 몸! 항상 함께 하시고
보호해 주시며 많은 것을 주시어 넘치게 하시고 역사하신
하나님 앞에 조용히 무릎 꿇어 '감사합니다. 고맙습니다.'
그때 그 참혹에서 살려주시고 붙들어 주시고 건저주시고
넘치는 은혜로 덧입혀 주시고 절름발이나 병신 되어
쓰임 받지 않게 하시고 건전한 몸으로 뛰게 하시고
역사케 하신 하나님 앞에 그저 무조건 감사할 뿐이로다.
말씀으로 음성으로 격려하시고 힘주시고
용기 불어넣어 주셨기에 여기에 이렇게 건전한 모습으로
존재하고 있음에 감사 감격하여 기도와 함께 고마움의 눈물이
오늘도 침상을 적시고 있도다.

멋있는 女人(여인)들

서울 보문동 장로교회에 집회 초청을 받고 집회를 갔다.
담임 목사는 50대의 아주 차분하고
人格的(인격적)인 목사님이셨다.
새벽 5시, 낮 10시 반, 저녁 7시의 집회 시간을 갖고
열심히 집회를 인도했다.

첫째 날 점심시간을 마치고 목사 사무실에서 차를 나누며
본 교회 목사님께 나는 이렇게 물어 보았다.
"목사님! 교회에 무슨 어려운 사정이 없으십니까?
말씀해 주시면 좋은 방향으로 협력해 드리겠습니다." 라고
물어보았다.
당회장 목사님은 "아~무 문제없는 교회입니다.
교인들의 質(질)이 아주 좋아 목사를 이해해 주고 사랑해 주고,

아낄 줄 알고, 정성으로 받들고 있으니 이번 집회를 통해
신령한 은혜만 끼쳐 주시면 더 바랄 것이 없습니다.”
라고 말하면서 아래와 같은 말을 들려주었다.

본 교회 목사님이 들려주시는 말에 나는 성도들을 향한
고마움과 감격의 눈물을 흘리고 말았다.
그리고 나를 감동시키고 표현하기 어려운 마음의 감동이
벅차올랐다.
고마움에 눈물이었을까? 감격의 눈물이었을까?
부흥 목사가 은혜를 끼치기 위해 갔는데 도리어 나 자신이
큰 은혜를 받고 돌아왔고 그 후 나는 어디서나
어느 집회에서나 그 일을 간증하게 되었고 간증할 때마다
이야기하면서 매번 콧잔등이 시큰해지고 목이메일 때가 있다.
이 간증이 무질서한 현실교회에 一助(일조)가 되어
自身(자신)들의 信仰生活(신앙생활)에
큰 도움이 되기 바라는 바이다.

그 목사의 말은 대강 아래와 같다.
어느 날 집사님 댁에서 전화가 왔다.
“목사님 성만찬 예식을 위해 작년에 포도주를 담갔습니다.

오늘 개봉을 하고 다음 주일 성만찬에 쓸 포도주를 목사님이 먼저 맛을 보세요.

우리가 먼저 맛을 볼 수 없으니 빨리 오셔서 기도해 주시고 개봉 해주세요." 라는 집사님의 전화를 받고 차를 몰고 집사님 댁을 방문하여 정성스럽게 담근 포도주 단지를 개봉하고 맛을 보시라 하여 글라스에 따라보니 색깔도 좋고 향기도 좋아 입에 대고 맛을 보니 天下(천하)의 一品(일품)이라.

얼마나 맛이 좋은지 마실 줄 모르는 알콜이지만 글라스로 두 잔을 마시고 나니 가슴이 뛰고, 얼굴이 화끈거리고, 홍당무 같이 달아오르는데 집사님들이 웃으며

"목사님, 거울 좀 보세요!"

그리고 자기들끼리 웃더라는 것이다.

거울 앞으로 다가가 거울을 보니 목사의 얼굴이 아니라 술주정꾼의 얼굴로 변해있었다고 한다.

창피하고, 무안하고, 죄스러워서 부랴부랴 차를 몰고 교회로 돌아와 교회 마당에 차를 세우고 돌아서서 목사 사무실 옆에 침실 방에서 한 숨 돌려 보리라 생각하고 사무실 편으로 발길을 내딛는 순간, 교회에서 기도를 마치고 돌아가던 장로 사모님과 여선교회 회장과 총무 되는 분들이 뒤에서

"목사님~" 하며 쫓아오고 있는 것이 아닌가?

교회에서 봉사하는 최고의 삼총사 여인들과 마주치게 되니
목사는 그 모양의 얼굴이 부끄럽기도 하고 미안하기도 해서
인사도 제대로 못하고 고개 숙여 가려하는데 장로님의 사모님,
권사와 여선교회 회장님의 소리!
"아~ 우리 목사님이 이런 면도 있었구만요,
목사님! 아주 멋이 있어요!
반기면서 목사님의 팔을 잡고 목사님! 이차 갑시다.
이차요."하면서 팔을 잡아끌더라는 것이다.

목사님은 겨우 그들을 뿌리치고 자기 침실로 들어와서 이불을
뒤집어쓰고 잠을 청하려 하며 누워 있는데, 얼마가 지난 후
흐느껴 우는 듯한 소리에 눈을 뜨고 침상 옆을 보니 그 세분이
손수건으로 눈물을 닦으면서 소리는 내지 못하고
흐느껴 울고 있는 것이 아닌가?

목사가 이불을 제치고
"돌아들 가시지 않고 왜들 들어오셨어요?"
말을 꺼내는 순간, 통곡을 하듯 울어대더라고…
그러면서 하는 소리가 "목사님! 무슨 어려움이 있으시면
우리들과 의논하시지 않고…"

"왜 혼자서 고민 하세요!" 하며 흐느껴 울고 있는 것이 아닌가?

그리고 손수건으로 눈물을 닦으면서 하는 소리는,

"목사님! 우리가 잘 받들어 섬겨 드리지 못한 것 용서해

주세요!"

울음 섞인 말이다.

"말 못할 무슨 어려운 사정이 계신 것 같은데…"

그리고는 또 흐느껴 운다!

목사는 말하기를 아닙니다. 아무 문제없습니다.

어서들 돌아 가세오.

홍당무가 된 얼굴을 보이기가 싫어서 빨리 내보내려 했으나

좀처럼 떠날 생각을 아니하고 울고 또 울면서 "목사님! 무슨 말

못할 사정이 있는지 우리에게만 말씀해 주세요.

힘닿는데 까지 최선을 다해 드리겠습니다.

목사님의 마음이 오죽이나 아프시고 상하셨으면 마실 줄

모르는 술을 마셨겠습니까?

우리를 용서해 주세요! 그리고 말씀해 주세요!"

무릎을 꿇고 졸라댄다.

그리고! 떠날 줄을 모르고 흐느끼고 울고만 있는 것이 아닌가?

목사님은 하는 수 없이 집사님 댁의 포도주 이야기를
상세하게 설명해 드렸다.

그 설명이 끝나기도 전에 그들은 동시에 외쳤다.

박수를 치면서 "살았다~"

오 주님! 감사합니다.

가슴에 손을 얹고 연신 감사합니다. 하나님 감사합니다.

그리고 서로들 껴안고 "그러면 그렇지! 우리 목사님이……."

안도의 한숨, 안도의 기쁨으로 서로서로 악수도 하고 기쁜
얼굴로 한바탕 웃으면서 방문을 나서더라는 것이다.

본 교회 목사님의 이야기를 들으면서 나는 눈시울이 젖어
있었고, 그! 멋이 있는 광경. 그! 아름다운 마음씨에 가슴이
뭉클하고 콧등이 찡~함을 느끼었다.

현대 교회! 현대 교인들의 모습과는 전혀 다른 특이한
天使(천사)의 마음가짐의 聖徒(성도)들의 모습이 아닌가 싶어
어느 집회나 어느 나라엘 가도 이 아름다운 성도들의 이야기는
빠짐없이 전하면서 목이 메곤 한다.

참된 聖徒(성도)들의 모습이다.
그러나 현대 교회와 교인들은 그렇지를 못하다.

남의 흠집을 가려주고 덮어주고 감싸줄 줄 모르는

아사리 판국이 되어 버렸다.

더더욱 자기들의 목자까지 물고 늘어지는 판국이 아닌가?

누가 이렇게 만들어 놓았는가?

누구의 허물이요, 누구의 죄란 말인가?

착한 양! 아름답고 고운 마음씨의 양!

사랑과 용서가 풍성한 교회가 되어 지기를 우리 다함께

노력하고 힘써야 하지 않겠는가?

天國(천국)은 힘씀으로 얻나니… 힘쓰는 者가 들어가리로다.

하늘의 복이! 아름답고 멋이 있는 세 여인들에게

永遠(영원)하고 영원하기를 바라며! 글을 맺는다.

야훼~ 그리고 붉은 깃발

여호와는 풍성한 나의 창고의 주인이 되시니…

나는 부족함이 전혀 없으리로다!

그가 나를 풍성하고 넘치는 은혜로 채워주시니!

나는! 조금도 부족함을 느낄 수가 없도다!

세상살이 힘겹고 목말라 기가 찰 때도!

인간세상 한세월이 외롭고 적막할 때…

한세상 살아가느라! 피곤하고 지칠 때…

때로는 지치고 피곤한 몸 병들어 고통당할 때,

아~ 무도 찾아오는 이 없고…

어루만져 위로하고 쓰다듬어 주는 이 없을 때! 쓸쓸하여

외롭고 적막하여 안절부절 못할 때 여호와 나의 주!

곧! 가까이 찾아오시어 위로하시며! 어루만져 주시었고,

고아같이 외로워 사랑에 굶주리며 정에 목말라 할 때도!

생명 생수로 시원케 마시게 해 주시었기에 또 사랑에

기아(飢餓)되어 허덕이며 떨고 있을 때

그! 뜨겁고 그! 더운 가슴에 보듬어 안아 주시었기에…

주님! 나! 지금 여기에 이렇게 씩씩하고 강한 모습으로…

존재하고 있습니다! 보시 옵소서~

얼마나 씩씩하고 멋이 있는지!

주님 아니었으면 나 어찌! 지금의 어엿한 모습으로…

여기에 이렇게…

존재하여! 버티어 서 있을 수가 있사오리까!

오~ 나의 사랑하는 절정(絶頂)이시어…

오~ 나의 사랑하는 극치(極致)의 존재 이시어…

당신은 나에게 극치와 절정의 사랑을 쏟아 부어 주시었기에…

나는 부족함이 없으리로다.

허무와 좌절! 치욕과 고통!

인진보다 쓰디쓴 잔의 괴로움 속에…

그 와중에도 당신은…

언제나 그리도 빠르게 소리도 없이 나의 곁에 찾아 계시어

사랑의 손으로 어루만져 주셨으며…

소망의 빛을 빛나게 하시었으니…

나는 진실로, 진실로 행복하고 마음의 부요가 넘치는 자로다.

배신의 고배(苦杯)를 마시고! 마음이 상하여 쓰리고 저미어
안절부절 했고 마음과 가슴팍을 예리한 칼로 쑤셔대고 저며
내는 듯하여 버티어 살아갈 수가 전혀 없었을 때 당신은
어디선가 날아온 듯 찾아오시어 넘어지고 쓰러지고 좌절하지
않도록 버팀목이 되어 주셨습니다!
비실거리는 나를! 낙심하여 한숨짓고 있는 나를
부둥켜안으시고 밤이 맞도록 위로하시고 힘을 주시고 용기를
불어 넣어 주셨으니 주님! 나! 여기에 이렇게 살아남아
씩씩하게 건재하고 있습니다!
감사와 감격의 눈물이 그 크신 은혜를 생각하며 오늘도 강수와
같이 흐르고 흘러 마음의 평안과 고마움과 함께 흘러내리고
있습니다!
감사 하여라~ 여호와는 나의 생명의 은인이 되시니
내가 무엇이 부족하며 무엇을 염려하오리이까?
무섭고 두려움이 아주 없도다! 근심도 걱정도…
당신은 나를 지키시는 '파수' 이시며 당신은 나를 먹이시는
'목자'가 되시어 그토록 사랑하시며 아끼시고 지켜 주시니…
나에게 어찌! 불평이나 원망이 있을 수가 있사오리까?
혹시 내가 사경(死境)을 헤맬지라도…
여호와의 손이 나를 건져 주시며!

어그러진 길로 갈지라도 결코 나를 버려두지 아니 하시고

소상하고 다정하게 타이르시며… 챙기시며!

그 길에서 나를 돌려놓아 주시고 바른길 걷게 하시오니 나는

참으로 복의(福衣)를 입고 태어난 복된 자로다!

暴風寒雪(폭풍한설) 몰아닥치는 밤이라 할지라도 한치 앞을

가늠할 수 없는 밤!

한 발자국도 옴짝달싹할 수 없는 막막한 人生(인생)길에!

그 어두운 밤길!

그! 어두움을 헤치고 당신은 언제 어디에서 그리도 빨리

달려오고 날아 오셨는지!?

나를 지켜 주시고 인도해 주시고 안내자 되어 이끌고 계시니…

진실로 위대하셔라! 믿음직하여라! 그렇게도 멋이 있고 위대

하시기에 감격의 눈물 머금고 따라갑니다! 오늘도 내일도…

赤子(적자)와 같이 아끼시고 사랑 주시니…

언제든! 어디서나! 당신의 음성이 들려 올 때면…

망설이거나 주저함 없이 따라나서 봅니다!

죽으면 죽으리라고!

공산당의 철의 문이 닫혔을 때! 당신이 ‘가라!’ 하셨기에 말씀의

책을 들고 소련 땅에도 겁 없이 당신과 함께 했고 죽의 문이

닫혔을 때도 당신이 ‘가라!’ 하셨기에 성경책 챙겨들고 제3국을

거쳐 밀선을 타고 고기잡이 어부의 중국모자 중국옷으로
갈아입고 연극배우나 된 양 목숨을 걸고!
조심조심! 당신이 곁에 계시기에 드나들었던 것입니다.
지금에 와서 생각해보니 나! 어찌도 그리 용감했었는지
무식하면 용감하다 했던가?
'아닌 것 같다' 내가 용감해서가 아니라 무지해서도 아니라
위대하신 그분이, 사랑하는 그분이, 능력 많은 그분이, 나를
책임져 주실 그분이 앞서거니! 뒤서거니! 안내자 되신 그분이
나와 동행하시고 나의 곁에 계셔서 지키시고 보호하시고
여호와가 나의 방패 되시고, 산성이 되시며, 대장이 되시니
그리고! 고기잡이 목선의 선장까지 되시어 인도하시니 겁도
없고 근심이나 염려도 없었도다.
참으로 위대 하신 분이 나와 함께 하셨음이어라.
소련의 땅이나 중공의 땅에 있을 때에도 어찌하여 나의 마음에
그리도 평안이 찾아왔었는지?
여호와 하나님이 나를 지키심이요 함께 하심 이었도다.
'결단코 내가 너를 고아와 같이 버려두지 아니하리라'
약속하시고 언약하신 그대로였음 이었도다.
그는 한 치의 어긋남이 없이 당신의 말씀하신 말씀과 약속과
그 언약을 지켜 주시고 실행해 주셨으니…

할렐루야 감사하여라!

진실로 나의 사는 날까지 살아 숨쉬고 있는 날까지

그를 사랑 하리로다! 믿고 의지하리로다. 따라 가리로다!

나의 살아 숨쉬는 날까지 움직여 걸을 수 있는 날까지…

그가 나를 못 자국 난 손으로!

그가 나를 피 묻은 손으로!

너는 내 것이라 按手(안수)하시고 印(인)쳐 주셨으니

내가 무엇을 염려하고 내가 무엇을 의심 할 수가 있으리오!

그는! 천 번이고 만 번이고! 골백번이나 죄 값으로 반드시

죽었어야 할 나를…

치사하고 더러워진 나를!

비겁한 못난 나를, 죄 값으로 죽고 또 죽어야 할 나! 를!

그 죄 값으로 천벌을 받아야할 나를 그가 나 죽을 대신 죽어

주시고 나를 永遠(영원)히 살게 하셨으니

그 은혜를 나! 어찌 잊을 수가 있단 말인가?

그리고 나를 죄 사해 주시고…

그 많은 죄를 씻어 주시고 하시는 말씀이 죄 없다 하시니 내

입! 천개가 있은 들 만개가 있은들 어찌 그 크신 은혜에 보답할

수 있으며 갚아 드릴 수가 있겠으며 찬양하고 감사드릴 수가

있겠는지 보답할 길 없기에 이리 뛰고 저리 뛰어 봅니다.

기진맥진 기운이 다할 때까지 지치고! 또 지칠 때까지!

죽고 또 죽어 쓰러질 때까지 나의 심장이 멈출 때까지

아무리 몸부림 쳐본들! 애쓰고 힘써 본들!

무엇을 해본들 갚을 길 없도다.

그리고는 엄청난 감당할 수 없는 그분의 말씀 듣고 또 한번!

다시 한번 몸 둘 바를 몰랐도다.

그가 나를 친구 삼으시고 나는 너의 친구니라!

하시니 말이다!

나로서는 기가차고 감당할 수 없는 말씀이시다.

그리고 그는 맥 빠지고 기 빠져 축~ 늘어져 있을 때면!

반드시 찾아 오셔서 힘 내거라! 용기를 내라! 승리해야 한다!

일어나 걸으라! 하신다!

아!~ 멋이 철철 넘쳐흐르는 나의 친구!

그! 친구 찾아오시어 낙심하여 맥 빠져 주저앉은 나를 쭉~

뻗어있는 나를 일으켜 주시고 힘주시었던 세월이…

그러했던 나날들이 그 얼마나 많았던고?…

천 번이요 만 번을 넘어!

헤아릴 수가 없도다… 잊을 수도 없도다!

나 어찌 잊을 수 있겠느냔 말이다!

눈물 흘리며 괴로워 할 때 낙심하여 슬퍼할 때면

그는! 반드시 찾아오시어 왜? 우느냐고? 왜 낙심하여 우느냐?

우지 마라! '뚝!' 뚝 그쳐라! 눈물을 닦아라!

그 까짓것! 해버려라!

툭툭 털어 번쩍 일어나거라! 일어나 걸으라! 뛰라! 하신다!

그리고는 못난이 같이 바보처럼 울기는…? 하신다.

눈물을 닦아 주시듯… 멈추게 하시고 마음에 위안과

勇氣(용기)를 불어 넣어주신다.

하늘에서! 멀고 먼~ 하늘에서부터…!

그렇게 도 빨리! 순식간에! 날아오듯! 뛰어 오듯! 달려와

위로하시며 어루만져 주시니!

眞實(진실)로 나는 사랑받기 위해 태어난 사람이로다!

그는 나의 친구! 그가 나를 친구 삼아주셨으니

이렇게 좋은 친구가… 이 세상에 또! 어디에 있단 말인가?

지나간 역사 선상에서나 어디선들 찾아볼 수가 있을까?

고마운 친구님이시어 영원하고, 영원하고 영원하게

내 곁을 떠나지 마오!

나도 그의 곁을 떠나지 아니하오리다!

그리고 때로는 초라해지고 초라함을 느끼고 있을 때면 반드시

찾아오시어 풍성함으로 덧입혀 주셨고 가난의 때는 어디에

머물다가 찾아 오셨는지?

부요하게 만들고 만족케 하셨으며!

내가 만족하고 풍요로우면 그는 그렇게도 기뻐해 주셨고

만족해 주셨음이여!

윤택하고 풍성하게 기름이 넘쳐흐르게 하시니 나! 무엇으로

어떻게 보답해야 되는 것인지?

찬송의 가사 한마디 밖에는 마음을 표현할 길 없어 크게 아주

크게 외치듯 불러봅니다.

'늘 울어도 눈물로서 못 갚을 줄 알아! 몸밖에 드릴 것 없어 이

몸 바치옵니다'고!

그! 찬송의 시의 한 구절이 나의 마음 저~깊~은 곳에서

절실함을 느끼게 하는 도다!

때로는 나! 부지중에 실족하여 마음이 상해 괴로운! 아주

괴로운 길고 긴~ 고민!

괴로움에 사로잡혀 있을 때! 희미하게도! 또렷하게도!

십자가! 보여주시니…

그 뜻!‥왜 모르겠는가?… 그 뜻! 알고도 남지!…

그! 고마운 뜻!… 그! 감격의 뜻!…

나! 죽을 대신 죽어주신 깊은 뜻!

바다 속같이 깊고도 넓으신 뜻! 하늘보다도 높고 높으신 뜻

나를! 잠잠하게~ 고요히 사랑하고 계신 뜻!…

그러기에 보여주시는 십자가!

알고도 남음이 있기에!

주님! 나 여기에 이렇게 엎드리어 울고 회개하며 흐느끼고

있습니다! 하며 엎어진다.

고마우셔라! '죄 짐 맡은 우리 구주 어찌 좋은 친군지…'

'사람이 친구를 위하여 목숨을 버리면! 이에서 더 큰 사랑이

없도다'

그 이상의 사랑의 표현이 또 어디에 있단 말인가?

어머니의 사랑도 크다 하지만!

젊은이들의 죽고 못하는 사랑도 있다하지만!

나라를 위한 순국의 사랑도 더러는 있다고 하지만!

天上天下(천상천하)에서 十字架(십자가)의 사랑을 따를

사랑이…

그 사랑을 능가할 사랑이 또! 어디에 있단 말인가?

육십억이요 칠십억의 인구! 지구 땅덩어리에 그! 인구를 다

풀고 풀어서 찾아보라 한들‥

어찌! 그 어찌! 찾아낼 수가 있단 말인가?

중국의 진시황이 궁녀와 신하들을 전국에 풀어 不老草(불로초)

늙지 않고 죽지 않는 선약을 찾아오라! 명하여 보았지만!

그러나 그는 불로초도 먹어보지 못한 채

먼-옛날 아득-한 그 옛날에 죽고야 말았다

지금까지 인생들은 계속하여 진시황같이 찾아 헤맸던

불로 초!를 찾고 있다.

장생약! 오래 오래 사는 약을 추구하고 있는 것이다.

과연? 그러한 약을 찾아내고 발견할 수가 있을 것인가?

있을 수가? 과연! 과학의 힘으로나! 깊고 깊은 어느

山中(산중)에 묻혀 있을 수가 있을 것인가? 그 장생약이…

아직까지도 우리가 살고 있는 地球上(지구상)에서는 발견된

일도 없고 발견할 수도! 만들어 낼 수도! 全無(전무)한일이

아닐 수 없다!

그러나 있다 이곳저곳에서 소리쳐 들려오고 있다!

여기에 있었노라고!

長生不老永生草(장생불로영생초) 오래살고! 늙지 않고! 영원히

살 수 있는 장생불로초 보다 뛰어나고 우월한 약을! 발견하고

찾은 자마다 환호성을 한다! 죽을 둥! 살 둥! 감격해 한다!

찾았도다! 발견했도다! 구했도다!

기뻐 뛰며 감사와 감격에 젖는다.

모두 모두 함성이다! 멀~리 있는가? 해서 헤매었던 것이!

바로 여기에 있는 것을…

내 곁에 내 가까이에 있는 것을~

파랑새가! 멀리 있는가? 했더니 바로 가까이에 있었듯이

바로 잡히는 곳에! 나를 기다리고 있지를 않은가?

'심~봤다!'

누구나 쉽게 구할 수 있는 것을…

심마니의 소리 소리를 지름같이 '심봤다~'

그리도 긴- 세월에 고생하고 연구하고 젊음을 다 바쳐서 찾고

찾아 겨우 DNA를 발견하고 줄기세포를 찾아내고 그 환호성을

지르는 우매한 인생들! 그것들이 어찌 生不老草(영생불로초)가

될 수 있단 말인가? '줄기세포' 찾아내어! 생명연장 되었다고?

세계가 떠들고 술렁대고 법석을 떨던 것이

어제와 같지 않은가?

거짓으로 드러나 버린 것을…

과학도들의 단막극으로 막을 내린지도 세월이 흘러버린 것…

암으로 죽어가는 병상의 숯한 생명들이 그 약을 써보지 못하고

기대와 소망을 안고 오늘도 내일도 죽어간다! 신령한눈!

멀리 바라볼 수 있는 눈으로 慧眼(혜안)을 뜨고 바라보라!

영원하고 영원히 살 수 있는 永生(영생)의 묘함을!

그! 기묘한! 그렇게도 오래 살기를 바라던 인생들의 숙원인
標(표), 지혜의 눈을 뜨고 영의 눈을 뜨고 티 없는 마음으로
바라보라! 바로! 그 標(표)를 발견하게 될 것이며 接(접)하게
되어지리라! 인생의 죄와 욕망으로 가리어졌던
十字架(십자가)를 보게 될 것이다.
가리어지고 어두워졌던 구원과 영생의 십자가를 발견하고
눈으로 목도하고 만나게 될 것이다.
그리고 만져보라! 그! 십자가를! 그리고 가까이 다가가라!
그리고 쳐다보라!
그는 나의 구원이 되시고!
그는 나를 지키시는 山城(산성)이 되시며!
그는 나의 위로자가 되시고! 어지러운 세상 메마른 세상에서
하염없이 흐르는 나의 눈물을 씻어주시고!…
친구가 되어 의논해 주시며 조용히 의논의 상대가 되시어
가르쳐 주시고 인도해 주시고 사랑 주시며 안내자 되어
험한 세상 다 가도록 항상 내 곁에 머물러 주시고 힘내어라
낙심치 말라 하시며 약할 때에는 힘주시고 외롭고 고독할
때에는 밤새도록 위로해 주시고 나의 곁을 떠날 줄을 모르시며
그는 나의 사랑의 절정이 되시고 반드시 죽어야 할 나대신
죽어 주시고 피 흘려주시고 그는! 신실하신 친구가 되시며!

무덤 저~쪽! 무덤 그 후부터 영원하고 영원히 살 수 있는

곳까지 내손잡고 길잡이 되시어 인도해 주시는 분이시니

감사와 감격의 눈물이 멈추어질 수가 없도다.

아무리 사랑하는 사람들이라도 무덤까지 밖에는

동행해주지 못한다.

무덤 이후의 여정을 같이 동행(同行)해 주지 못한다.

그러나 그분은 무덤부터 시작하여

그 이후의 길잡이가 되어 주시고 안내자가 되어 주신다.

나! 죽을 대신 죽어주시고 '피'흘려주신 나의친구! 나의 구주!

나의 王(왕) 나의 주!

그분만이 영원한 영생의 안내자시오 동행자시다.

그! 흘리신! 붉은 피로 물들어진 '붉은 깃발'을 天軍(천군)의

勇士(용사)되어 높이 높이 들고 붉은 깃발을 높이 들어라~

그 밑에서 순교하리라!

비겁한 놈은~ 갈라면 가라~ 우리들은 십자깃발 지~키련다!

힘차게 부르며! 순교의 시체를 넘고 넘어! 우리는 전진한다~

앞으로 앞으로!

전진 또 전진 쉴 사이 없이 멈춤도 없이 피로 물들어진

그리스도의 붉은 깃발로 세계가 물들어지고 점령 될 때까지

우리는 전진한다!

선교자가 되고! 순교자가 되어! 앞으로! 앞으로! 전진하고
또 전진하자!

살려고 하는 자는 죽을 것이요 죽고자 하는 자는 살리라!

'우리들의 대장 되시는 最高司令官(최고사령관)님의 말씀이다.

그 말씀 그 명령 따라 죽고자 하자! '죽자!'

永遠(영원)히 죽지 않고 살게 되는 原理(원리)와 理致(이치)가
여기에 있기에 말이다.

여호와는 나의 生命(생명)이시며 나의 永生(영생)이 되시오니

죽는 것이나 사는 것이나 나는 두려움이 없도다!

그는 나의 죽음까지 代身(대신)하시오니

나는 주저함이나 지체할 수가 아주 없도다.

피로 물든 십자깃발 높이 들고 오늘도 내일도 전진하리라!

그때 그 여인 지금은 어디에…

강원도 철원 감리교회 이기욱 감리사님의 담임 교회를
중심으로 正月(정월)달에 연합집회를 인도해 달라는 부탁을
받고 눈이 덮여 길마저 분간할 수 없는 철원교회로
연합집회 인도 차 가게 되었다.

강사가 묵고 있는 숙소는 열고 닫는 현관문을 들어서면
큰 마루요, 대청이다!
그 마루를 둘러싼 방이 셋이다.
한 방에서는 감리사님 가족이 합숙을 했고 가운데 방은
강사에게 내주어 내가 기거를 했고 나의 옆방은 제법 큰
방이어서 십 여 명의 교역자들이 합숙을 했었다.

어느 날 밤 집회를 열시가 넘어서 마치고 새벽을 위해 일찍

잠자리에 들어가 잠이 들었다.

얼마를 잤는지는 알 수 없고 시간이 몇 시가 됐는지도 알 수 없는데 문이 열렸는지 찬바람이 '획~' 하고 들어와 눈을 뜨게 되었다.

누가 방문을 열고 들어오는 것이 아닌가?

"누구야!"하고 잠결에 물어 보니 들어오는 여인이 '쉬~'하고 자기의 입을 손가락으로 막는다.

향수 냄새가 잠을 깨우고 피곤도 잠도 일시에 다 달아나 버리고 말았다.

나는 그 순간 이렇게 생각이 스쳐지나갔다.

집회도 끝내지 못하고 쫓겨 가고 소문은 팔도강산에 퍼지겠구나!

찰나의 생각이다.

분명히 마귀역사가 아니면 어느 누가 한참 役事(역사)하고 있는 나를 잡으려는 책동인가도 생각해 보는데 지체할 여지가 없었다.

벽하나 사이에는 감리사님 가족들이 계셨고 또 그 옆방에는 교역자들 십 여 명이 잠을 자고 있었으니…

난감한 일이 아닐 수 없다. 기가 차다 숨이 막힐 지경이다.

그러는 동안에 그 여인은 벌써 강사의 이불을 제치고 속삭이듯

"아이 추워⋯"하며 들어오는 것이 아닌가?

놀라서 기절하기 일보직전이다.

성전에서는 각지에서 몰려 온 성도들의 높은 기도소리와 또

한편에서는 찬송소리 조용한 기도소리가 들려오고 있다.

은혜를 갈망하여 모여든 성도들은 잠도 자기를 거부하고 그

추운 겨울밤을 철야의 밤으로 보내고 있는데⋯ 강사의

방에서는 긴박한 상황이 벌어지고 있었다.

어처구니가 없는 일이요!

기절초풍할 일이다!

이 일을 어찌해야 되겠는가?

참으로 난감한 일이 아닐 수 없다.

자매님! 이러시면 안 되지요! 나가세요! 하면

무슨 말이 오고 갈 테고⋯

혹시 옆방에서 들으면 어찌 생각들을 할 것인가!!?

한밤중에 강사의 방에서 어떤 여인이?

끝날 일이다! 어쩌구 저쩌구가 없는 상황인 것이다!

무엇으로 그 상황을 표현하고 설명하리요.

생각만 해도 어지럽고 숨이 차다. 난감함 이상이다.

그렇지 않아도 아버님이(박용익 목사님)

자나 깨나 항상 말씀 하시는 것이

"여자 멀리하고, 돈 밝히지 말라"고 그렇게도 당부하셨거늘…

그리고 계속해서 하신 말씀은 "명예욕에 사로잡히지 말고,

영광은 오직 주께만 돌려라."하시던 아버님의 간곡한 부탁의

말씀을 수없이 듣고 살아왔는데, 나! 이제 잘못하면 하나님의

영광을 가리워 어둡게 하는 먹구름 같은 인생이 될 것이고!

다음에는 일평생 내가 잘되기만을 기도하고 계신

부모님의 실망은 문자 그대로 하늘이 무너지는 허망함을

느끼게 할 것이며, 실망이 얼마나 크실 것인지…

생각만 해도 죽을 것만 같다. 숨이 막힐 것 같다.

다음으로는 이 사실이 팔도강산에 태풍같이 불어 닥쳐

은혜 받은 성도들의 실망과 허탈함을 어찌 막을 수가 있겠는가?

참혹하고 비참한 일이 아닐 수 없다.

기가 콱 막히는 것 같고 심장이 멎을 것만 같다!

그 순간 허둥지둥 갈팡질팡 망설인 끝에 결론은

나! 살아야겠다. 주저앉을 수는 없다는 생각이 드는 순간

목청을 높여 소리~소리~ 질렀다.

"도둑이야~*!*", "도둑놈이야~*!*" 하고

감리사님이 잠옷 바람으로 뛰쳐나오시고 애들까지 쏟아져
나오고 젊은 목사들이 와르르 쫓아 나오는 것이 아닌가*!*
그리고 그 여인을 질질 끌고 나가서 눈구덩이에 내던지듯
팽개쳐 버리는 것이었다.
마치 예수님 당시에 간음하다 잡힌 여인을 질질 끌고
예수 앞에 나와 내던지듯…

그날 밤은 착잡한 심정에서 뜬 눈으로 잠을 이루지 못했다.
그리고 그 후*!* 그 여인은 자취를 감추어 버리고 말았다.
어느 집회에서나 그녀의 모습을 찾아볼 수 없었다.
아주 멀리 멀리 사라져 버리고 말았다.
은혜가 좋아 쫓아다니던 그 여인*!*
지금에 와서 생각하니 나는 목사의 자격이 없는
몰인정하고 냉혹한 동물보다도 못한 인간이었음을 자책한다.
나 자신만 살기 위해 체면유지를 위해 남이야 어찌되든 말든
상관하지 않는 놈이 무슨 목사의 자격이 있단 말인가*!*
그리고 강사?
더더군다나 수백수천*!* 만인 앞에 서서 왜치는 강사?*!*

나는 이미 목사로서의 자격을 상실한 껍데기만 목사로 살고
있는 염치없는 철면피다!
한 여인의 순간적인 잘못을 목사로서 잘 타이르고 달래서
조용히 내보낼 것을~ 나중 문제는 주께 맡기고 말이다.
후회가 된다. 아주 후회막급이다. 크게 뉘우친다.
그리고 죄책감에 몸서리쳐진다!
미숙 된 자격미달의 목사라고… 나약한 여인의 자존심과
人格(인격)을 무자비하게 짓밟아 버리고 짓이겨 버린 자신이
미웁고! 미웁고! 미워진다! 그리고 아주 초라해진다.

거룩한 척 하고 잘난 척 하고 자신만을 생각하고
남이야 죽든 살든…
人格(인격)이 무너진들 상관하지 않았던 못난 저질의 목사,
아주 못난 자격 미달의 목사! 병신이 따로 없다!
자격 없는 비굴한 목사라고 책망해 본다.
바울은! 자기 자신은 팔삭둥이라 했든가?
거기에 비하면 나는! 나는! 몇 삭둥이나 될런지?
아주! 자격미달의 목사다!

그러나 지나가버린 돌이킬 수 없는 실수와 득죄다.

용서할 줄 모르고 이해할 줄 모르고 배려할 줄 몰랐던

못난 목사! 모자라도 한참이나 모자라는 목사!

지금 와 생각하니 차라리 불을 키고 일어나 앉아서

정중하게 타이르고 이해를 시키고 보냈어야 했을 것을…

아주 후회스럽다! 그리고는 그! 여인의 머리에 손을 얹고

안수 기도라도 해서 보내야 했을 것을…

무엇이 그리도 급하고 급박했기에

목사로서 해야 할 기도도 못해주고…

또 위로하며 안수기도라도 큰 소리로 기도해 주고

조용히 보냈어야 했을 것을…

얼마나 더 신령했기에 나약하고 힘없는 한 여인에게

그리도 큰 상처를 주었는가 싶어

나 혼자 나를 향해 책망해 보고 나무라 본다.

'이 못된 놈의 목사야! 이 무지막지한 못된 놈의 목사야!

너 참 잘난 놈이구나.

남이야 어찌되든 말든 天下(천하)에 인정도 사정도 없는

막나니 같은 놈아! 오만이 득실대는 놈아!

네 行動(행동)에 하나님은 얼마나 섭섭해 하시고

그 여인의 처지를 생각하며 슬퍼하시고 마음 아프셨겠느냐?

참으로 못되고 한참이나 못되고 무지막지한 놈의 짓을 했도다!

은혜가 그리워 멀~리까지 따라 온 여인을…

잠시잠간 찰나에 실수한 여인을… 그렇게 짓이겨 놓다니?

그럴 수가 있나? 생각해 보며…

잘못 살아온 지난날을 뉘우치며 赦罪(사죄)할 뿐이다.

성도들이여! 자매들이여! 그리고 나에게 상처받은 이들이여!

내가 잘나서 내게 무슨 능력이 있어서

역사가 일어나는 줄 알고 착각했던 나!

그러므로 잘난 체하고 남을 무시하고 깔보고 했던 죄,

하나님 앞에 돌려야 했던 영광을 가로채듯 했던 나!

착각을 일으켜 도도하고 기고만장했던 나를 용서해 주시오.

하나님의 은혜가 좋아 집회 때마다 따라 나섰던 여인이여!

깊고 쓰라린 상처 받아 멀리멀리 떠나가 버린 여인이여!

얼마나 어리석고 시시하고 못난 목사를 원망하고 있겠는지?

그 때 그 상처는 싸 매임을 받으셨는지?

머리 숙여 용서를 빌며 후회하고 있습니다.

차라리 내가 落名(낙명)되고 희생이 되더라도 나약한 여인!

힘없고 맥없는 당신은 살렸어야 했거늘…

나! 어이하여 나약한 여인에게 깊고 깊은 상처를 주고

무슨 큰 죄를 졌다고 그 많은 장정들에 의해 질질 끌려

팽개침을 당하고 멸시를 받게 했던고?

나! 무릎 꿇고 두 손 모아 빌어본들 어찌 그 날의 상처와

수치를 용서받을 수 있으리오.

이름도, 성도 모르는 여인이여!

세월이 흐르고 보니

얼굴마저 기억되거나 생각나질 않는 여인이여!

그 날 그 일이 내 나이 철이 들면서

괴롭고 마음 아픔을 느끼게 되는구려.

용서를 빌 뿐이오.

왜? 간절한 기도와 안수를 못해주었던고? 후회됩니다.

철이 없었기에 잘난체했고

혼자서 은혜 다 받은 것처럼 자만하여 도도했었지…

늙어가는 인생의 황혼 길에서 이름 모를 한 여인에게 주었던

상처와 아픔을 지금도 더듬어 생각하면서

후회와 참회의 마음으로 진정한 용서를 빕니다.

그리고 혹시 나를 통해 상처를 입었거나

나로 인하여 마음이 상했던 모-든 성도님들에게

조용히 머리 숙여 용서를 빌겠습니다.

거짓 없는 진정한 마음으로!

어느 안마사의 이야기(예수직업학교?)

不治(불치) 병자들이 마지막으로 찾는 곳이 祈禱院(기도원)이다.

40년이 넘게 기도원을 이끌어 오면서

수없이 많은 사연을 접하게 된다.

우여곡절도 많고, 사연도 많고, 사연 있는 사람들을 일일이

상담하고 기도해 주고, 위로해 주면서 40여 년의 세월을

喜悲(희비)를 함께하면서 한 세월을 보냈고 그러는 동안

어느덧 세월이 흘러 기도원과 함께 많은 歲月(세월)이 흘렀다.

이제와 돌이켜 생각해 보니 어느 것 하나도 보이지 않는

능력의 손이 같이 하지 않은 것이 없었기에

그저 감사하며 감격할 뿐이다!

어느 날이다.

낮 집회 시간을 마치고 원장실에서 쉬고 있는데 오세영이라는
안마사가 성도의 손에 이끌려 원장실로 안내 되어 찾아왔다.
"목사님! 피곤하실 텐데 안마로 몸을 풀어드리려고 왔습니다."
받은 은혜 보답할 길이 없어서 내게 있는 안마기술로
피로회복 하시라고 올라왔습니다.

안마를 받으면서 많은 이야기가 오고갔다.
오씨는 많은 죄와 많은 사연이 있는 사람이었으며
마음이 시원치 않아 상담해 보고
해답을 구하려고 온 것이 틀림없다.
나는 그에게 이렇게 이야기를 시작했다.

오 선생! 하나님은 人格的(인격적)인 하나님이시기 때문에
고마워하실 줄도 아시고, 기뻐하실 줄도 아시고, 슬픈 일에
슬퍼하시기도 하시며, 마음아파하실 줄도 아시고,
시기도 잘하시고, 질투도 잘하시며(성경에 보면 '나 여호와는
질투의 하나님이라' 하셨다) 때로는 삐지기도 잘하시고요.

우리들의 마음과 생각하는 것을 아시는 하나님이시기 때문에
생각과 마음을 헤아리시고, 감격도 하시고, 노여워도 하시고,

갚아 주실 줄도 아시고, 선물도 주시고 때로는 보너스도 주실
줄 아시는 아주 멋이 있는 위대하신 인격을 지니신
하나님이시기 때문에 하나님과 나와의 초점만 맞으면 그 분이
무엇을 아끼고 무엇을 지체 하겠느냐 말이오!

그 청년이(약40대) 은혜에 갈급해 있고 사모하여 원장실까지
올라와 안마를 해주며 해답을 구하고 있기에
나도 편히 쉬는 시간이요 안마를 받으니 피로가 풀리며
한 生命(생명) 한 靈魂(영혼)이라도 은혜를 체험하고
하나님 만나 뵙고 내려가기를 바라는 마음에서
차근차근 알아듣기 쉽게 설명을 해주게 된 것이다.

人格的(인격적)인 하나님을 강조하게 되었던 것이다.
그 분이 말씀 하시기를 銀(은)도 내 것이요
金(금)도 내 것 이라고! 죽이기도 하시고 살리기도 하시는
하나님이라 하셨는데 초점이 맞고 그분의 마음만 動(동)하게
되시면 무엇인들 못할 것이며! 무엇인들 아까워하시겠는가?
우리 人間(인간)들도 나에게 잘해주는 사람이 있다하면
고마워하고 '무엇으로 갚을까?' 하는 생각을 하듯이
그분도 마찬가지입니다.

人生(인생)들이 인색하니까 그분도 인색하신 겁니다.

우리가 하나님을 향해 풍성하면 그분도 우리를 향해 풍성하게

주신다는 사실을 절실히 깨닫지 못하고 배우지 못하고

가르쳐주지 못해서 무지하여

하나님과 나 사이가 막혀있는 것입니다.

막혀있을 뿐만 아니라 거리가 멀어져 있습니다.

그분이 첫째로 원하시는 것은 회개입니다.

사도행전에 '죄 사함을 받으라!

그리하면 성령을 선물로 받으리라' 말씀하셨습니다.

선물도 멋이 있는 것으로 주실 줄 아시는 분이십니다!

어린애가 더러운 진흙 묻은 장난하던 손으로 맛있는 음식을

달라고 하면 더러운 손에 그냥 줄 어미가 없듯이

하나님도 동일하십니다.

'손 씻고 와라 그러면 맛있는 것 주마' 하는 어머니 같이

'회개하라 十字架(십자가) 寶血(보혈)로 씻어주마'

깨끗한 심령위에 부족함 없이 주실 것입니다.

풍요로움으로 채워주십니다.

무엇이 없겠습니까? 받을 준비 없이 기도하고 떼써본들,

받을 그릇이 더러워요! 첫째도 회개요 둘째도 회개입니다.

기독교의 종교는 회개를 통한 은혜와 축복의 종교입니다.

회개 없이는 아무것도 바라지 마십시오.

그분의 비위를 못 맞춰 드리는 현대 교회의 교인들이 불쌍해요.

오 선생 한 시간이 지났네요, 내려가서 은혜 받을 준비 하세요.

하고 내려 보냈다.

그리고 그날 저녁집회 설교는 열왕기하 20장 1-6절까지 읽고

히스기야가 죽을병에 들어 죽어가는 데 한나라의 임금이

병들어 죽게 되었는데 용한 의원이 없겠소? 약이 없겠소?

백약이 무효라!

그때 아모스의 아들 이시야가 왕 앞에서 하나님의 말씀을

전달하는 겁니다.

"네가 죽고 살지를 못하리니 너는 네 집을 처치하라(정리하라)"

"그리고 네 집에 유언해라!"

기도하든 종! 이사야의 예연이요 하나님의 말씀이었다.

이사야는 하나님 말씀을 전하고 궁궐을 빠져나갔다.

하나님의 말씀을 전해들은 히스기야가 생각하기를 아하!

죽을병이구나! 생각하고 그의 마음에 결단을 내린다.

죽기는 죽는데 기왕 죽을 바에는 기도나 하다 죽자!
마음에 비장한 결심을 하고 허전한 공간에서 얼굴을 벽으로
향해 성경을 보면 목숨 걸고 기도하게 되었다고 했다.
그 기도는 중언부언의 시시한 기도가 아니라 죽기일보직전에
드리는 기도라 부르짖는 기도, 목숨을 건 기도, 회개의 눈물로
마비된 기도요 남을 의식한 기도가 아니라 하나님과 나와의
一對一(일대일)의 대결이요, 처참하고 참혹에 가까운 기도가
아닐 수 없다.

허식이 없고 꾸밈이 없는, 염통 속에서 솟구쳐 나오는 기도,
창자가 꼬이는 듯한 죽기 아니면 살기라는
기도였음을 볼 수 있다.
왜냐하면 죽음을 앞에 둔 기도였기에 후회와 회개,
억울함과 떼쓰는 뒤범벅의 기도였던 것이다.

그 기도를 들으시고 그의 모습을 지켜보시던 하나님은
人格的(인격적)인 하나님이시라 마음의 감동과 측은함을
느끼시고 조금 전에는 '네가 죽고 살지 못하리라'하신
하나님께서 다시 말씀 하시기를
"내가 네 기도를 들었고 네 눈물을 보았노라.

내가 너를 낫게 하리니 삼일 만에 여호와의 전에 오를 것이며
내가 네 날을 십 오년을 연장해 줄 것이며 멸망과 패전직전에
놓여 있는 네 나라를 앗수르 王(왕)의 손에서 지켜주고 보호해
주리라" 하시는 三大(삼대) 축복을 받은 것이다. 멋있다.
우리도 오늘밤 히스기야 같이 목숨을 건 죽으면 죽으리라는
각오로 우리의 기도를 들으시고 우리의 눈물을 보시며
우리의 소원이 무엇인지를 아시는 人格的(인격적)인 하나님을
향하여 부르짖어 회개하며 기도할 때 하나님의 마음을
감동시켜 응답받고 해결 받는 시간이 됩시다.

하나님의 약점은 人生(인생)들이 회개하고 눈물로 기도하며
매달릴 때 마음 약해지시고 용서해 주시고 은혜주시는 분이신
것을 믿고 기도 들어갑시다.
'너희가 나를 향해 부르짖어라 내가 네게 응답해
주리라.'하시는 하나님의 말씀을 믿고 기도 합시다.

'주여~ 믿습니다!'로 기도가 시작되었는데
기도가 하늘을 향해 막 올라가는 것이었다.
목숨을 건 히스기야의 기도였다.
설명을 알아듣기 쉽게 하고 기도를 시키니 그 기도야 말로

백발백중 보좌까지 상달되는 기도였다.

기도라기보다는 아우성이요 살기위한 몸부림이었다.

얼마 후 안마사 맹인 오씨의 모습을 보니 가슴을 쥐어짜듯

두 손을 높이 들고 사자와 호랑이의 부르짖음같이

부르짖고 있는 것이 아닌가?

진정 히스기야 왕의 그 모습이 저러했을 것이다 라고

느껴지는 기도다.

땀이 비 오듯 하고 눈물과 콧물이 뒤범벅이 되어 장시간

기도하더니 만인들 앞에서 벌떡 일어나서 외칩니다.

그 외침의 기도소리들은 서서히 멈추기를 시작했고 오 씨는

미친 듯이 소리치며 "안경 쓴 강사 목사님의 모습이 보입니다."

하고 외치고 있는 것이 아닌가?

펄떡 펄떡 뛰면서 감격해 하는 그 모습을 보고 나도 울고

보조하시는 목사님도 감격하여 울고 지팡이 짚고 앞 못 보는

맹인 안마사가 올라온 것을 아는 성도들도

맹인의 눈을 뜨게 하신 하나님의 고마움에 울고,

울음의 회개 기도가 다시 시작되었다.

기적을 보고 난 성도들의 기도의 모습이 판이하게 달라졌다.

이리 뒹굴고 저리 굴러 가슴을 치면서…

눈물 콧물에 마비되어 엉키고 엉켜서 기도하는 그날의 모습이

나로 하여금 생각만 해도 다이돌핀[1](엔돌핀의 4000배)이

샘솟듯 솟아나고 있음을 느끼게 하는 밤이다.

집회는 오씨의 개안으로 은혜가 넘치는 하기집회가 되었고

연속되는 집회는 포스터나 광고물 없이 동서 사방에서

모여들어 설교자도 힘이 되었고 모인 성도들도 은혜에 취해

한 주간을 지나게 되었다.

그 날들은 영원히 잊을 수가 없는 감사와 감격의 날들이었다.

여름 집회를 마치고 어느 가을날 아침이다.

손님이 찾아왔다.

응접실로 안내받아 들어오는 것은 안마사 오씨였다.

들어서자마자 하는 말이 "부탁이 있어서 왔습니다."하고

입을 열었다.

목사님! 눈이 보이고 나니 안마 받는 손님들이 끊기고,

---

1) 다이돌핀 – 최근 학계에 발표된 물질인데 좋은 설교에 감동될 때 다이돌핀이
　라는 물질이 나오게 되고 찬송 부를 때, 성경 읽으며 은혜가 될 때 구원의 기쁨
　과 감격을 느낄 때 엔돌핀의 사천배나 되는 다이돌핀이 나와 뇌세포를 부활시
　키고 항바이러스 항암 모든 기관을 튼튼하게 만드는 물질임이 입증되어 발표
　되었음.

불러서 가면 눈 보이냐?, 보입니다. 하면 안 받겠다고 해서
그냥 돌아온 일이 한 두 번이 아니었습니다.

안마도 끊기고 손님들도 많이 끊어지고 해서
전혀 수입이 없습니다.
안마사로는 살길이 막막하고 해서 목사님께 의논하고
신학교를 가려고 합니다.
목사님의 의견을 말씀해 주세요.
같이 기도 해보자고 타일러 돌려보내고
개운치 않은 마음이 나를 씁쓸하게 만들었다.
인간의 욕심! 감사 없는 돌척의 마음!

그것이 인생인가? 싶어 우울해 진다.
인간의 욕심이 도대체 어디까지 인가?
가늠해 보기 힘들다.
눈을 뜬! 감사와 감격은 벌써 멀리 멀리 사라져 버리고 먹고
살기의 문제가 앞장서고 뒷장서서 인간이 돌척같이 변하고
있는 모습이 나로 하여금 뒤숭숭한 마음을 갖게 만든다.

그리고 신학교는 밥벌이 못하는 인생들이 모여드는 예수

직업학교인가? 하는 생각에 서글퍼진다.

아주! 서글퍼진다!

"예수직업학교?"

밥벌이 없는 사람들이 가려고 하는…

인생의 낙오자들이 모이는…

신학교마다 가슴속에 성령의 불이 펄펄 타오르는

사명 받은 자들이 모여들기를 기도해 본다.

멋이 있는 최고의 젊은이들이 모여드는 신학교가 되고,

머리 좋은 일꾼들이 모여드는 한국의 하버드가 되기를 바라며

기도하는 마음으로 글을 맺는다!

가을의 山野(산야)

詩(시)

홍당무같이 달아오르는 얼굴!

수줍어 낯붉힌 시골 처녀같이

섬마을에 시집온 새댁같이 얼굴 붉히고…

바닷바람에 붉은 치마 휘날리고,

멀~리 청색저고리의 옷고름이

길고 길게 펄럭거리듯…

깊어만 가는 가을의 山野(산야)는…

마냥 붉어만 가고, 불타오르며

붉은 물감! 노란 물감! 뿌려 놓고 뿜어 놓은 듯 하구나!

아니! 실수하여 물감 통을 통째로 엎질러 놓았겠지?

그렇지 않고서야…

요지경과 다름없고, 별천지에 온 것만 같구나!

구중궁궐 삼천궁녀 한데 모아 비해 본들

그 어찌 가을 山野(산야)같겠느냐?

황홀하고 찬란한 산야를 무엇으로 표현하랴!

가지각색 붉은 색깔 너무 많이 깔려 있어 헤어보기 어렵구나.

붉은 색도 가지가지 입가지곤 말 못하리.

구별조차 못할 色色(색색)

이름조차 모를 색색…

그 누구라! 이름 지어, 그 색을 말해보라…

붉은 색깔, 분홍 색깔, 연분홍과 진분홍, 노랑, 파랑

형제되어 어울리어 돌아가고! 춤을 추고 있구나!

아름다운 그 색깔 무엇으로 말하리까?

그! 누가 나에게 색깔 이름 알려주오!

그 색깔을 자세하게 설명하고 말해주오!

뽀얀 살이 드러나는 새댁들도, 촌색시도

모두모두 입고나선,

이름조차 알길 없는 옷이기에

丹(단)월인가? 風(풍)월인가?

앞산 향해 물어봐도! 뒷산 향해 물어 봐도!

그 역시 나와 같이 이름조차 모르면서

업고 안고 메고 이고 힘겨웁게 버티어 서 있구나!

동네방네 총각 모여 하염없이 바라보고,

넋 빠져서 바라보고! 말문 막혀 쳐다보고!

앞산 뒷산 둘러보니,

벌린 입을 주체 못해

탄식인지 한숨인지 휴우- 하고 내 뱉누나!

스쳐가는 바람결에 섬마을의 새색시들!

입고 나선 다홍치마,

바람 불어 한 잎 두 잎 휘날리며 낙엽지니…

가을 바람 야속하다,

밀려 밀려 밀려가니

이제가면 언제 오나?

붉은 치마 다홍치마 연분홍과 진분홍,

열 가지로 표현할지? 백 가지로 표현할지?

너의 색깔 글이 없어 표현하기 막연하다.

꿀을 먹은 벙어리가 끙끙대듯…

난들! 어찌! 너를! 이름 지어 말하리오.

말문 막혀 더듬듯이 표현할 글도 없는 것을…

할 말은 있다마는…

어린애들 표현같이!

詩人(시인)이나 文人(문인)같이 깊은 표현 못하지만…

"와~ 멋이 있다"라고…

"와~아름답다"라고…

"세상에나~"

"야~ 어쩜?"

감탄 또 감탄!

지으신 모든 세계~~ 내 마음 속~에 그리어 보네…

하늘을 향해 감탄과 감사

자연의 아름다움, 가을의 산야!

멋이 철철 넘치고 보고 또 보다가

미쳐버릴까 걱정되는

가을의 산야 보고 있노라면

넋을 잃게 되고 입을 벌리고도 말문이 막혀버리는

아름다움의 極(극)!

그러나 위대하신 분의 말씀은

지상의 모든 아름다움은

天國(천국)의 아름다움에 비하면

그것은 천국의 그림자와 같은 것이라고.

魔都(마도) 속의 平安(평안)

독가스! 마구 뿜어 대는 자동차들의 매연!

아파트에서, 공장에서, 쉴 사이 없이 한시도 멈추지 않고

뿜어대고 있는 파랑 연기, 검은 연기, 뿌연 연기와 매연!

사람들을 서서히 병들어 죽게 만드는! 그! 독가스!

맑은 하늘을 볼 수 없게 만드는 뿌~연 연기!

게다가 중국 쪽에서 날아오는 황사.

병원마다 초만원을 이루었구나!

그리고 요리 뜯기고 저리 뜯기는 공과금! 세금!

심지어는 반상회 빠졌다고 받아가는 벌금! 받아가는 돈!

왜 그리도 다양한지? 자동차들의 질주! 그리고 소음의 도시!

어디를 가도, 어디에 들어서도 소음! 소음! 소음!

악의 소음! 데모의 소음! 정치의 소음!

눈을 감아도 공해요, 눈을 떠도 공해요, 피할 곳이 없는 공해!
공원 산책길에도 애들의 소리소리 어른들의 소리소리!
어머니! 할머니들의 지껄지껄, 높은음자리의 소리! 소리! 소리!
왁자지껄 하는 소리와 소리

박물관을 조용히 감상하며 고요히 마음을 안정해 보리라 하고
찾아가 보면 거기 역시 아우성 고함소리! 소리! 소리!
수도 서울은 어디를 가나 이 하늘아래에서는 피할 곳이 없는
소리와 공해

어느 구석으로도 피할 곳이 없는 무서운 도시다.
앞을 보거나! 뒤를 보거나! 좌우를 훑어 봐도 전쟁이 터진 듯
피할 곳이 없는 듯 하다.
가슴마저 조여 오고 답답해 온다.
그래서 크게 숨을 들이키고 내쉬어 봐도 소용이 없다.
동대문 시장, 남대문 시장 따로 없다.
동서남북 어디에도 같은 현상이 연출되어 벌어지고 있다.

바다!
옳커니! 시원한 바다! 바다가 있다!

파도치는 바닷가에 黃昏(황혼)의 餘生(여생)을 맡기어,

바다의 내음을 맡으며, 갈매기 벗 삼아 조용히 살아가리라!

그 바닷가 조그마한 집에 人生(인생)을 의탁하여

짐을 풀어 보리라…

여기가 나의 안식처요! 여기가 황혼이 머물 곳이라 생각하여

그렇게도 마음의 고요와 평안함이 나를 어루만져 주었거늘

이 또한 웬일인고? 못 올 사람이 왔는가 싶게…

그 어느날! 바다가 무엇에 화가 났는지?

하늘은 시꺼먼 구름으로 덮이고 바다는 벌컥! 뒤집어지고…

마치 나를 찾으려고 달려드는 원수들의 무리같이

떼를 지어 쳐들어오는 것이 아닌가?

이웃집 아줌마! 소리치며 서울 나그네 찾는다.

그 집에 아저씨 보따리 들고 피난 가듯 도망치며 내뱉는 소리!

"학교로 어서 이불이랑 짐 싸들고 피난 가요."

"쓰나미다" "매미다" "허리케인이다" 파도들은 성이 없다

이름만 있는 무서운 놈들이다.

그놈들이 애들인지? 어른들인지? 알 길이 없다.

물귀신들이 단합을 해서 인간세상을 쳐들어오는 것 같다!

어렴풋이 생각하나 떠오르는 시 한 구절이 있다.

파도에 놀란 사공 배를 팔아 말을 사니 "구절양장2)도 그도곤
어려워라! 이후란 배도 말도 말고 밭 갈기만 하리라."
옛 詩句(시구)가 생각이 떠오른다.

성난 파도를 보았느냐? 적군이 쳐들어온들 이렇게 겁나게 밀려
쏟아져 올 수가 있겠느냐?
항상 넓고 시원한 바다가 좋아서 동경하고 그리워했거늘…
왜 갑작스럽게 속이 뒤집혔는지! 오만정이 다- 떨어지는 구나!
매미! 매미야!
바다보다야, 숫처녀 같이 순진하고 천진한 계집애 같은
시골 처녀같이 다소곳하고 물동이 머리에 이고 가듯 하는
조용하고 순박한 시골 아가씨같은 강가로 가리라!
그 강은 마치! 수줍어하는 시골 처녀가 나를 반기듯!
고요히! 잔잔히! 차분하게! 걷고 있듯이…
흐르며 손짓하고 있는 것이 아닌가?

나를 기다리고 있는! 여기가! 바로 나의 황혼이 멈추어 갈 곳…
머물러야 할 곳…

---

2) 九折羊腸(구절양장) : 말 잔등에 물건 싣고 장사하러 나서게 되니 아홉 번 꼬불
    꼬불 험한 산길이 양의 창자 같이 꼬불꼬불 길고도 먼~ 산길 꼬부랑길을 표현
    한 글.

정을 주고 사랑을 주고 글도 쓰고 시도 쓰며…

상추랑 쑥갓이랑 텃밭에 심고 가꿔주고 사랑주고!

조용히 기도드리며 살아 보리라!

언덕 위의 집, 강이 그 앞에 바로 보이는 그림 같은 집!

강에 낚시 드리우고 세월과 네월과 벗 삼아!

황혼의 인생을!

좋은 공기 마시며 들새들과 어울려 살아가리라!

안식해 보리라! 평안한 생을 누려보리라! 신경 쓰는 일없는!

餘生(여생)살이! 殘餘(잔여)의 세월을 낚으며…

우거진 산천초목의 향!

그 내음을 마음껏 숨쉬며 마시며 실리라.

낚시 좋아 낚시터 찾아갈 시간 없던 몸! 낚시 바구니! 낚싯대!

이제는 나, 너를 놓치지 아니 하리라!

그러나! 어딘들 평안과 안식이 있겠는가?

만족이 있을 수 있겠는가?

물이! 소리치고! 강이 나를 불러, 사랑 찾아가듯이…

강가로 갔었거늘! 러시아 철새! 대륙의 철새!

시베리아의 철새들이 모두모두 날아드는 철새 도래지란다!

수천 수만 마리의 철새들이 분비한 분비물에는
조류독감 바이러스가 있다고 한다.
뿌리고 또 뿌려댄 그! 분비물 강물도 오염되고 물고기도
오염되고 날아가며 흘려대는 조류들의 수 없는 분비물이
山(산)까치, 山(산)새 까마귀에까지 오염되고
채소까지 오염시키니 머물러 살지 말고 떠나라 한다.
조류독감 바이러스도 폭풍이나 풍랑보다도
무섭고 두려운 존재가 아닌가? 공해다! 두려운 공해!
낭만을 즐기며 머물러 있을 곳이 못되는 곳이다.

조류에 쫓기어 조류독감이 무서워 서울을 찾으니
魔都(마도)임에는 변함이 없다.
숨통이 막히고 가슴팍이 조이고 기침이 나오고 가래가 끓고,
분명 魔都(마도)임에는 틀림이 없구나!
어디를 간들, 평안과 쉴 곳이 있을 수 있을 소냐?
공포와 두려움의 그림자가 떠날 줄 모르고 따라 붙어
한발자국 걸으면 그 놈의 그림자가 한발자국 내딛는구나!
두 발자국 내딛으면 그 놈도 두발자국 따라 붙어 내딛는구나!
떨어질 놈이 아니로구나!

生老病死(생로병사)의 원리를 알아! 조용히 받아들여

죽음의 사자와 같이 걸어가 보리라. 동행하리라.

떨어질 놈이 아니기에 같이 가리라.

마음먹고 나니 비로소 마음의 안정이 조금은 되는 듯싶고…

조금은, 아주 조금은 고요가 찾아오고 신경도 안정되는 것

같구나! 나의 깊이에 있는 또 하나의 나! 그의 聲音(영음)!

하늘을 보라! 위의 것을 보라! 조용히 타이른다.

이 세상에는 참 평안이 없다고!

이 세상에는 만족도 참된 행복도 없노라고…

내 속에 있는 또 하나의 내가 나를 철들게 하는구나!

그의 聲音(영음)을 겸허히 받아들여 위의 것을 바라보며

'오라~' 하시는 그날까지 聲音(영음)따라 살아가리라 다짐해

본다. 그러고 나니 따라 붙었던 그 놈은 어디로 슬그머니

먼- 곳으로 사라졌는지 그림자조차도 찾을 길 없기에,

비로소 입가에 미소가 찾아와 머물고 있음을 느끼게 된다.

방황하던 인생이! 안식처 찾아! 서둘러대던 황혼이!

안절부절 좌불안석의 인생…

멋진 황혼을 보내리라던 인생이 공기 좋고 물 좋고 공해가

없는 멋이 있는 곳 찾아 安住(안주)하리라던 인생이

어디인들 평안이 있고 만족이 있고 참 행복이 있을 수 없기에

있는 자리 주어진 그곳에서 감사하며 만족하며 살아가리라

작정하고 나니 이렇게도 마음이 편안해지는 것을…

背信(배신)의 쓴 잔

背信(배신)의 苦杯(고배) 쓴 잔이라 했든가?

쓴 잔이야 꿀꺽 삼키고 나면 뱃속은 편안하지…

쑥물도 마셔보고 쓰디쓴 한약도 마셔보고 자라나면서

키니네[3]도 먹으며 자라났다.

쓰기야 쓰지만 목만 통과시키면 되는 것들이다.

苦杯(고배)라고 표현한다면

아직도 背信(배신)을 모르고 쓰는 표현이다.

예수께서 믿고 사랑하고 안심스러웠던 弟子(제자) 중에

가롯 유다라는 弟子(제자)가 있었다.

머리 좋고 똑똑하고 計算(계산)이 빠르고 信用(신용)할만한

영리한 弟子(제자)였기에 예수의 살림살이를 믿고 맡겼다.

---

3) 키니네 : 말라리아 걸렸을 때 복용하는 아주 쓴 약

열두 제자 중에 가장 믿을만했고 마음에 들어

그 큰살림을 맡겼던 것이다.

그러나 그 제자가 예수를 背信(배신)하고 銀(은) 30세겔에

그것도 예수를 잡아 죽이려고 벼르고 있는 무리들에게

팔아 넘겼던 것이다.

그런 背信(배신)이 또 어디에 있겠는가?

그렇게도 사랑주고 믿음주고 아끼고 했던 제자가?

先生(선생)을 배신한 것이다.

죽음으로 몰고 가는 배신을 한 것이다.

그날 밤 예수께서는 자기를 팔아먹은 유다에게

悔改(회개)할 機會(기회)를 주었다.

열두 제자들이 예수님을 중심으로 둘러앉아

마지막 날 밤의 만찬을 먹는 자리에서 예수는

폭탄 같은 宣言(선언)을 하시는 것이었다.

이거야 말로 기상천외의 있을 수도 없는, 있어서도 안 되는

상상조차도 할 수 없는, 도저히 理解(이해)할 수 없는 말씀을

하시는 것이 아닌가?

"이 중에 나를 팔자가 있다."

폭탄 터지듯 하는 말씀에 어안이 벙벙하여 서로서로의
얼굴들만 쳐다보면서 잠시 동안 무거운 침묵이 흐르더니
베드로, 야고보, 요한 순으로 일어서는 것이었다.
베드로의 性格(성격)은 칼날 같고 神經質的(신경질적인)이며,
급한 데가 있고, 요한은 성질이 벼락같았기에 예수께서
별명으로 지어주신 이름이 벼락의 자식이었다.
얼마나 성질이 요란하고 급한지 별명만 보아도 가히
그의 性格(성격)을 짐작할 만하다.

먼저 성질 급한 신경질적인 베드로가 팔을 걷어붙이고
상혈되고 상기된 어조로 말한다. 눈에다 불을 키고 말이다.
"주여! 도대체 어느 놈이 우리의 先生(선생)이신 예수를
팔아먹을 놈이란 말씀입니까?
말씀해 주소서. 당장에 요절을 내야겠습니다!"

그 뒤를 이어 우뢰의 자식인 요한은 가만히 있을 수가 없다.
우르랑 탕탕 눈을 부라려 뜨고 팔뚝을 걷어 부치고 당장에
무슨 살인이라도 낼 것 같이 떠들어야 직성이 풀릴 사람들인데!
이게 웬일인가?
놀랄 일이다. 그 성질 다~ 어디에 접어두고 베드로, 야고보,

요한 앉아있는 순대로 근심하며 걱정하는 마음에서

혹시 나일 수도 있다.

꿈결에라도 예수를 판자가 되지나 아니했는지?

조심조심 또 조심하는 어조로 "주여! 내니이까?" 하며 두 손을

가슴에 얹고 反省(반성)하는 그 聖(성)스러운 한 장면이

우리들에게 크게 感動(감동)을 주며 나 자신들을 돌아보며

조용히 反省(반성)해 보게 한다.

최후의 만찬으로도 유명한! 한 폭의 그림 같은 장면이다.

열한 제자가 모두 모두 근심하며 反省하고 있었으나

유다 자신만은 뻔뻔스럽게 反省의 기미도 없이…

고개 빳빳이 세워 천연덕스럽게 앉아 있는 것이 아닌가?

이 장면 역시 나를 돌아보게 되는 장면이다.

철면피한 장면이다.

혹시 나도 가룻 유다 같이 뻔뻔스러운 존재가 아닌가하고…

또는 철가면의 철판 인생은 아니었던가? 라고…

죄를 짓고도 태연스럽게… 천연덕스럽게 철저한 위장 속에서

살고 있는 것은 아닌지?…

가슴에 손을 얹어 본다.

나는 아니다 라는 식의 양심은 아예 고장 난 良心(양심)

"작동정지"된 양심이 아닌가 싶어 숙연해저 본다.
천연덕스러웠던 자신은 아니었는가 하는 마음에서
가슴에 손을 얹어 본다.

급기야 예수께서 떡 그릇에 손을 얹고 말씀 하시기를
"나와 함께 떡 그릇에 손을 넣은자"라고 지적하시니
온통 아연실색 할일이다.
예수님의 손과 죄인 유다의 손이 어느 때 보다
제일 가까운 거리였다.
열두제자 중에서 유독 가룻 유다와 예수의 손이
한 떡 그릇 속에서 마주치게 된다.
悔改(회개)의 순간이다. 회개가 주어진 기회이다.

가까운 곳에 있는 예수님의 오른손!
유다가 그 손을 덥석 부여잡고 "주님! 나는 죄인이로소이다.
어찌하오리까?"
"형제들아 내가 예수를 팔았노라. 배신했노라.
내가 죄인이로다!"라고 큰 소리로 회개했더라면
성경의 歷史(역사)는 대 변동을 일으켰을 것이 아닌가?
가룻 유다에게 최후의 찬스요!

마지막으로 주어진 기회가 아닌가?
구원의 길이 있고도 남았을 것을…
멋있는 悔改(회개)의 장면이 연출되었어야 했을 것을…

많은 아쉬움이 남는 장면 앞에서 "기회를 놓친 유다"라는
說敎(설교)의 題目(제목)도 나올 성 싶어진다.
그러나 그는 손을 슬그머니 빼고 회개의 기회, 구원의 기회를
저버리고 문을 박차고 나가버렸던 것이 아닌가?
기회가 주어졌는데도 거부하고 끝나버린 유다는
우리들의 표본이다.
안타까운 장면에서 나 스스로를 돌이켜 보게 된다.

그리고 그는 괴로움과 후회와 뉘우침과 양심의 가책으로
얼굴을 들 수가 없는 인생이 되어 고민과 그 고민의 아픔이
몰고 간 곳이 낭떠러지에 있는 나무다.
나무에 목매달아 자살기도를 했으나 목의 끈은 끊어져버리고
벼랑 낭떠러지에 떨어져 배가 터져 죽었다고
성경의 歷史는 기록하고 있다.

人生에게 있어서 하나님께서는 반드시!

회개할 수 있는 기회와 구원의 기회를 주신다.

반드시! 기회를 주시는 하나님이시다.

기회를 놓치면 後悔(후회)가 뒤따르게 되어있다.

후회는 이미 늦은 때다!

주시는 기회가 부흥회든지 혹시 기도원의 집회이든!

혹은 우연한 기회와 동기이든 간에!

누구를 통한 어느 순간이던지 주어진 회개와 구원의 기회를

마치 얍복 강가에서 야곱이 천사와 씨름하듯 놓치지 말고

부여잡고 해결 받아야 할 것이다.

주어진 기회를 놓치지 말고 후회 없이 살아 보자!

가룟 유다의 퇴장 후 그 時(시)로 예수는 쓸쓸하고 외롭고

고독한 마음 그리고 背信(배신)의 쓰라리고 살덩이를 저미는

것 같고 심장을 도려내는 듯한 아픔! 살이 쪽쪽 내리는 듯…

무엇으로 背信(배신)의 고통을 說明(설명)하랴!

背信(배신)을 맛 본 사람 외에는 그! 저리고 쓰라린 마음을…

상상할 수도 생각해 낼 수도 없을 것이다.

그리고 背信者(배신자)의 末路(말로)는

가룟 유다와 다를 것이 없을 것이거늘 현대의 가룟 유다들은

어찌 그리도 뻔뻔스럽고 도도하고 독한지?

수없는 가룻 유다들이 교회 안팎에서 활개 치며 살아가고 있는
모습을 바라보며 슬퍼해 본다.
예수는 쓰리고 아픈 苦痛(고통)을 겟세마네 동산에서
찬이슬에 젖어 밤이 맞도록 祈禱(기도)로 승리하시는 모습을
바라보며 偉大(위대)하셔라!
과연 하나님의 아드님다우신 大勝(대승)이어라!
그러기에 오늘도 내일도 그의 발자취를 따라가는 것이 아닌가?

天國(천국) 가는 길을 그러하신 모습으로 보여주시고
가르쳐주시고 實踐(실천)해 주셨으니…
우리들도 그의 뒤를 따라 天國(천국)까지 따라가야 할 것이며
背信(배신)의 아픔에 머물러 한 歲月(세월)을 보내고
한 숨 쉬며 보내지 말고 예수님 닮고 배워
조용히 천국 가는 걸음마를 시작해 봄이 어떠할는지?
유다의 季節(계절)에서 말이다.

사다리의 頂上(정상)에서…

사다리를 오르라! 높~이 높~이 오르라!

오르노라면! 위험도 따르고!

힘들고! 지치고! 기진맥진과 함께 어지러움도 느끼게 되리라!

그러나! 올라야 한다!

중도에 포기하고 내려오지 말라! 뒤돌아보지도 말라!

아래를 내려다보지도 말고 오르기만 해라!

다리팔이 떨려도 올라야 한다! 올라야 한다.

올라야 산다. 오르는 것만 생각하라.

딴 생각은! 일절 하지 말고 올라만 가라!

아래에서 무슨 소리가 들려와도 신경 쓰고 마음 쓸 것 전혀 없다.

무조건 오르고 또! 오르기만 하라!

허기가 지고, 배가 고파와도 올라야 한다!

비가 오나 눈이 오나 그것도 상관하지 말라!

원숭인가? 곰같이 미련한 것… 낄낄대고, 지껄여도, 올라야 한다.

무조건 오르라.

땀을 흘려도 그 땀이 비 오듯 해도 올라야 한다.

땀 닦을 생각도 말라. 그저 오르기만 하면 되는 것이다.

숨이 차고 심박동의 소리가 들려도 상관치 말라!

진땀이 흐르고 떨려도 상관치 말라!

오르기만 하면 되는 것이다!

손에 땀이 고이고, 잔등에서 비 오듯 땀이 흘러내려도

오르고 또 오르라!

멀리서 아빠를 부르는 자식들의 애처로운 소리,

그 소리가 들려와도 올라야 한다.

天路歷程(천로역정)의 기독도 같이 멈추지 말라!

다음에는 사랑하는 아내의 걱정 섞인 떨리는 듯한 소리.

여보~ 그만 내려오세요.

하지만 기독도 같이 귀를 틀어막고

못들은 체 하라! 뒤돌아보지 말고 오르기만 하라!

어머니의 걱정스러운 만류의 소리도 들려올 것이다.

어서 내려오라! 사랑하는 나의 자식아!

조심 조심 내려오너라. 못들은 체, 올라가기만 하라!

동네방네 어른들이 모여 왁자지껄! 걱정들을 한다.
위험하니 내려오라고!

위의 것만 바라보라! 그리고 그 사다리를 오르라!
비바람이 불건, 천둥소리 요란하건…
벼락 치는 소리에 귀가 째질 것 같고, 가슴이 북을 치듯 해도
오르던 그! 사다리를 오르라! 쉬지 말고 오르라!
다른 생각들은 뒤로하라 그것들은 나중 일이니…
오르기만 하라!

걱정근심 뒤로 하고 잊어버리고 오르라!
힘이 들고 고달파도 올라야 한다!
쉬지 말고 오르라! 그 사다리를 말이다.

너의 발이 돌이나 아무것에나 부딪히지 않게 하시는
보이지 않는 '손'이 있으니 마음 놓아라!
너를 죽음에서 건져주시는 위대하신 '손'이 있으니 오르라!
기이한 도우심의 '손'이 너를 붙드시니 오르라!
네 힘으로 말고, 기이한 능력의 힘이 너를 이끄시니
새 힘내어 사다리를 오르라! 기도와 찬송으로 오르라!

믿음으로 오르라! 충성심으로,

예수님의 희생정신 가지고 오르라!

희망을 버리지 말고 오르라! 믿음 가지고 오르라!

숨 막힐 것 같고 터질 것 같아도 오르라!

발을 떼어 한 계단 한 계단 오르라!

멈춰서도 안 되고 쉬어서도 안되느니! 사다리의 계단을 오르라.

손이 부르트고 발이 부르터 부어 올라와도… 십자가를 끝까지

지시고 갈보리 언덕을 올라 승리하신 것 같이 오르라!

졸려도 오르라. 졸면 위험하다. 깨어라! 무조건 오르라.

두려워지느냐? 열심 내어라.

공포를 느끼느냐? 힘을 다하여라.

찬송을 부르며 오르라!

떨리느냐? 사도신경을 외우며 오르라!

마음이 흔들리기 시작하느냐?

주기도문을 천 번이고, 만 번이고, 반복하여 외우면서 오르라.

그래도 힘이 드느냐?

그동안 살아온 人生(인생)살이, 허물과 죄! 실수와 잘못!

마음의 갈피갈피, 책장을 한 장 두 장 넘기듯, 들추어가며

끼어 있고 갈피마다 숨겨있는 죄를…
하나하나 찾아내어 회개하며 오르라.

十字架(십자가)상에서 물과 피를 쏟으신 그 寶血(보혈)로
씻어 달라고 도말해 달라고 용서해 달라고 하면서
사닥다리의 계단을 올라가면서 회개하며 기도하라!
그리고 오르는 동안 인내심도 배우라!
반드시 용서해 주시고 씻어 깨끗하게 해 주실 것이리라!
그는 미쁘시고 의로우사 우리들의 죄를 사해 주시고
용서하시고 희고 맑게 해 주시는 분이시라 했으니…
悔改(회개)하며 한 발 한 발 딛고 올라갈 때, 새 힘이
솟아오르머 勇氣(용기)와 기쁨의 충만함을 체험하리라!
맡겨진 사명! 책임! 모두모두 짊어지고!
오르라! 한 계단 한 계단 올라가던 그! 사다리를
염려하지 말고 오르라!
두려워하지 말고 오르라! 겁먹지 말라! 낙심치 말라!
人格的(인격적)인 하나님이 측은히 여겨 사해주시고
의롭다 할 것이니, 믿음 가지고 오르라! 수고함으로 오르라.
믿음 가지고 오르고 또 오르고 나면
그! 사다리의 頂上(정상)에 오르게 될 것이다.

사다리의 絶頂(절정)이다. 사다리의 極(극)이란 말이다.

그! 極(극)에서!

그! 絶頂(절정)에서!

그! 사다리의 頂上(정상)에서!

手苦(수고)로운 그! 꼭대기에서…

사랑의 주님을 만나뵙게 될 것이다!

반드시 만나뵙게 되리라.

그리고! 그분의 크신 위로와 따뜻한 사랑의 영접을 받을 것이다.

사랑이 무엇인지?

"사랑이 어떻더냐? 길-더냐! 짧더냐!

모나더냐! 둥글더냐! 하 그리 긴 줄은 모르되 끝간데를 몰라라."

옛 사람들의 사랑의 이야기다.

사랑은 떠들어 대는 것이 아니다.

유난을 떠는 것도 더 더욱 아니다.

유별나고 허풍대는 것도 사랑과는 거리가 멀다.

꽃을 사들고 안고 끼고 다니는 것도 물론 아니다.

쇼핑도 해 주고, 옷도 사주고, 구두 사주고, 그것도 아니다.

먹고, 마시고, 영화 보러가고, 그것도 아니다.

오히려 유치하고 볼품사납다.

팔짱끼고 자랑하듯 활보하는 것!

그것도 더더욱 아니다.

골목이나 거리에서 마주 붙어 껴안고 있는 것!
그것도 사랑은 아니다.

말 못하는 원숭이나 하는 짓을 사람들이 흉내 낸다!
원숭이가 오랜 옛날부터 먼~ 옛날에 시작한 것이다.
물론 사랑은 아니다.
그들의 조상을 의심해 보게 만들 뿐이다.

호텔이나 여관방을 찾아 헤매고 다니는 족속들?
그것을 사랑이라고 믿고 있으니 딱한 일이다.
허무맹랑한 일이 아닐 수 없다.
절대로 사랑일 수가 없다!
아주 치사하고 비겁하고 비도덕적이지…
그러한 무리들을 사랑한다고 표현하지 말라!
천부당만부당한 일들이다.

사랑은 그렇게 유치하고 추하고 지저분하고 치사하게 돌아가는
것은 결코 아니다.
그것이 사랑인 줄 알고 쫓아가다가 급기야에는 신세타령하게
되고 난투가 일어나고 비극이 연출되고 죽고 살고!

수없는 이혼으로 돌이킬 수 없는 人生最大(인생최대)의

실수를 범하게 된다!

사랑은 어차피 밑지는 장사라 했던가? 밑지는 장사이거늘 왜?

계산을 하고 따지려 드는고? 미련하긴…

사랑은 오래참고 사랑은 온유하며

투기하지 아니하며 자랑하지 아니하며

교만하지 아니하며 무례히 행치 아니하며

자기의 유익을 구하지 아니하며 성내지 아니하며

악한 것을 생각하지 아니하며 불의를 기뻐하지 아니하며

진리와 함께 기뻐하고 모-든 것을 참으며

모-든 깃을 믿으며! 모-든 것을 바라며!

모-든 것을 견디느니라!

사랑은 언제까지든지 떨어지지 아니하나

예언도 폐하고, 방언도 그치고, 지식도 폐하리라.

그런즉, 믿음! 소망! 사랑!

이! 세 가지는 항상 있을 것인데 그 중에 제일은 사랑이라.

이상의 말씀은 '사랑이 무엇이냐?'라고 질문했을 때,

사랑의 진수를 설명한 위대한 대답이다.

하나님이 人間(인간)을 사랑하실 때,

"내가 너를 잠잠히 사랑하리라."라고 말씀하셨다.

그리고 또 말씀 하시기를

"내가 너를 세상 끝날 까지 항상 함께 있으리라."

그리고 또 말씀하시기를 내가 너를 "고아와 같이 버리지

아니하리라." 하셨으니, 참사랑의 표현이다!

떠들어 대고! 시시닥거리고! 낄낄거리고! 왁자지껄! 요란 떠는

것이 사랑이 아니다! 시장바닥에 굴러다니는 장돌뱅이의

싸구려 물건 따위 같은 것이 사랑이 아니란 말이다.

길거리에서 마주 붙어서 원숭이 같은 행동을 하는 것도

사랑일수는 없다!

여관방 호텔방을 전전하며 쥐새끼 같이 들락거리며 돌아가는

것도 물론 사랑일 수는 없단 말이다.

"사랑에 속고 돈에 울고" "사랑 때문에"

진실하지 못한 사랑으로 黃昏(황혼)길에 후회하지 말고!

위대하시고 높으신 분이, 우리를 사랑하시어,

모~든 것을 용서하시고

내가 죽을 대신 죽어 주시고 나를 살려주신 그 사랑!

사랑에는 용서와 관용이 넘쳐흐르나니…
"사람이 친구를 위하여 목숨을 버리면 이보다 더 큰 사랑이
없느니라." 말씀해 주신 그 사랑이 위대한 사랑이요, 참사랑인
것이다. 사랑에는 목숨과 희생이 따라야 하는 법! 싸구려가
아니다! 동물적인 행동이 사랑으로 착각하지 말라!
사랑에는 책임이 있고! 희생이 있으며 죽음 외에는 헤어질 수
없노라!는 각오가 있고! 한 몸! 둘이 아니라 한 생명이라는
동등의식의 믿음이 가슴속 깊숙~히 存在(존재)할 때 그것을
일컬어 사랑이요, 사랑한다!고 말할 수 있을 것이다.

그분의 사랑은 갚을 길 없는 사랑이었기에
목숨을 걸고 오늘도 내일도 피 흘려 돌아가신 그 깃발!
오개 처의 상처에서 흘리신 피로 물들여진 붉은 깃발을
높이 높이 들고 전진 또 전진! 그 밑에서 순교하리라!
비겁한 놈은 갈려면 가라. 우리들은 십자깃발 지키련다.
높으신 분을 통해 사랑이 무엇인가를 배우고 깨닫게 되어
그! 사랑! 실천에 옮기며 살아가려고
노력하고 힘쓰게 되는 것이다.
행복이 무엇이며 축복이 무엇이며!
사랑이 무엇인지를 깨닫고 감사해 본다!

어느 종놈의 懺悔(참회)

나는 종이다.

종놈이 종놈답게 살았어야 하는데 종놈처럼 살지를 못하고
웬 그리도 교만했었는지?

그리고 거드럭대고 거만을 떨었는지?

사치를 좋아하고 먹고 마시기를 좋아하고 놀기를 좋아했는지!

종놈이 절대 복종 절대 순복하고 살았어야 하는데 내 멋대로
내 뜻대로 살았으니… 방종하고 오만하게 말이다.

생각해보면 생각해 볼수록 한심한 일이요.

기가 차지 않을 수 없다.

주인님! 그 분의 命(명)에 의해 살고 그분의 命(명)에 의해
죽는 것이거늘 그렇게도 자유분방했고 그렇게도 제 멋대로
살았으니… 고삐 풀린 망아지 새끼처럼 말이다.

종놈치고는 별종의 종놈이었고 시건방지고 딱지가 덜 떨어진
종놈이 아닐 수 없다.
그 높으신 분의 마음을 상하게 했으니…
아프시게 했으니… 한숨 짖게 했으니,
몽둥이로 열 번을 맞아죽어도 할 말이 없는 종놈이다!
제 멋대로 제 생각대로 주인 제쳐놓고 행동하는 종놈이
천하에 어디에 있단 말이던가?

그뿐이랴! 종놈이 웬? 분별력이 그리도 모자라단 말인고!
고이 적삼에 광목에 물들인 바지 한 벌이면 그만인 것을…
신발도 짚 세기 한 켤레면 되지 않았겠는가?
밤이 되면 땀 흘렸던 옷 빨아 널고 아침이 되면 툭툭 털어 입고
나서야 했고 하루 종일 일하느라 달아빠진 집 세기 신발 벗어
버리고 볏짚 추려 짚세기(짚신)만들어 그 다음날 신고 일해야
했고 어디! 쉬는 시간이 있었겠는가?
한 눈 팔고 팔짱끼고 빈둥거릴 여유가 있었겠는가 말이다.
먼 곳으로 이사를 간다 해도 입은 그대로 빈손 들고 훨훨
몸둥아리 한 몸 가면 됐지, 이삿짐이 바리바리 그렇게도
많았겠느냔 말이다.

그런데 이 종놈은 그렇지가 못했다.

이사를 해도 실어 날라야 할 물건이

그리도 태산 같았단 말인가?

옷도 철철이 그리도 많았고 무엇으로 보건 어느 모로 보나

이리 훑어보고 저리 훑어보아도 종놈하고는 거리가 먼 생활이다.

단정하면 되었을 것을…

왜 그리도 요란하게 종놈이 기고만장하여

잘난척하고 살아 왔던고?

욕심도 웬 욕심이 그리도 많았는지…

밑도 끝도 보이질 않는 욕심이… 인색함과 함께…

하여간 푼수를 모르는 종놈이다.

주책도 없고 철도 없는 팔푼이 같은 종놈이 아니었던가?

몰라도 한참 모르는 종놈이다.

종놈도 선후를 알아야 종놈을 해먹는 것을…

종놈은 어디까지나 종놈이지

주인님이나 제왕이 될 수는 없는 일이다.

그런데 웬 종놈이 제왕이라도, 된 양

眼下無人(안하무인)이었던고? 회장님이나 사장님이나!

부잣집 주인이라도 된 양, 가소로운 기가 찬 종놈이다.

내가 섬겨야할 사람들을 마구 부려먹고 명령하고

복종케 하고 무조건 따르게만 했으니

주제를 몰라도 한참이나 모르는 종놈이었다.

섬기는 위치에서 받들어 섬겼어야 할 종놈이

거꾸로 주객이 전도된 당치 않은 인생살이를 했으니…

어처구니가 없고 한심하기가 짝이 없는 종놈이었다!

생각해 보면 생각해 볼수록 허황스러웠던 종놈이다.

염치도 없고 체면도 없는 철면피의 종놈, 자랑하고 위세를

부리고 경쟁심을 가지고 더 좋은 것을 소유해야만 했던

욕심 많고 허황된 종놈이 아니었던가?

지금같이 시간을 다투고 기동성이 있어야 하는 시대도

아니었건만… 웬 종놈이 체면이나 위신 따위를 생각하고

최고급의 차만을 선호했었는지?

종이 쓱쓱 쓱쓱 맡겨진 종의 일만 하면 되었을 것을…

오만가지 일을 벌이고 참견하고 잘난척했었는지?

높으신 주인님! 그 분이 보실 때 어떠했겠는가! 생각할 때

한심스러운 철이 없는 종놈이었음을 자탄하게 된다!

종놈이면 종놈의 길이 있는 법. 종놈의 외길인생인 것을…

왜? 그다지도 위세를 부리고 교만했었던고?

어느 돈 많은 갑부의 자식 같이 거들대고 교만하게

행세를 했던고?

착각하고 살아 온 것 같아 죄송한 마음 금할 길 없구나.

어처구니가 없어지누나…

돌이킬 수 없는 뉘우침이 나를 이다지도 괴롭히고 있구나!

콩나물 장사, 채소 장사, 파출부 하면서 한푼 두푼! 아끼고

쪼개가며 받혀진 정성어린 피나는 헌금! 과부들의 엽전 두 푼

같은 그! 귀하고 아껴주어야 할 헌금을!

마음대로 낭비했는가~ 싶어 몸 둘 바 가히 없구나!

모임이요, 회의요, 미국에서 오신 손님! 일본에서 오신

손님접대요 아~무 거리낌 없이 내 것인 양

아까운 줄 모르고 그 귀히 헌금한 돈을 물 쓰듯 썼으니

맞아 죽을 놈의 종이 아닐 수 없다.

公(공)과 私(사)를 구별하지 못했던 철따구니없었던 종놈!

거적에 둘둘 말아 물 뿌려 몽둥이로 때리고 두들겨 패서

열 번을 죽었다 살아나도 싼 놈이 아닐 수가 없다.

하나님의 것! 공금유용이 아니겠는지?

정성으로 바치신 성도들에게 엎드려 사과를 청하는 바이다.

무릎 꿇고 사죄하며 용서를 빌어보는 바이다!

공금유용죄를 무엇으로? 과거의 잘못을 보상하리오?

종놈은 종놈다워야 하는데… 성도들 위에 군림하여 제왕이나

된 듯이… 주식회사 사장이나 회장도 아닌 것을…

그저 종일뿐인 것을 교만하여 철없이 한세월을 거들먹거리고

살아왔는가 싶어 부끄럽고 죄스러워 말문이 막힐 뿐이다.

자신의 지난날들을 생각해 보면 어지러워진다.

한심스럽다.

자신이 무슨 신이나 된 듯이 위세를 부리고 거룩한 체, 신령한

체 가소로운 천하에 용서 받을 수 없는 종놈!

생가해보니 슬프다! 은사를 주신 분은 하나님이셨는데 말이다.

왜 진실하지 못했느냐? 왜 겸손하지 못했느냐?

왜 불쌍한 사람 붙들어주고 도와주지를 못하고 너 혼자만

잘난체하고 네 가족들만 챙기고 돌아갔느냐?

자식들은 잘 먹이고 잘 입히고 했지만, 아끼고 사랑했어야 할

그 많은 가난하고 병들고 사업의 실패로 가족들의 말할 수

없는 고통과 학비도 없어서 학교도 못 다니는 자녀들!

그 많은 사연을 가지고 신음하고 괴로워하는 성도들!

어려운 중에서도 한푼 두푼 모았다가 감사히 내는 그 헌금!

땀이 묻고 피가 묻고 눈물이 묻은 고귀한 그 돈!

그것을 자기 마음대로 유용하며 허비하고

교만하고 오만방자했던 용서 받을 수 없는 종 놈!

하늘이 무섭고 땅이 무서운 줄 모르고 날뛰던

철없는 망나니 같고 허깨비같은 망종의 종놈!

주인님이 사랑과! 오래 참으시는 마음만 없었다면!

그! 사랑하심과 그! 은혜! 그 기다리심이 아니었으면

이 종놈 천벌을 면치 못할 놈이 아니었던고?

어찌 지금까지 지탱하고 살아남을 수가 있었으리요.

가난한 자를 나는 뼈아프게 생각해 보지 못했으며 가난의 고통,

가난의 슬픔, 가난에 찌들어 육체와 마음마저 시들어 버린

불쌍했던 성도들! 조금이라도 헤아리고 챙기고 사랑주고 손

내밀어 잡아주지 못했는지?… 후회가 막급하다.

종놈을 상전처럼 받들고 사랑했든 저들!

없는 중에서도 무엇인가 주고 싶어 했든 가난의 성도들!

병으로 거동도 불편해 하면서 이 망할 놈의 종의 얼굴이 보고

싶다 해서 병원 입원실을 찾아가면서도 바쁜데…

투덜거리며 찾아간 나를 천사가 온 듯 그렇게 반겨 주던 귀한

성도들의 모습! 지금에 와서야 아~ 나는 몹쓸 놈의
종이었음을 생각하며 마음 아파 해본다.
고통과 괴로움 속에서도 잊지 않고 모았다가 목사님, 맛이 있는
것 사 잡수시고 힘내세요, 핼쑥한 얼굴 병으로 살빠져 뼈만
앙상한 손으로 내미는 흰 봉투!
돈이 없어 약값도 제대로 장만하지 못했던 저가 목사님 오신다
하여 준비해두었던 정성어린 흰 봉투! 그! 흰 봉투…

지금에 와서 생각해보니 미안하고 염치없었던 자신의 모습이
초라하기도 하고 몹시도 미워지고 부끄러운 마음 가눌 길
없어진다.
누워있는 환자의 모습보다 더 더욱 불쌍하고 가련했던 인생이
아니었던가 싶어 머리를 들 수가 없도다. 참회의 아픔을 느끼게
하는구나! 뼈마저 저려오는 것 같구나!

생각해 보면 생각해 볼수록 후회 막심한 삶의 연속이
아니었던가?
종놈이 종놈답게 살지를 못하고 대접 받고 존경받고 남들을
얕보고 업신여기고 교만하고 거짓되고 몰염치하고 오히려 남을
깔보고 업신여기고! 나 잘난 척하고 살았으니…

그 많은 세월에 많은 사람들과 성도들에게 무거운 갚을 길
없는 빚을 지고 살아온 것 같아 부끄러움과 죄책감에 짓눌리는
마음 가눌 길 없구나.
어깨가 천근이요, 만근이요, 짓눌려지는 무거운 죄책감에
염통마저 조여 오는 것 같도다!

어찌할 바 몰라 높으신 주님 향해 주님~ 용서가 되실런지요?
하며 조용히 무릎을 꿇어 본다.
후회와 죄스러운 마음에서 자신을 나무라고 책망하고
후회하면서 살아온 길 돌이켜 보면서 참회와 아픔 그리고
자신을 짓이겨 본다! 뭉개버려 본다! 천하고 천한 종놈!

꼬리를 물고 참회와 회개거리가 쏟아져 나오는구나!
축의금을 타서 교우일동하고 전달했어야 올바른 일이었거늘 내
이름 석자를 집어넣었던 가소로운 일들, 돈은 교회 돈을 가지고
꽃다발 화환에 내 이름이 왜 기록되었었는지?
가소로운 일이다. 치사한 일이다. 무식의 소치이다.
공과 사를 분별 못했던 치사한 일이다.

교회 돈 가지고 나 자신이 생색을 냈으니 염치없는 철면피의

가면을 썼던 내가 이렇게도 원망스럽도다.

생각하면 생각 할수록 참으로 가소로운 종놈이 아닐 수가 없다.

왜? 좀 더 멋이 있는 삶을 살지를 못했던고? 후회해 본다.

좀 더 떳떳하고 당당하게 종놈답게 살지를 못했는지?

지금 와서 생각해 보면 괴로워진다. 무엇인가가 나를 짓누른다!

무겁다! 그 무거움에 맥이 풀린다.

그렇게 사는 것이 아니었는데… 하면서 말이다.

마음에서 우러나오는 축하와 애도! 모~든 것을 떳떳하게 나의

주머니를 열고 마음과 정성으로 도와주고 위로했어야 했는데…

그렇게 함으로 교회는 교회대로 목사는 목사대로 떳떳하게

교회이름과 나는 내 이름을 적어서 냈어야 했지를

아니했던가 싶어 창피해진다.

왜? 그러했는지 후회는 이미 늦은 때라, 나의 마음만

착잡해지고 한심스러움을 느끼게 되는구나.

왜 교회 어른들은 그게 아니요, 불가합니다! 라고.

말 한마디 해 주지를 아니 했던가 하고 생각도 해 본다.

내가 무슨 무역하는 사장이나 큰 기업의 대표같이

교회재정을 가지고 종놈이 생색을 내고 뻔뻔스럽게 살아왔으니

진실로 어처구니가 없어지는 도다.

그 돈이 어떤 돈인데 금싸라기 같은 돈이요.

피나는 돈인 것을!…

이 종놈은 그 돈을 귀한 줄 모르고 거침없이 주저하지 않고

생각해보지 않고 염치없이 겁 없이 거침없이 태연하게 당연한

줄 알고 命令(명령)하듯 지출 받아 써온 종놈의 한 세월이

부끄럽고 죄스러운 마음 禁(금) 할 길이 없도다.

은퇴를 하고 난 후 잘 못 살아온 종놈의 悔改(회개)와 참회의

뜻으로 그 빚 갚는 심정으로 적금했던 돈을 찾아

일억원의 돈을 흰 보자기에 싸서 본 교회에 헌금하고 나니

내 마음도 조금은 가벼워지는 것 같고 온 교회 성도들이

그렇게 기뻐하는 것을…

왜 빼먹기만 하고 살아 왔던가 싶어, 죄스러운 마음뿐이도다.

悔改(회개)는 淸算(청산)이 따르는 법!

후임으로 오신 젊은 목사도 그렇게 기뻐할 수 가 없다.

후임 목사가 하는 말, "목사님! 은퇴한 후 본 제단에 일억원

씩이나 헌금하신 목사님은 아마 우리 교단에는 없을 거야요."

하면서, "목사님 나도 은퇴 후 일억 원 헌금할 수 있도록

기도해 주세요. 저도 노력하겠습니다.” 하며 기뻐하던
젊은 목사의 모습이 지금도 눈에 선하고 아른거리고 있다.
그렇게 해서라도 종놈의 과오를 성도들과 하나님 앞에서
사죄하고 청산하고 나니 다소나마 마음이 편한 것을…
종놈의 지나온 인생살이가 얼마나 부족하고 부당하고
몰상식했던지? 아직도 내 마음속 깊이에는 그 앙금이 가시질
않고 있어서 때때로 나를 괴롭게 하고 슬프게 만들고 있구나!
그러므로 부르심 받기 전에 갚을 건 갚고 청산할 것은
청산하고 풀어야 할 것은 풀고 해결해야 할 것은 해결하면서
그 날을 기다리며 하루하루를 보내려고 마음속으로 다짐해 본다.

나 언젠가는 그 높으신 주인님을 뵈올 날이 있을 것인데,
그 발 앞에 엎디어 애원해 보리라.
다시 한 번 나의 살던 세상에 태어나게 하시사 멋이 있는
종으로 진실하고 거짓 없는 종으로 겸손하고 티없는 양심있는
종으로… 가난하고 병든 자! 불행에 울고 슬퍼하는 자.
가난하고 인생살이에 찌들고 헐벗은 자 그리고 순진하고
착한 양들을 마음과 정성과 힘을 다해 이 몸 다 바쳐 돌보게
하시사, 단 하루라도 좋사오니 지난 날 부족하고 잘못 살고
방자했든 종놈! 일당 벌이 노동자만도 못한 마음의 자세를

가지고 살아 왔던 종놈!

삯꾼과 품팔이 지게꾼만큼도 진실하지 못했던 위선자가

진실하고 거짓 없는 주님의 참된 사랑으로 충성하고 봉사하며

겸손히 받들어 섬기다 오게 하시옵소서. 라고 애원해 보고

간청해 보리라. 하는 마음도 가져본다.

그러나 나는 다시금 생각해 본다.

건강주시고 강단에 서게 하시고 연속집회에 이리 뛰고 저리

뛰면서 말씀 전하게 하시고 無病(무병)하고 있으니 남은

餘生(여생) 얼마나 더 延長(연장) 해 주실런지?

알길 없으나, 살아 숨쉬고 있는 동안 眞實(진실)하리라.

正直(정직)하여 良心(양심)에 부끄러움 없이 살리라.

겸손하리라. 감사하며 살리라. 도우며 살리라! 다짐해 본다.

높으신 분 그 분 앞에 설 때에 잘하였도다.

착하고 신실한 종아 어서 들어가자.

다정하신 그 분의 손에 이끌리어 들어가는! 천사들의 안내

받아 영접 받는 종님으로 入城(입성)하리라 다짐해 보며

지난 세월의 잘못을 뉘우치며 가슴 아프고 뼈저리게

종놈의 잘못을 회개하며 참회해 본다.

別(별) 이로움이 없느니!

◎ 정치는 과거사를 들추고 있다. 무엇 때문인지 알고 싶다!!!
과거의 잘못! 과거의 실수! 과거의 죄!를 무덤을 파헤치듯
파헤치고 있다.

그때 그 시절의 노래도 못 듣고 불러보지도 못하셨는지?

그때 그 노래를 모르시나요? "과거를 묻지 마세요～"

할 일도 많고 해야 할 일도 태산 같거늘 과거는 무슨

까닭에 파헤치고 있는지?

국민들은 그! 진실을 알고 싶어 한다.

국민투표라도 해 보라. 찬성하는 사람 얼마나 되는가?

바로잡기 위함이라면! 교과서를 제대로 만들어서 가르쳐라!

6·25의 참상을 제대로 올바르게 아니 가르치고 있으니

배신의 나라 되고 맥아더 동상 철거하자고 난리를 부리고

공산당 때려잡는 법! 고치자고 법석을 떨고 있다?

별 이로움이 없느니…

◎ 높은 자리 당선되고 난 후에는 감사함으로 더욱 더 고개
숙이고 고마움에 허리 굽히고 살아야지! 기고만장이로구나!
不然(불연)이면 그때 코가 땅에 닿도록 구부렸든 허리
절반만이라도 구부리고 살면 될 것을! 그렇지 않으면 별!
이로움이 없느니…

◎ 수하에 부리는 사람 상전같이 모셔라!
없수이 여기고 깔보고 마구 부려먹고 반말 찍찍 해대고
하니… 당하는 사람 심정이 어떻겠느냐? 공산당 되는 것
따로 없다! 당하고 나면 마음 상하여 설 자리는 그 자리
뿐인 것을… 조심조심 또 조심함이 좋으렷다. 그렇지
못하면! 별! 이로움이 없느니.

◎ 자기 아내 자기가 사랑해 주지 아니하면? 누구보고 사랑해
주라 하는가? 어리석은 나그네들아! 계산도 못하느냐?
딴사람이 사랑하기 전에 그리고 늦기 전에 빨리 서둘러
사랑해 주고 살아라 그렇지 않으면! 별! 이로움이 없느니…

◎ 미친놈이나 미친자에게 미쳤다고 하지 말라! 눈에 쌍불
켜고 덤벼든다! 미친 것들은 상대도 말고 대꾸도 말라!
별난 세계에 머물고 있는 人間(인간)들이거늘 왜 건드려?
건드려봤자 별 이로움이 없느니…

◎ 잘난 사람일수록! 또는 높은 자리 차지하고 앉아있을수록
입은 다물고! 듣기만 하라! 듣기만 해!
왜? 말끝마다 대꾸하고 주절대는고?
별! 이로움이 없느니…

◎ 잘~ 나갈수록! 성공할수록! 겸손하고 자세를 낮추라!
목에다 깁스하고! 거만부리고! 교만해봐야 누가 알아주고
존경할 사람 이 세상엔 없다! 껄떡대봤자! 별! 이로움이
없느니…

◎ 자기 남편을 아주 높으신 어른같이 여기지 말라! 두려워도
하지 말라! 그러니까 거짓말도 하게 되고 숨기게도 되지? 내
남편은 철이 덜 든 아이거니… 아주 철따구니 없는 어린애라
생각히고 신경을 써서 다독거리고 사랑으로 어머니의 마음
가지고 돌보면 된다. 그렇지 아니하면! 별! 이로움이
없느니…

◎ 썩은 시궁창에서 썩은 물과 구정물이 나오는 것이 당연한
일이거늘 왜! 맑은 물을 기대하는고? 그러니까 마음만
상하고 원망이 나오고 허탈감이 생겨나지… 기대하면
기대할수록… 별! 이로움이 없느니!

◎ 바늘 구멍만한 희망도 주지 못하는 사람들이 뭘 잘했다고! 큰
소리치고! 울그락 불그락 매일같이 전문적으로 싸움박질만

해 대는고? 그 얼굴이 그 얼굴! 밤낮 보는 얼굴들 이제는

싸움박질하는 그! 얼굴들, 신물이 나서 못봐주겠구려!

언제까지 그러고만 있다가 물러들 나실런지? 그러고 나면 별

이로움이 없느니…

◎ 신이라 함은 부재함으로 존재한다.

연고로 종말론적인 삶의 자세로 살아가라!

그렇지 않으면! 별! 이로움이 없느니!

◎ 신세한탄하고! 불평하고! 투덜대며 살지를 말라!

고통없이는 얻어지는 것이 없는 세상이요! 간사는 세상의

법칙이다. 연고로 항상 감사하며 살자! 不然(불연)이면 별!

이로움이 없느니!

◎ 가슴을 에리는 아픔! 그것은 온~ 몸이 저려오고! 손발이

시려온다! 그리고 고통과 슬픔은 반드시 기쁨의 날! 웃음의

날! 행복해지는 날이 찾아올 것의 전초요, 서론이다! 그

날을 꿈꾸며 바라보라! 불연이면 별! 이로움이 없느니!

◎ 소갈머리 없는 말! 말이라고 함부로 내뱉지 말고 입속에서

얼음덩이를 굴리듯이 이리 굴리고 또 저리 굴리다가

꿀떡꿀떡 넘겨보라! 뱃속도 시원~해지고 마음도 편해지는

법, 불연이면 별! 이로움이 없느니!

◎ 海上(해상)에서 폭풍을 만났다! 모두 모두가 아우성이다.

남편은 그! 풍랑을 즐기며 그 얼굴이 편안했다. 폭풍이 멎고 나서 그의 아내가 남편에게 물어보았다. 모두가 다 아우성이요, 겁에 질렸었는데 당신은 폭풍과 파도를 즐기고 있었으니 웬일이오? 물었다!

그 때 남편은 주머니의 칼을 꺼내서 아내를 겨냥했다. "무섭소? 안무섭소?" 아내가 대답하기를 "강도의 손에 그 칼이 들려있으면 무섭고 떨리겠지만 사랑하는 남편의 손에 들려있으니 무서울 까닭이 없지요."

남편이 말하기를 "태풍도 풍랑도 인간의 幸(행) 不幸(불행)이 사랑하는 하나님 손에 달려있으니 염려할 것이 무엇이겠소?" 믿고! 의지하고! 맡기고! 살아가지 아니하면!

별! 이로움이 없느니!

◎ 사랑하며 살기에도 시간이 모자라는데? 세월은 짧고 시간은 마구 달리는데… 왜? 싸움박질 하면서 한 세상을 허송하며 살려고 해? 서로 믿고 사랑주고 살아봐! 못난 것 같으니… 싸움박질 하고 의심하고 성질내고 한 세상 살아봤자 별! 이로움이 없느니!

◎ 인생살이 한 세상에 때로는 거칠고 험난한 광야가 있다. 오아시스 없는 사막도 있다. 폭풍한설도! 태산준령도!

험난한 가시밭길도! 돌작밭길도 있고 맹수들의 표호도
있다! 然(연)이나 잘~ 참고나면 必然的(필연적)으로 젖과
꿀이 흐르는 가나안 복지의 땅에 도달하게 될 것이다.
이것 모르고 살면 별! 이로움이 없느니!

◎ 동물의 세계도 애! 어른 구별하고 上下(상하)를 구별할 줄
알고! 자식들에 대한 책임감이 대단하다.
동물 세계만도 못한 세상 되어 애! 어른! 구별할 줄 모르고
부모까지 모른다 하고 막나가는 막가파 아이들이 되었고!
자기 부모 팽개치고 뒤돌아보지 않는 무책임한 인간들이
늘고 있으니? 교육의 책임인가? 정치의 책임인지?
이 책임 누가 져야 하나?
누구든 알고 있으면 대답 좀 해보라!
지금이라도 늦지 않았으니 책임질 사람들이 확실히
책임지고 바로잡고 교육하지 아니하면 나라의 장래는
한심무쌍하게 될 것이며 후레자식 막나니들의 나라가
될 것이니 별! 이로움이 없느니!

短片(단편)1

단편에는 哲學(철학)이 있고 倫理學(윤리학)이 있고
단편 속에는 靈音(영음)이 있고 敎訓(교훈)이 있고 깨우침이
있으며 위대한 가르침이 있다!
또는 호되게 나를 나무람 하는 나무람도 있고 警告(경고)도
있나니, 나를 향한 영의 소리요, 나를 향한 교훈이며 나 자신을
깨우치는 글임을 알고 읽어보자!
先生(선생)님의 말씀같이 혹은 부모님의 말씀같이 또는
예언자의 예언같이 귀담아 듣고 마음에 삭이어 보자!

◎ 뻐꾹새는 왜 뻐꾹뻐꾹 우느냐? 뻐꾹새니까 뻐꾹뻐꾹 울지.

◎ 모르면 물어보라. 물어보는 것은 부끄러움이 아니다! 아는
   척 하다가 망신당하는 것 보다야 낫지…

◎ 가문이나 학벌이나 출신학교 내세우지 말라.

사장님하면 옛날에는 높이 보았고 존경스러운 사람으로
여겼던 때가 있다.

지금 사장이나 회장 아닌 사람 어디 있나 찾아보라!

옛날에는 박사님, 학사님 하면 높이 봤다.

지금 박사 아닌 사람 없다!

돈 주고라도 사는 세상이야! 왜 몰라!

그렇지 않은 분들도 많이 계시지만 사장님! 하는 것이나,

박사님! 하는 것이 거기서 거기야!

세상이 왜 이렇게 되었는지…?

한심한 인생들! 한심한 세상!

무엇을 탓하고 누구를 나무람 하랴…

노력한 분들만 허탈해지는 시대의 소산인 것을…

◎ 깊은 물일수록 소리 없이 흐르는 법.

얕은 물일수록 소리가 요란한 법.

思慮(사려)가 깊고 知識(지식)이 많고

分別力(분별력)이 있는 사람은 소리가 없이 무게가 있는

삶을 통해 많은 사람들의 尊敬(존경)을 받게 된다.

그러나 思慮(사려)가 깊지 못하고, 生覺(생각)이 짧고 가벼운

사람은 쫄랑쫄랑 까불까불 행동하고 말을 함부로 하고

무게가 없어! 本人(본인)은 잘난척하지만,

많은 사람의 尊敬(존경)보다는 오히려 無識(무식)하고

賤(천)하게 여기게 된다.

연고로 깊은 강물처럼 흘러 살아라!

◎ 夫婦(부부)싸움은 칼로 물베기라 했든가?

아니다! 싸우고 나면 상처는 남게 되고

그! 부부싸움은 가난의 씨앗이 되고!

그 씨앗은 열매를 맺게 되고!

人格(인격)의 파격이 될 것임을 알아야 하느니…

◎ 이 世上(세상)에서 정직한 사람을 찾아보라!

정직한 사람을 찾을 수 없는 한심스러운 세상이다.

그러나 찾아보면 있다.

첫째, 바보 천치는 정직하다.

둘째, 어린애들은 정직하다!

◎ 어떤 사람을 건달이라고 하는가?

말 바꾸는 사람이 건달이지.

◎ 미친놈이 따로 있나? 지랄하면 미친놈이지.

◎ 빨갱이가 따로 있나? 빨갱이 역성들면 빨갱이지.

◎ 창녀가 따로 있나? 여기 붙고 저기 붙으면 창녀이지!

◎ 같이 나누어 먹는 공산당 세계도 배가 터져가는 놈이 있고

굶어 죽어가는 놈 있다.

◎ 돈 주고 쌀 퍼주고 얻은 훈장 녹이 슬었으니 고물장사 엿
  장사도 필요 없다고 하는구나.

◎ 하나님보다 목사님을 더 사랑하고 더 좋아 하는 한심한
  인간들!
  네 이름이 집사이더냐? 권사이더냐!?

◎ 썩은 준치보다야 뛰는 망둥이가 낫지.

◎ 자식들에게 효도를 받으려면 죽을 때까지 한 푼이라도 손에
  꼭 쥐고 있어야 하는 세상인 것을 왜? 몰라?

◎ 빨래하고 설거지 하는 사람들 늙어서 노숙자 될라!
  아니면 탑골 노인 될까 걱정이로다.
  남자는 남자가 해야 할 일이 있는 법
  그! 할 일 만하면 되는 것을…

◎ 개는 짖어도 기차는 달린다.

◎ 곱게 미치는 놈 없다. 기왕에 미칠 바에는 확 미쳐라.
  한 가지 일만 위하여 말이다!

◎ 여자는 여자요, 남자는 남자지!
  중은 중의 길, 목사는 목사의 길이 있는 법!
  그런데 왜 친하자 하는지? 왜? 죽이 맞아 돌아들 가느냐
  말이다?

◎ 초년의 고생은 늙어서 편안하다고 했던가?

아니다 늙어서 골병든다. 몸조심하며 살자!

◎ 평소에 마음먹은 소리 취중에 쏟는다 했는데, 취하지도
않았는데, 도깨비 같은 소리 마구 지껄이고 있으니…
그놈들의 직업이 무엇인지 알만하구나…

◎ 목사의 설교는 평소에 서운했던 분풀이가 아닌 것을…

◎ 부부싸움은 집에서 끝내자! 물고 돌아가지 말고 말이다.

◎ 앙심을 품고 설교석상에서 흥분하지 말라. 민망하구나!

◎ 못된 놈들 보고 이래라, 저래라 타이르지 말라. 칼에 맞아요!

◎ 옛날에는 이웃사촌이라 했지! 그러나 지금은 이웃사촌이
아니라 인사도 없이 지내니 당숙도 아니요, 앙숙인가?
원수인가?

◎ 일본은 독도를 왜 자기네 땅이라고 하는가?
대나무 밭이 무성해 죽도라 했는데, 죽도가 물에 잠겨
없어지자, 대나무 한 그루도 없는 독도를 죽도라고
우겨대고 있으니 한심 무쌍한 쪽바리로다!

◎ 비 오는 날, 우산 빌려 달라는 사람! 어떤 사람이지?

◎ 비 오는 날, 실례합니다! 같은 방향까지 우산같이 씁시다.
우산 같이 쓰고 발맞추던 걸음, 결혼식장에서 발맞추어
나오는구나.

◎ 입이 삐뚤어 졌는데 어찌 말을 바로 하라 하는가!

입이 삐뚤어 졌는데 말이 바로 나올리 있겠느냐?

◎ 외양간 고쳐도 소 잃는 건 마찬가지다.

도둑맞으려면 개도 안 짖는다는데…

◎ 교회가 가까워질수록 하나님과는 멀어진다 했든가?

◎ 나 홀로 있을 때 고독하고 슬프면 둘이 있다고 생각하라.

둘이 있을 때 외롭고 슬퍼지면 셋이 있다고 생각하고

平安(평안)을 얻으라.

그 한 분은 보이지 않는 높으신 위대하신 분이시다.

평생을 함께 계시거늘…

◎ 어느 누구나 죽음을 생각하고 두려워하지 말라.

먼~날의 죽음보다 현재를 생각하고 내일을 생각하라.

이것 역시 信仰(신앙)인 것이리라.

◎ 牧師(목사)님 이나 神父(신부)님의 말씀이나 高僧(고승)의

말은 듣고 행하라! 반듯이 有益(유익)하고 福(복)된

人生(인생)을 살아갈 것이다.

그러나 저들의 私生活(사생활)이나, 行動(행동)은 보지도

말고 따르지도 마라! 깊-이 들어가 보면 아니봄만 못하니

보면 有益(유익)이 없다 했지?

◎ 天地萬物(천지만물)의 모든 自然界(자연계)는 한 권의

著書(저서)이다. 빠진 것이 없는 世上(세상)最大(최대)의

著書(저서)인 것이다.

아주 명작이다. 그 著作者(저작자)는 하나님 이신 것이다.

멋쟁이 하나님, 멋이 있는 神士(신사)! 풍성하신 하나님!

그 분의 저서인 것이다.

◎ 돈이라고 하는 놈을 평생 부려먹으며 잘 살아 왔다.

어떤 때는 이놈이 아주 좋은 종놈이요, 입에서 살살 녹듯,

말도 잘 듣고, 편하게도 해 주는데, 이놈의 성격이 별나고

유별난 놈이라!

종노릇을 잘 하다가도 돌변하게 되면 아주 못된 놈도 되고,

제 놈이 주인이 되어 내 쪽을 부려먹는 악덕주가 되어

버리고! 그놈에게 질질 끌려 다니게도 되고! 내가 주인이

아니라! 그놈이 주인 되어 섬기세도 되고! 허리 구부릴

수밖에 없게 되니 알다가도 모를 놈이다.

그저 하는 수 없이 지혜롭게 잘 다스리며 부릴 수밖에 없는

놈이다. 잘못하다가는 그놈에게 굽실거리게도 되고 질질

끌려 비굴해 지기도 한다.

主客(주객)이 전도되면 골머리가 아프게 되고 이놈 때문에

망신살도 뻗치게 되고, 죽음으로도 몰리게 되니 때로는

고맙기도 하고 무섭기도 한 놈!

양면을 소유하고 있는! 돈이라고 하는 놈!

잘 다스리면 된다! 착한 마음 가지고 다스려야 할 놈이다.

◎ 베풀며 한 세월을 살아온 늙은 몸은 고독하지 않고 외롭지
않아도, 인색하게 움켜쥐고 한 세월을 살아온 늙은 몸은
외롭고 쓸쓸한 고독의 病(병)을 앓게 될 것이다.
이 병은 백약이 무효라, 약도 없다 했지?
움켜쥔 손 피고 쌓아두고 모아둔 재물 풀게 될 때 고독의
병은 치매와 함께 멀~리 멀~리 사라져버리고
그렇게도 마음이 平安(평안)해 질것인데 그것 모르니
不治(불치)의 병을 앓고 있지!

◎ 이럴까, 저럴까 망설이다가 30을 훌쩍 넘겨 버리고,
이것저것에 정신 잃고 정신 팔리다보니 40을 훌쩍 넘게
되고, 후회하고 원망하고 탓하다가 50의 고개를
넘겨버리고, 인생살이 조바심 나서 동분서주하다보니 60을
넘기게 되고, 이 걱정, 저 걱정 하루도 마음 편함 없이
걱정하다 70을 맞게 되고, 죽음의 공포 속에서 건강식품
찾아 헤매고 개고기, 오리고기, 굼벵이, 뱀탕, 미꾸라지,
도룡뇽, 허깨비탕, 옻 닭탕이요, 팔도강산 헤매다가 80을
맞이하게 되고 그러는 동안에 "기운이 빠지게 되는 법
성경에 보면 기운이 진하매 죽더라!" 라고 기록되어 있으니
기운이 빠지고 맥이 빠지면 죽는 법!

이것이 인생인 것을…

◎ 아무리 성난 주먹이라도

웃고 있는 얼굴에는 스치지 않는 법! 웃어주라! 웃고살자!

◎ 犯罪(범죄)의 그늘 뒤쪽에는 女子(여자)가 있다 했든가?

◎ 亡(망)하는 것도 뒤쪽에 女子(여자)가 있다 했지?

◎ 큰 도둑을 대도라 했겠다? 큰 손, 큰 발, 큰 얼굴들!

돈줄에 안걸린 사람 어디 있는가?

있으면 떳떳하게 나와 보라!

그 많은 돈 어디에 쓰려고 움켜쥐고 있다가 늙어만 가는고?

하늘나라에 빌딩이라도 사 놓으려는 심사는 아니시겠지?

미국에는 집사놓고 왔다 갔다 하는 사람들이 꽤 많이

있다고 하는 소리 들은 적이 있는데 천국에 빌딩이나 집

사놓고 왔다 갔다 한다는 사람 있다는 소리 들어본 적이

없소! 부탁할 긴급사항이니 명심해 들어 보시오!

권력과 세력으로 긁어모은 돈 어디에 꽁꽁 숨겨 놨는지?

외국은행에 숨겨 놓았건 차명 계좌로 숨겨 놓았건!

불연이면 부동산에 투자했건 보석 모아 사두었건 여하간

모두모두 걷어 들여 찾아오시오.

그리고 꿈속에서도 외치던 소리…

나라와 민족을 위해 이 한 목숨 바쳐서…

하며 떠들던 그대로 나라와 민족을 위해 헐벗고 굶주린

백성 위해 죽을 때까지 먹을 것만 남겨 놓고 다~ 털어

내어놓으시오!

그래야 저 세상 가서도 대접받고 잘 살 것 아니겠소?

이곳에서 천대받는 놈 저세상에 간들…

대접받을 것 갔소?

◎ 옛말에 무식하면 용감하다 했던가?

모르고 아는체하면 더더욱 무식한자요,

미련이 소 같다고 했든가?

미련한 사람 상대하면 몸과 마음도 상하고 다치게 되는 법!

피하는 것이 상책일 것이리라.

미련이 곰 같다고도 했든가?

미련이 소 같고 곰 같고 아는 것 없는 딱딱 무식하면

아마도 도깨비도 무서워 도망갈 것이다. 피해가며 살자!

◎ 위험한 사람!

무슨 짓을 할지 모를 사람! 일 저지를 사람!

큰 일을 저지를 사람은 현명한 學者(학자)도 아니요, 많이

배운 사람도 아니요, 哲學者(철학자)나 宗敎家(종교가)도

아니다.

딱딱 무식으로 미련이 곰 같은 사람, 미련이 소 같은

사람이 꼭! 무슨 일을 저질러 놓고야 마는 법이다!

無智(무지)와 힘은 미쳐버린 마귀들보다 더 무섭고

도깨비보다도 두려운 존재인 것이다.

이러한 마귀와 도깨비들은 어디든 구석구석에 존재하고

있기에 안심하고 살 세상이 못되는 것이다.

그러기에 자고 나면 걱정이다.

자기 자신의 말과 생각이 제일 賢明(현명)하고 똑똑하다고

생각하는 인간처럼 어리석고 천부당 만부당 미련하고

무식한 막가파 같은 바보는 없는 것이다.

귀를 활짝 열고, 남의 말도 들을 줄 아는 자가 현명한

사람이요 지혜로운 사람인 것이다.

◎ 얼굴들을 뜯어고치느라, 고생을 돈 주고 사서하는 신사들!
숙녀들!

생긴 대로 살지 뜯어고쳐 무삼 하리오?

차라리 良心(양심)과 썩어 빠진 마음을 뜯어 고쳐 보심이
어떠할는지?

훨씬 더 멋이 있고, 아름답게 보일 것이며, 존경스럽게 보일
것이리라.

◎ 보약이 따로 없다.

산삼이나 녹용이나 불로장생약이 따로 없다.

그런 것 먹고 난 사람치고 고혈압 아니 걸린 사람 별로

없고 당뇨병이요 심장병이요 더 야단 들이다.

오래 건강하게 살기 원하느냐?

첫째, 자신의 마음을 다스릴 줄 알아야 한다.

분노를 쉽게 가라앉히고 마음의 평안을 가져라.

둘째, 정신을 안정시켜 모든 일과 사물을 긍정적으로

대하고 생각하라.

自律神經(자율신경)을 편하게 하면 된다!

셋째, 사랑할 수 없는 사람을 사랑해 보라!

원수같이 여겨지는 사람이 있으면 오~래 살지 못한다.

분하고 치가 떨리고! 항상 마음이 괴롭다!

사랑을 주어라! 사랑으로 굴복을 시키고 사랑을 베풀어보라.

최고의 良藥(양약)이 될 것이다.

보약이 따로 없다. 마음의 평안이 최고의 보약이다.

◎ 내게 맞는 감투를 쓰라! 모자가 맞아야 멋이 나지?

애국하고 국민 위한단 소리 제발 딴말로 바꾸어 볼 수

없는지?

높이 높이 들고 있는 허구의 간판도 내려라!

인생살이 피곤치도 않더냐?

그! 무거운 탈도 벗어 버리라! 가면 말이다.

이래도 한 세상 저래도 한 세상인 것을 왜 남보다 유난하게
떠들고 살려고 하느냐?

그 무거운 간판들을 메고 지고 말이다.

本然(본연)의 자세로 돌아가 마음에서 우러나오는 애국을
해볼 수 없겠는지?

무식하면 무식한대로 못났으면 못난 그대로 말이다.

잘났거나, 못났거나 생긴 대로 타고 난대로 살아보자는
말이다.

가면을 벗고 그 무거운 어색한 가운을 벗고 나면

생긴 그대로, 타고 난 그대로의 순수함… 인간의 향!

내음이 나는 그 人間性(인간성)이 오히려 引力的(인력적)일
수도 있고 매력적일 수가 있을 것이다!

거부감 대신 친근감을 느끼게 될 것이다.

걸어가는 발걸음도 가벼워질 것이고, 보는 이로 하여금
어색하지도 않을 것이다.

순수한 맛, 구수한 맛, 털털한 맛을 느끼게 할 것이며,

가식 없고 위장 없는 맛에 더 큰 정감과 매력을 느끼게 할
것이 아니겠는가?

思考(사고)를 지닌, 생각할 줄 아는 인간들이기에 말이다.

가면을 쓰고 가운을 입고나면 걸음걸이가 어색해지게

마련이다. 발의 균형이 어긋나서 기우뚱거리게 된다!

애국자의 가면, 나라와 민족을 위한다는 가면! 그리고

그 잘난 가운! 그것을 벗어보란 말이다!

잘난체하는 가면! 모르면서도 많이 아는 체 하는 가면!

신령하고 거룩한체하는 가면과 가운 벗고 나면

더더욱 빛나고 멋이 있고 홀가분할 것인데…

왜? 사서 고생을 해?…

◎ 돌로 만든 석상은 남의 말을 듣지도 못하고 입은 있으나

말할 줄도 모르며 더더군다나 생각할 줄도 모른다.

석수장인이 큰 돌 골라 머리도 쪼아 만들고, 눈도 징으로

쪼아 만들고, 귀도, 코도, 입도, 쇠망치로 때리고 깎고 쪼아

만들었으니, 돌은 돌이지, 사람일 수가 없다.

생기가 없는 돌이다!

그저 돌이다. 모양만 다른 돌이 된 것 뿐이다.

무엇을 해 줄 수도 없는 돌이다.

사람들이 들어서 옮겨 놓은 그 자리에서 백년이고,

천년이고 추우나 더우나 움직일 줄 모르는

그저 돌인 것이다.

돌 자신이 스스로 걷거나 움직일 수 없는 돌은 돌인 것뿐이다.

불이 나면 피할 줄 모르는 石像(석상)이다.

木像(목상)이건 석상이건 무슨 상이건 불행한 일이다.

피신도 못하고 다 타버린다.

거기에다 무슨 소원을 들어주소서 하니

참으로 딱한 일이 아닐 수 없다.

무엇을 먹으라고 밥상 차리고 진수성찬 차려 놓고 해도

묵묵부답이다! 답답한 일이 아닐 수 없다.

돌이다! 돌! 그저 돌이요, 목상일 뿐이다!

차라리 착한 거지에게 치성을 드리면 고맙다고 인사나

받을 것이고 그 고마움에

무엇으로 報答(보답)할 줄도 알 것이다.

말도 하고 듣기도 하고 볼 줄도 알고 판단도 할줄 안다.

이름만 거지지 돌 같지는 않다는 말이다.

거지는 눈물도 있고, 人情(인정)도 있다.

그리고 고마워 할 줄도 안다!

나를 낳아 주시고, 키워주신 父母(부모)님을

잘~ 모시고 공양해 드리고 치성 드려 보라!

하늘이 알고 땅이 알아 땅에서 잘 되고 건강하게 오래도록

장수의 복을 받게 될 것이다.

父母(부모)님을 살아 계신 生佛(생불)같이 생각하고 모시고

섬겨보라. 반듯이! 기필코! 정녕!

살아생전에 복을 받아 누리게 될 것이다.

◎ 人生(인생)은 한 치 앞도 모르고 살고 있다!

참으로 어처구니없는 인생이다.

내일 일은 더더구나 모르는 무능한 인생이다.

그러한 인생들이 내일을 말하고 다음 달을 운운하고,

내년을 말하니 우스운 일이다!

어제의 건강하든 사람이 오늘은 병원 신세를 지고 있고

자신의 건강을 과시하며 살든 사람이 보이지 않아

방문해보니 두문불출 휠체어 신세를 지고 있으며, 이리

뛰고, 저리 뛰며, 일이 좋아 나대든 사람이 갑자기 병원으로

실려가드니 영안실에서 조객을 맞게 되고, 만나 본지

오래되어 잘 있는가? 무엇을 하고 있는가?

궁금하여 전화 해보니, 벌써 몇 달 전에 하늘나라로 가셨단다.

허무하고 쓸쓸함을 금할 길 없다. 이것이 人生(인생)이다.

然故(연고)로… 어찌 살아야 할고? 어떻게 해야 할고?

자기 인생살이를 한번쯤은 생각함이 如何(여하)할는지?

◎ 우여곡절이 많은 세상길에서 나 잘났다고 건들대고,

까딱대는 인생들!

교만하고 방자하여 남을 얕보고 무시하는 인생들!

베풀어 줄줄 모르고 움켜쥐기만 하고 살아가는

구두쇠 인생!

인색한 사람들!

이제는 베풀고 겸손하고, 남을 존경할 줄도 알고

남의 허물을 용서하고 덮어주고 이해할 줄도 아는

너그럽고 착한 마음의 소유자 되어 보면 어떠할지?

주위 사람들을 시원하게! 편안하게! 기쁘게! 해주며

살아가는 인생으로 거듭나 살아보면 어떠할지?

비로소 마음의 평강! 인생의 행복이 무엇인 것과 마음의

기쁨을 깨닫게 되리라 믿어본다!

◎ 여우사냥! 수십 마리의 사냥개들을 이끌고 여우사냥을

나선다. 짖고 뛰고 냄새를 맡으며, 질주하며 난리들이다.

잘 뛰고, 잘 달리다가 모두 다 지쳐서 혀를 빼고 늘어진다.

올라갔던 꼬리가 처져버린다.

그러나 끝까지 지칠 줄 모르고 달려가는 개가 있다!

그 개는 제일 처음 여우를 목격했든 개라고 한다.

그 개만이 지칠 줄 모르고 끝까지 달려가서

여우를 잡고야 만다고 한다.

信仰人(신앙인)은 信仰人(신앙인)대로 事業家(사업가)는

사업가대로 政治人(정치인)은 정치인대로 공부하는

學生(학생)은 학생대로 目標(목표)를 가지고 뛰어야지,

남이 뛴다고 같이 뛰면 정신병자지!

목표를 정하고 바라보고 뛰어보라!

그 뜀박질이 훨씬 가벼워지고 쉬워질 것이다.

◎ 산모가 어린애를 출산했다.

힘겹게 출산을 하고 보니 쌍둥이다.

얼굴의 모양새가 아주 똑같은 애다. 며칠을 지나고 보니

한 애는 튼튼한데, 한 애는 곧 죽을 것 같다.

맥이 없고 實(실)하지 못하고 시름시름 병들어 간다.

곧! 죽을 것만 같다.

의사의 말도 한 애는 아무래도 포기해야 될 것 같다는

것이다. 그리고 한 애만 살리자는 말이다.

두 개의 인큐베이터에 따로따로 넣고 수시로 관찰한다.

그리고 몇날 며칠이 지났다.

오늘 밤을 넘기지 못할 것 같다.

그의 어머니가 따로 누워서 숨을 가쁘게 쉬고

곧 죽을 것 같은 동생을 기왕 죽을 바엔 10개월 동안

같이 살던 형 곁에서 죽어라!

그 형의 인큐베이터에 같이 넣었다.

10개월이나 같이 지냈는데…, 하면서! 그리고

혼자 떨어져서 쓸쓸히 죽어가서야 되겠느냐?

형의 곁에서 세상가거라!

하며 같이 눕혀 놓고 하룻밤을 지냈다.

다음날 아침이다! 도대체 이것이 웬 일인가!

죽은 줄 알고 슬픔에 벅차서 병원을 찾아가보니

기적이 일어났다.

형과 함께 손짓, 발짓하며 누워있는 것이 아닌가!

생기가 돌고 호흡이 정상화되고, 아주 건강이 회복되었다.

형의 따뜻한 體溫(체온)과 형이 가지고 있는

사랑의 氣(기)와 情(정)이 동생에게 통하여

동생을 살려냈다는 이야기다.

사랑의 氣(기)를 받지 못한 인생들이기에 그! 뜨거운

사랑의 기를 받지 못하고 살아가고 있기에…

모든 인생들이 지치고 기진맥진해 있는 것이 아닌가?

사랑의 氣(기)를 주며 살아가자! 정감이 넘치는 그!

氣(기)와 사랑을 서로 주며 받으며 살아가자!

◎ 여자는 여자의 자리가 있다!

그 자리에 항상 머물러 있어야 하는 법!

◎ 여자는 언제든지 어디서든지 사람들이 보든지 안보든지

항상 여자다워야 한다. 퍼벌하고 있지 말라!

短片(단편)2

◎ 위아래로 꼼꼼하게 자세히 훑어보라!

　인간이 소유하고 있는 모-든 것은 시한부인 것이다.

　생명까지도 말이다! 길-수도 없고 영원 할 수도 없다.

　하나부터 열 가지 백가지 만 가지가 다~시한부인 것을…

◎ 人生(인생)을 永遠(영원)한 旅行者(여행자)라고도 했지…

　피곤한 人生(인생)이어라!

　외롭고 고독한 人生(인생)이어라!

　그러나 인생의 同行者(동행자)가 있다고 하면 그는

　最高(최고)의 행복한 사람이라는 것을 잊어서는 안된다.

　찾으라 얻을 것이라. 인생길의 동행자를 말이다…

◎ 人生(인생)은 망망대해의 一葉片舟(일엽편주)라 했지?

　찾아보자! 결코 나 홀로가 아니었음을 알게 되리라!

◎ 인생은 나그네길! 어디서 왔다 어디로 가는가?

노래도 있지? 가는 길 모르니 불쌍한 인생이로다!

賢者(현자)에게 물어 봄이 어떠할지?

반듯이 왔던 이유와 가는 곳이 있다 할 것이다.

◎ 人生(인생)은 나그네요, 行人(행인)이라고 했지?

나그네는 떠나온 출발지가 있을 것이며 행인은 돌아갈

고향이 있는 법, 모르면 물어 보라!

哲人(철인)도 아니면서 머리 싸매고 고민할 理由(이유)가

없다.

◎ 人生(인생)은 잠깐 보이다가 없어지는 안개라고도

기록되었지?

잠깐 왔다가 가야할 것을…

왜 그다지도 욕심 많고! 미련한지? 그것이 病(병)이로다!

◎ 人生(인생)은 생각하는 動物(동물)이라고도 했지?

그러기에 올바른 생각을 해야지?

왜? 생각도 없이 막나가? 어쩌자고…

생각하고 말하고, 생각하고 行動(행동)해야지?

◎ 人生(인생)은 하나님의 形象(형상)이라고도 기록되어있지?

사람답게 살아야지…

왜? 마귀의 形象(형상)을 닮아서 살아?

무엇을 어찌하려고…

◎ 人生(인생)은 한치 앞을 볼 수 없고 알 수 없는

青盲觀(청맹관)이라 했겠다.

눈 뜬 장님 말이요! 눈 뜬 소경! 눈 뜬 맹인! 말이요!

아니! 시각장애인!

◎ 인생은 涙行者(루행자) 눈물의 행려자.

이 세상에 태어날 때부터 두 주먹을 불끈 쥐고!

으악~ 까르르~ 울면서 태어났거늘 새삼스럽게…

◎ 人生(인생)은 마라토너라 했지?

그러기에 오늘도 내일도 죽는 날까지 뛰어야 되니

숨이 찰 수밖에?

조심조심 넘어지지 말고 잘~ 달려가자!

그! 주어진 終着点(종착점)까지!

◎ 人生(인생)은 하루에도 마음이 열 두 번씩 변하는 것이라

했지?

人心朝夕變(인심은조석변) 칠면조 인생도 있지?

自己保護色(자기보호색)곤충도 있고!

생긴 대로 살자! 편하게 자연스럽게 말이다!

제 색깔 그대로 가지고…

◎ 人生(인생)이 무엇이냐?

한 세상 살다가 반듯이 죽는 것이 人生이다. 라고

結論(결론) 내린지 이미 오래 되었겠다?

무엇을 새삼스럽게 물으시오! 반드시… 꼭! 죽는다는 것!

명심하고 살아야지… 무엇인가를 남기고 멋이 있게 살다가

가야지? 왜? 오점을 남기고 갈려고 해?

◎ 人生(인생)은 반드시 어딘가에 미쳐서 사는 것이

人生이라했겠다.

女子(여자)에게 미쳐 사는 사람, 돈에 미쳐 사는 사람,

자식에 미쳐 사는 사람, 道(도)에 미쳐 사는 사람,

名譽(명예)에 미치고, 權力(권력)과 勢力(세력)에 미쳐 사는

사람, 도박에 미치고, 오락에 미치고, 공부에 미치고, 춤에

미치고, 친구에 미치고 기왕 미칠 바에는 좋은 쪽으로 곱게

미쳐 사는 것이 자기 자신에게도 좋고 장래에도 좋으렸다.

◎ 우유 받아 열심으로 마시는 사람보다 그 우유를 배달하는

사람이 훨씬 더 건강하고 오래 산다고 했겠다.

무슨 뜻이냐? 많이 걸으라는 말이다.

많이 걸으면 건강하게 오래 살 수가 있느니!

자가용 타는 것 보다는 택시를 타고 택시를 타는 것 보다는

지하철을 타고 지하철을 타는 것 보다는 걷는 것이 훨씬

건강하고 오래 산다는 뜻이다!

◎ 혈액순환과 건강을 위해서는 하루에 아침저녁으로

대한민국만세~ 우리집 만세~ 우리 애들 만세~

자기의 이름을 힘차게 부르면서 만세~

사랑하는 아내의 이름도 힘차게 부르면서 만세~

아버지 만세~ 어머니 만세~ 건강하고 축복받아야 할

사람들과 생각나는 사람의 이름을 부르면서 두 팔 번쩍

번쩍 힘차게 치켜들고 만세 삼창이 아니라 30번 내지

50번씩 아침, 저녁으로 해보라!

자신이 느껴지도록 건강해 짐을 체험하게 될 것이요,

아침, 저녁으로 게으르지 않고 실행하면 건강은 물론

반드시 질병들은 멀~리 멀~리 물러갈 것이다.

확신을 가지고 해보라!

힘차게 팔을 번쩍 올려 채라!

50견으로 어깨가 아픈 사람들도 열심히 시작해 보라.

올라가는 만큼씩 차차로 어깨 아픈 것이 개선되리라.

게으르면야 할 수 없지… 의사도 못 고치는 병이니 말이다.

◎ 배우지를 못하면 길을 모른다고 했든가?

길을 모르면 헤맬 수밖에 없고 헤매다 보면 고달프고

힘들고 고생고생 말할 수 없는 고생이 따르렸다.

배움은 젊어서 더더욱 자기 자신을 위해 배우는 것이지

부모를 위해 배우는 것도 아니요, 누구 위해 배워주는 것이 아니다.

배워서 남 주나? 하는 격언도 있다.

우리어른들의 人生(인생)을 살아 본 경험에서 나온 말이다.

공부해라. 학교가라. 하는 말이 이후 장차 고생을 면하고

고달픈 人生살이 면해 주기 위한 어버이들의 한결같은

사랑의 마음이지! 왜 몰라! 미련한 놈들!

◎ 돈 푼이나 있고 獻金(헌금) 좀 잘한다고 해서, 술 마시고,

담배피고, 술집 드나드는 社長(사장)님을 장로님으로

만드는 목사님도 알고 보면 같은 종류.

일본 오사카한인교회 김모 목사님은 권력 있고 세력 있는

모 교인이 장로 만들어 주지 않는다고 중상모략 하여 그

목사님은 결국은 그 큰 교회에서 쫓겨 나오시고 다른

곳으로 개척을 하시어 떠났다!

그 놈의 직장이 술장사하는 직장이고

음란 방탕한 직장이기 때문에 그! 직장 옮기면

장로 세워 준다고 했는데…

결국은 목사님이 쫓겨났다고?(자의 반 타의반)

쫓겨나면 쫓겨났지 그런 놈을 장로를 왜 세워?

◎ 목사님께 물어 봅니다.

담배 피고 있는 사람 왜 집사를 만드셨습니까?

술 담배도 끊지 못한 사람 왜 권사를 만드셨습니까?

도대체 理由(이유)가 무엇인지 說明(설명)좀 해 주세요!

깊은 사연이 무엇인지요?

믿음도 없는 사람, 기도도 못하는 사람, 술 담배도 끊지

못하는 사람 왜 장로로 세웠는지요?

시원-한 대답 좀 해보세요.

◎ 스님에게 물어 봅니다.

애 못 낳는 女人(여인)들 절간에 가서 佛功(불공)드리면

어린애를 낳는지요?

또 물어 봅니다. 가발은 어느 때 사용하시는지요?

자가용을 운전하시고 타셔도 되는지요?

영화관이나 술집에 드나드셔도 되는지요?

카바레 드나들어도 되는지요?

山寺(산사)절간에 TV설치하고 즐겨도 되는지요?

석가모니께서 가하다 하셨으면 해야 되겠지요…

◎ 미친놈 뛰는데 성하고 말짱한 놈은 왜 뛰는고?

◎ 미친놈 지랄하는데 성한 놈들은 왜 같이 설쳐?

◎ 미친놈 날치고 설치는데 점잖으신 선비들은 왜 끼어 묻어

돌아가?

◎ 입도 열지 않고 지갑도 열지 않으면 利(이)로우면 이로웠지

決(결)코 손해   되는 法(법)이 없다 했느냐?

◎ 입은 다물고 마음은 활짝 열어라. 입으로 망하는 놈 많구나.

◎ 칼로만 사람 죽이는 것 아니라 입으로도 사람을 죽이는구나.
그 놈의 혓바닥이 말썽이로다.

◎ 입은 삐뚤었어도 말은 바로 하라니 딱한 사람들아!
입이 삐뚤어졌는데, 말이 어떻게 바로 나오기를 바라는가?

◎ 입만 다물면 존경받고 위엄이 차고 넘칠 사람이 웬 놈의
말이 많아 값어치가 떨어지는고?

◎ 에이 못난 사람 같으니… 높은 사람은 아홉 번 생각하고 한
번 말하느니.

◎ 빨갱이 빨간색이 희게 될 리 萬無(만무)하다.
희게 되기 기다리다 검은머리 白髮(백발)되어 죽어 간들
희어지랴?
희어지기 어려워라.
빨갱이는 빨갱이고, 흰둥이는 흰둥이고, 노랑이는 노랑이고,
검둥이는 검둥이지, 천지가 변하면 변했지, 그 어찌 색깔이
변할 수가 있겠는가? 바라지를 말아야지…
그래야 속이 편한 것을! 색깔 논이 무슨 소용이 있으리요?

◎ 빨간 옷 입은 놈이 흰 옷 입었다고 우기니 귀신도 웃을 일.
흰 옷 입은 놈이 빨간 옷 입었다고 우기면 미친놈이지.

◎ 형 노릇하기도 힘들고, 동생 노릇하기도 힘들거늘, 어미와
아비 노릇하기가 오죽이나 힘들고 어렵겠는가?

◎ 일본 사람의 게다나 한국 사람의 나막신이나 佛家(불가)의
佛像(불상)이나 모두가 다~ 나무토막으로 깎아서·만든 것.
나무 깎는 木工(목공)의 손에 따라 나막신도 되고 게다도
되고 불상도 되는 법.

◎ 싸움은 혼자서 하나?
혼자 하는 사람도 있지! 미친놈…

◎ 좋은 일은 문턱을 넘기 힘들어도
나쁜 허물은 문턱을 넘어 千里(천리)길을 달리는 법.
조심조심! 한! 세상 살아간들 어떠하리.

◎ 功(공)을 세우고 이름을 날리고 명예를 얻은 후는 반드시
必然的(필연적)으로 찾아오는 손님이 있으니 은퇴요,
退職(퇴직)이요 하는 것인데, 바로 이것이 하늘의 뜻.
차분하게 받아 들여야 오~래 오~래 살수 있는 법!

◎ 이솝우화다. 사슴이 사자를 피해서 숲 속으로 뛰어 들었다.
사자가 찾지 못하고 높은 곳에 올라가 바라보니,
숲에 가려 안보였다고.
사슴이 자기를 숨겨준 숲에 감사 할 줄 모르고
安全(안전)하다, 安心(안심)이다, 생각하고 나뭇잎 풀잎

모조리 갉아 먹고 뜯어 먹었다고!

사자가 바라보니 웬 뿔이 올라오는데 자기가 쫓던

사슴이었다.

은혜를 모르고 배반하면 언젠가는 더 큰 不幸(불행)을 피할

길 없지! (이솝우화)

◎ 2005년도에 수업료를 못내는 고교생이 10만 명이 넘어

섰다는 이야기다. 불행한 이야기다.

정부에서 지원해 주는 학비는 생활비로 써버리고 나니

수업료를 낼 수가 없어지는 것이다.

우선 먹고는 살아야 할 것 아닌가?

무료로 급식 받는 학생이 46만 명을 넘고 있으니,

3년 만에 무려 2배를 넘어섰다는 말이다.

내 집부터 챙기고 남의 집 챙기는 것이 집안을 책임진

호주들이 하는 일이거늘 어찌된 세상인지 내 집은 헐벗고

굶주리고 있는데… 학교도 제대로 못 보내는 주제에 남의

집 가난을 도와야 한다고 나서고 있으니 이해가 안가요!

웃을 일도 아니요, 울 일도 못되고요.

그저 어처구니없어요. 그간 빨갱이 이웃나라 퍼준 돈이 1조

5천억 원이 넘어섰다고 하니

아니! 언제 그렇게들 퍼 날랐는고?

꿀 먹은 벙어리 되어 바라보고 지켜 볼 뿐.

아바이가 하는 일이니…

그러나 분명하게 알아야 할 것은!

그 퍼준 돈이 총알 되고 대포알 되고 로켓, 포탄 되고

미사일 되고 핵폭탄 되어 날아온다고 하는 사실!

그것만은 염두에 두고 마음에 새기고 퍼줘도 퍼줘라!

◎ 목사는 천사도 아니요 성자도 아니다 그저 목사의 한사람이다.

인간인고로 실수도 할 수 있고 약점도 있다.

잘못도 있을 수 있다.

허물 많은 것이 인생인 것을! 너나 할 것 없이 말이다!

그러나 끈덕지게 찰거머리같이 물고 늘어지고 약점잡고

흔들고 공격하고 시비하는 특종인간들은 누구?

멈추라! 그들의 끝이 안 좋아요. 아주 안좋아!

◎ 미국을 미워하는 사람들을 의심해 본다!

6·25 사변 때, 여러 모양으로 우리를 도왔고 구제품으로

헐벗은 백성 번듯이 입혔고, 굶주린 백성들에게 쌀도

보내주었고, 밀가루도 보내고, 분유, 설탕까지 보내와서,

굶주림을 면하게 했다.

초콜릿 알사탕까지 보내서 먹게 하고 위로해 준 나라를

왜 미워하냔 말이다! 보답은 못할망정!

6·25때의 은혜를 갚을 길이 없는 백성이다.

지금 좀 잘 산다고 뭘 어쩌구 어째? 안되지… 못쓰지…

6·25의 전쟁사를 배우라! 물어 보아라!

좀! 알고 나서 말해라!

교과서 왜 없느냐! 빨리 만들어 가르치라!

마구 떠드는 것들은 북쪽 것들이지! 남쪽사람들이 왜?

떠들어! 떠들기는 뭘좀 알고나 떠들어라! 무식하고 고얀 놈들!

◎ 노래방에 찬송가도 있고 찬불가도 있다니, 건달 예수쟁이들

찬송도 부르고 찬불가도 부르고 신바람 나겠군.

별난 세상이로다! 말세로다!

◎ 장사꾼은 정직이 제일이고, 선생님은 친절이 제일이며,

운전수는 뒷사람의 편안함과 안전이 제일이다.

음식점은 맛이 제일이며, 의사는 환자를 안심시키는 것이

첫째도 둘째도 제일이다.

간호사는 성심성의로 환자를 보살펴 주는 것이 제일이며,

경찰은 도둑놈 잘 잡는 것이 제일이고, 목사는 사랑이

제일인데 사랑도 함부로 하면 안 될 일이다.

신부님은 수녀를 멀리 하는 것이 제일이고, 중은 산사에

틀어 박혀 염불하는 것이 제일이다! 그런데 제자리들을

팽개치고 왜? 싸 다니노? 싸다니기를?

모두 모두 제자리로 돌아가 맡겨진 자리 지키고 충실하게
될 때 얼마나 멋이 있는 세상이 될 것인데…
대통령은 인재를 고르고 또 골라서 제자리에 앉히고 쓰는
것이 제일이다.

동기요! 친척이요! 코-드가 맞는다고 엉뚱한 사람 불러다
쓰면 국민은 걱정이 태산 같아지고 나라는 흔들리고
대통령이 경상도 사람이 되더니 웬! 경상도 사투리 하는
사람이 서울에 그렇게도 와글대더니, 대통령이 전라도
사람이 되고 나니 웬! 전라도 말이 서울에서 시끌시끌
시끄러웠다. 지금은 理念(이념)과 코-드 맞는 사람들 틈에
간첩들이 쌓여 돌아가니 걱정이로다.

인재를 골라 쓰는 것이 제일이다. 눈을 크게 뜨고 골라보라!
눈이 작아서 보이지 않으면 수술이라도 해서 크게 뜨고
인재를 골라야 한다! 그리고 간첩도 골라내라! 왜 끼고 돌아?
인재가 한국에 없으면 외국에서 골라오라! 엄선해오라!
픽업해오라! 수입해오던지?

◎ 대통령 퇴직 후 그 많은 돈 어디에 쓰려고 움켜쥐고
있는고?
정직하게 물러나고 깨끗하게 물러나야 제일인데,
왜? 구설수를 들으며 살고들 있는지?

한국만의 구설수인가? 다른 나라도 그런가?

누가 대답좀 해보소!

◎ 主敵(주적)을 아는 것이 국방의 의무요, 군인들의 절대적인

첫걸음이다.

군인들도 국민들도 주적이 어딘지? 누구인지도 모르고

있으니 한심, 또 한심 한 일이로다.

주적을 모르고 있으니 말이다. 바로 가르쳐주고 교육해주라!

은인을 주적으로 알고 덤벼들고 있지를 않는가?

실로 한심한 일로다.

그! 누가 나서서 주적이 어딘지? 좀! 알려줄 사람 없소?

확실하게 말이오! 주적이 없으니 아무데나 총쏘지…

꿀 먹은 벙어리들이 되고… 답답한 건 주적 잡으라고

세금내고 있는 국민들 뿐!

◎ 한국 닭은 꼬끼오~ 하고 아침을 알리는데,

일본 닭은 고게곡교~ 하고 우니 그 이유를 모르겠소.

한국 개는 멍~ 멍~ 하는데!

일본 개는 완! 완! 하고 짖고 있으니 무슨 까닭인지?

설렁탕이 소론단이 되고! 갈비가 가루비가 되고!

갈비탕이 가루비단이 되니

일본 놈의 혓바닥이 잘못 돼도 한참 잘못 됐지.

독도를 죽도라고 우기고 자기나라 땅이라 하니 고얀놈들,

독도는 한국 땅, 북해도는 느네땅 죽도는 없는 땅, 대마도는

옛날에는 한국 땅, 고구려도 옛날에는 우리나라 땅.

한번 복창해봐라! 고얀 놈들!

일본천왕의 혈통에 한국의 피가 흐르고 있음을 알아야지!

한국은 오마니의 나라야! 알겠느냐?

하루모니(할머니)의 나라인 것을 명심하렸다!

그놈의 혓바닥이 잘 안 돌아가니 문제는 문제지!

◎ 높은 자리에 앉아 있으면 무엇을 좀 알아야지?

면장도 못할 사람들이 와글대기는?…

◎ 목사님 할렐루야가 뭡니까?

어느 시골 교회의 나이 많으신 할머니가 질문했다.

시골교회 목사님이 대답하기를 아니 그것도 모르고

예수를 믿었습니까?

평양에는 부병루가 있고요, 서울에는 경회루가 있고요!

남원에는 광할루가 있고 하늘에는 할렐루가 있지요!

옛날 목사님들 참… 귀엽기도 하고 가엽기도 하고…

◎ 돈은 있으면 편리하고 없으면 불편할 뿐이라고 현자들은

말하고 있느니!

◎ 알고 짓는 죄가 있고 부지 중 모르고 짓는 죄가 있는 법.

　　죄는 같은 죄이지만, 그러나 그 차이는 천국과 지옥의 차이

◎ 성경의 예언은 거의 다~ 이루어졌고 한치의 어긋남이 없이

　　지금도 이루어지고 있다.

　　한 가지 예언 큰 사건이 남아 있는데 그 예언은 지상에

　　대환란의 참상과 재림의 사건이다!

　　준비와 대비는 되었는지?

　　모르고 있으니 참… 쯔나미와 지진 오듯 올 것인데…

◎ 독재자가 따로 있나 독재하면 독재자지.

　　모르면 물어서 하면 되고! 그래도 모르면 침묵하면 된다.

　　침묵은 웅변이고, 침묵은 금이라고 했던가?

◎ 어느 부서에서나! 지위 고하를 막론하고 떳떳하게 물러나와

　　인사 받고 존경 받는 어른들이 되었으면 하는 것이

　　국민들의 바램인 것을…

　　그 놈의 욕심과 돈이 뭔지?

　　욕심과 돈이 사람을 치사하게 만들고 있으니…

◎ 승자 따로 없다. 참는 자가 勝者(승자)요,

　　참는 자는 無敵(무적)이라 했겠다!

　　높으신 분은 복이 있다 하셨기에 오늘도 참고 내일도

　　참아봄이 여하할는지?

◎ 곡차라고 술 마시는 중, 보리차라고 맥주 마시는 목사,

심심초라고 담배 피는 신부, 그 동네가 한 통수 한동네로다!

◎ 남의 설교 흉내 내지 말고, 제발 혓바닥 좀 펴고 제대로

자기 설교하면 어떨지?

◎ 제 간증을 좀 하지.

왜 남의 간증 제 것처럼 도둑질해서 내 것처럼 하나?

도둑이 따로 없다. 남의 간증 내 것 만들어 하면 도둑이지.

◎ 시기 질투는 철없는 계집애들이나 하는 것이지.

나이 먹은 철든 사람들이 왜 해? 주책이라 했든가?

말! 안해도 다~ 알아! 알고 말고…

칭찬하고 있는 건지… 깎아 내리고 있는 건지…

시기하고 있는 건지… 질투하고 있는 건지… 씹고 있는

것인지… 마음을 비우고 편안하게 살아보자!

이래도 한세상 저래도 한세상인 것을…

◎ 알콜에 중독 된 사람이나! 니코틴에 인박혀 담배 못 끊는

사람이나, 아편에 중독 되어 아편 없이 못사는 인생이나,

커피에 있는 카페인에 중독 되어 커피 없이는 못사는

인생들이나 무엇이 다른고?

누가 시원한 대답 좀 해보소!

◎ 젖 먹은 힘! 다 쏟는다 했든가? 최후의 힘은 젖 먹은 힘.

갈비 먹고 양식 먹고 보양식 먹고 얻은 힘!

그것 다 소용 없다는 말이다!

모유 먹고 자라난 힘! 그 힘 당할 자 없지…

◎ 남의 약점, 남의 실수 트집 잡아 공갈하는 놈들.

신령한 사람 이단이라, 삼단이라, 중상하든 양반들.

그 말년 잘 되는 놈 있으면 나와 보라!

잘되는 꼴 못 봤으니 말이다! 떠들지 말고 조용히 살자!

◎ 기독교의 종교는 사랑의 종교다.

그런데 그 사랑 말고 엉뚱한 이상야릇한 사랑을 하니

꼴들이 말이 아니로다!

◎ 불교의 종교는 자비의 종교다.

자비! 그거 어디 갔느냐? 무자비한 일들만 생겨나니…

몸둥이 버리고 돌아오라 제자리로! 훌~훌~ 날기는?

武心(무심)이 아니요 佛心(불심)인 것을… 왜 몰라!

◎ 유교의 도는 삼강오륜과 孝道之道(효도지도)의 종교다.

유교 어디 갔느냐? 애비 어미 업신여기고 형제지간 담 쌓고

웬 놈의 이혼이 유행하는 부부지도로구나.

유교야! 이 땅에 살기 싫어 이민 갔느냐?

어디에 꽁꽁 숨어 있느냐? 빨리 나와야 할 터인데,

너도 이민간지가 오-래 되었단 말이냐?

◎ 수다쟁이 따로 없다. 말 많이 하면 수다쟁이지!

체통이 아깝다! 고만 좀! 말을 아끼라!

◎ 목사님들이 웬? 골프냐?

그렇게도 시간이 남아돌고 있는지?

무슨 모임을 조용한 교회당 말고 웬 호텔이냐?

웬 온천장이냐? 다시 한번 생각 좀 해주면 안되실런지?

기도하는 성도들은 뒷전에서 눈물로 기도하며 밤을

지새우고 있는데… 골프요 낚시요, 호텔이요 온천장이요,

해외요 부부동반 모임이요… 안 될 일이지!

호화판으로 돌아가면 그분은 마음 아파하시고 계신 것을…

◎ 웬 교회가 앞집에도 있고, 뒷집에도 있고, 빌딩층층마다냐?

예수직업학교가(신학교) 난립한 연고로다. 이를 어쩌지?

누가! 묘안 없느냐?! 흉한놈 나오기 전에 말이다.

◎ 주여, 주여 하면 다~ 천당 가느냐?

천당 주인님의 말씀 들어보라!

"나더러 주여, 주여 하는 자마다 다 천국에 들어가지

못하리라."고!

◎ 지구 땅덩이도 별수 없이 세월이 흐르고 나니 나이가 들어

늙었나 보다. 치매끼도 보이고 치매의 발작도 자주 하고

시들어가고 있고… 운명의 날도 멀지 않은 것 같구나.

별 도리 없지, 제 놈이라고 뾰족한 재간 있나?

늙으면 어쩔 수가 없는 법!

아니하던 짓을 자꾸만 하니… 걱정이로다.

◎ 부모에게 孝道(효도)해야 福(복)을 받는다고 성경에도

기록되고 佛家(불가)에서나 儒敎(유교)에서도 가르친다!

부모를 모른다 하고 제쳐놓고 제 멋대로 돌아가는 세상!

자기子息(자식)들에게는 부모님께 孝(효)하는 것보다

지극정성으로 떠받들고 있으니, 말세로다. 말세! 부모님을

천대하고 학대하면 福(복) 대신 禍(화)를 받을 수밖에!

억장이 무너지는 한숨 밖에는 남은 것이 없는 노인들…

불쌍한 노인들 지금이라도 늦지 않으니 잘~ 돌보아

드리고 챙겨드리는 자들 되어 복 받는 가정들이 되기를

기대해 본다.

◎ 며느리도 팔자에 있는 딸자식으로 여기고 살면

재미가 깨 쏟아지듯 할 것인데, 어디까지나 며느리는

며느리로 생각하니 발뒤꿈치까지 미울 수밖에.

그것도 일종의 정신박약증.

약도 없고, 민간요법도 없으니 말이다!

不幸(불행)한 일은 그 때부터 시작되는 것임을 알자!

딸처럼 알고 살면 될 것을…

늙어 구박 받으니 不幸(불행)한 일이로다.

◎ 딸자식들 시집보내고, 아들자식 장가보내고 나면

　집안에 남아 있는 건 껍데기 뿐!

　뭘 더 가져갈 것 있다고 이리 기웃 저리 기웃 이리 쑤시고

　저리 쑤셔?

　고만 좀 빼가라! 철따구니 없는 자식들 같으니!

　에이! 못난 자식들- 도와드리지는 못 할망정…

◎ 사랑도 도가 지나치면 주책 떤다 하고 좀 더 지나치면

　주책바가지라 하고 좀 더 지나치면 쪽박 차게 되는데,

　무엇이든지 적당해야지…

　성경에 보면 하나님은 우리 人生(인생)들을 잠잠히

　사랑하신다 했으니, 과연 위대하신 분의 사랑이어라!

◎ 새벽기도, 철야기도는 한국교회의 특징이요, 자랑거리일

　것이다.

　저녁예배 대신 오후 두시 예배가 유행하고 있으니,

　저녁에는 무엇 하시려고 땡기셨는지요?

　누구에게 물어야 할지?

　옳지! 재미있는 연속 드라마가 있는 날이라 했지?

◎ 바리새인을 무조건 나쁘다고 하지 말라!

　그들의 10분의 1만이라도! 그들의 껍데기라도! 닮아보라.

흉내라도 내보라!

現代敎會(현대교회)에서는 아마 一等敎人(일등교인)으로

특등성도로… 모범 성도로 높이 尊敬(존경)받을 것이다.

바리새인 흉내는 못 내면서 바리새인은 왜 탓하고

나무라노? 미련하고 모자라기는…

"천국은 힘씀으로 얻나니 힘쓰는 자가

들어가리로다"(예수님 말씀)

◎ 安息(안식)일이라, 거룩한 聖日(성일)이라, 하나님의 날이라.

못할망정 공일날이요, 일요일이라고 떳떳하게 말하고

있으니 한심한 일이다.

교인은 어디까지나 교인다운 말을 쓰자!

주님의 날이니까 主日(주일)닐이지, 공일날이라

일요일이라는 말은 절간에 다니는 사람들도 흔히 쓰는

말을 왜 따라해?

주의 날, 주님의 날! 主日(주일) 날!

◎ 예배드리며 까딱까딱 졸 바에는 교회는 왜 와서 자.

집에서 자리피고 푹~ 주무시지.

강단에서 내려다보시는 목사님 마음이 어떠한지 알고

졸아대는 게요? 쑥덕거리기는?…

◎ 다른 데서는 펑펑 아낌없이 돈을 물 쓰듯 쓰면서 교회

와서는 제일 적은 것으로 골라서 내는 인색한 인생들!

당신이 인색하면 하나님도 당신을 향하여 인색하신 줄

왜 몰라!

천치인지? 머리가 그렇게도 안 돌아가니, 원~ 그러니까

가난뱅이들만 와글대지… 하나님을 향해 펑펑 써봐라!

하나님도 펑펑 부어 주시지! (聖雲의 부흥설교)

◎ 유신론적인 성도보다 무신론적인 교인의 수가 더 많으니,

격정이 아닐 수 없다.

겉껍데기들만 북적대고 있으니 말도 많고 시시비비도 많을

수밖에 하나님을 두려움으로 섬겨야 福(복)을 받지.

어떻게 하나님 제쳐두고 믿는다고 난리쳐?

무신론적 신앙의 사람들아! 하나님은 존재하고 계셔요!

◎ 십자가는 액세서리가 아니다.

귀에 걸고, 목에 걸고, 핀으로 해 옷에 꼽고 머리핀으로

만들어 머리에 꼽고 반지를 끼고!

겉치장 도구가 아니란 말이다.

우리들의 마음속 깊이 간직하여 모시는 것이 되어야

정상이지!?

귀걸이, 코걸이, 목걸이 하는 장식품이 아니란 말이다!

속히 떼고 빼고 풀어서 하나님의 사업에 바쳐보면 어떨지?

그리고 마음속 깊~이에 십자가를 모시고 살아보자.

◎ 거짓말을 나쁘게만 생각 말라!

살아가는 生活(생활)속에 활력소도 되고 平和(평화)의

도구도 되고! 편리함도 있는 법!

습관성 거짓말은 病的(병적)이어서 人格(인격)을 파멸

시키고 영혼을 병들게 하니 꿀꺽꿀꺽 참는 습관을 하면

버릇은 고쳐지는 법!

그 거짓말하는 버릇을 빠르게 속히 고쳐 보라!

아편도 급할 때는 양약이 된다 했든가?

그러나 계속하면 망하는 것같이…

◎ 밥 해주고, 빨래 해주고, 어린애 낳아 주고, 이런 일 저런 일

다 해주는 마니님 귀한 줄 모르고, 딴 짓하고 한눈팔면

배은망덕한 놈이지.

두고 봐라. 늙어서 어찌되는지!

업고 다니고 안고 다녀도 그 수고에 보답할 길이 없거늘,

무시하고 괄시하고 천대하고 속여먹고

약하디 약한 여자에게 큰 소릴 쳐?

병신 따로 없고, 팔푼이 따로 없다.

늙기 전에 애지중지 아끼고 사랑 쏟아주라! 몽땅!

늙고 나면! 그! 보답은 반드시 돌아오게 되어 있는 법!

◎ 양반 따로 없다.

예의 지키고 인사할 줄 알면 양반이지.

인사도 모르고 예의도 지킬 줄 모르면

그게 바로 후레자식이요, 쌍놈이지 쌍놈 따로 있나?

◎ 쌍놈 또 있지…

목욕탕에서 양말 털어 신고, 팬티 털어 입는 놈!

그놈이야말로 쌍놈이지!

목욕탕 안에 샤워도 아니 하고 첨벙 들어와서 그 안에서 몸

닦는 놈도 쌍놈이지…

◎ 쌍놈 또 있지.

금연 장소에서 담배 피워대는 분들도 곱게는 못 보아 주는

아주 볼 수 없는 일이지!

◎ 쌍놈 또 있지.

길바닥에 담배꽁초 막 버리는 놈하고 코풀고 가래침

아무데나 뱉는 놈이 진짜 쌍놈이지.

똥 뙤 놈이라! 했던가?

◎ 쌍이 또 있구만.

개 끌고 아무데서나 대소변 보게 하는 것.

전철 안에서 대변본 것 처리 않고 개 끌고 나가는 족속.

오리지날 쌍이지 뭐가 쌍이 따로 있나?

그러한 족속이 쌍이지!

◎ 쌍놈 또 있지

교통질서 안 지키고 목숨 걸고 달리는 놈!

◎ 어미 아비가 잘못 가르친 쌍이 또 있지.

배꼽자랑하고 다니는 쌍!

그것도 자랑이라고?

오죽 자랑할 것이 없어서 배꼽 내 놓고 다녀?

TV에도 나와서 배꼽자랑하고 별짓 다 하고 있는데

배꼽걸이 배꼽찌 하고 돌아가는 판

TV사 사장님은 무엇하고 계시길래 배꼽 드러내놓은

족속들 못말리시는지?

옛날 박통시대 같으면 유치장으로 끌려갈 것들인데…

길을 막고 물어 보라! 옳은 일인지를? 가릴 곳은 가려야지?

짐승들 동물들은 안가려… 사람들만 가리지…

◎ 얼굴이 반반하고 이쁘다고 미인인 줄 아느냐?

천만에. 천부당 만부당한 말씀.

××촌에 가보라. 미인들 천지지.

부모님께 효도 할 줄 알고, 어른 공경할 줄 알고 예의범절

어긋남이 없이 단정하고 정숙한 여인이 미인 중에 미인인

것을 알아야 하느니.

◎ 미인 또 있지.

마음 착하고 온유하고 겸손한 것도 미인이지만, 가난하고

소외되고 병든 노인들 돌보아 드리는 것도 미인이지.

얼굴이 예쁘다고 미인 아님을 명심하고 그늘진 곳,

불행의 그림자가 머물고 있는 곳!

부지런히 찾아다니는 미인들이 많아지기를

기대해 보는 사람들이 많이 있음을 명심하고

미인 되기 힘쓰기를…

음지를 찾아 봉사하는 미인들에게

국민들과 함께 박수를 보냅니다. 만세~

아~ 아름다운 女人(여인)들이여~

◎ 정정해 보자! 고쳐보자.

전능하사 천지를 만드신 하나님 아버지를 내가 믿사오며

그 외아들 우리 주 예수 그리스도를 믿사오니

이는 성령으로 잉태하사 동정녀 마리아에게서 나시고

본디오 빌라도에게 고난을 받으사 십자가에 못박혀

<돌아가시고>로 말이다.

우리 할아버지 죽었어! 우리 아버지 죽었어! 하는 후레자식

없다. 돌아가셨어 해야 올바른 자식이지…

短片(단편)3

〈병이 든 사람들은 자신이 살아온 아주 다른 별세계에서〉

병이 든 사람들은 自身(자신)들이 살아온 세계보다

아주 별다른 세계에서 살게 된다.

그가 事業家(사업가)였든, 學者(학자)나 대학의 교수였든!

존경받으며 살아온 人格者(인격자)이든 간에 그들의 사는

세계가 아주 별다른 세계에서 살게 된다!

그 병이 인격상실자로도 만들고, 보행이 불편하게도 만들고,

자기 자신 스스로는 아~무 것도 할 수가 없는

無氣力(무기력)한 자가 되어 평생을 어느 누구에게 도움을

받고 부축을 받아야만 살아가게 된다.

자살도 머리로는 생각해 보지만 죽음도 이미 자기의 것이

아님을 깨닫게 된다.

동분서주 땀 흘리며 젊음을 다~ 바쳐 먹을 것 먹지 않고,
쓸 것 쓰지 않고, 한푼 두푼 바들바들 떨면서 모아 놓은
財産(재산)! 그것!
생각할 여지도 없이 別(별)다른 세계 사람이 되어 사는 동안
그 재산은 벌써 이미 가까운 다른 사람의 손으로 넘어간 지
오~래 되었다! 그 재산 멀~리 멀~리 도망간 지 오래다.
존경하던 사람들과 가까웠던 사람들, 사랑하는 사람들 하나 둘
씩 모두모두 멀리 멀리 사라져 간지 이미 오래인 것이다.
고독이 몰아쳐온다. 別世界(별세계)에서 살고 있기에 말이다!
인격 상실한 채로!
치매 속에서… 반신이나 전신 마비 속에서… 인격을 상실한
채로 모진 목숨 이어가는 것! 이것이 인생이다!
잘난 체도 교만하지도 남을 깔보지도 말아야지!

그 병자들의 別世界(별세계)에서 또 다른, 아주 별다른!
하늘과 땅만큼이나 멀고 먼 別天地(별천지)를 바라보라!

저주가 없는! 병이나 不具(불구)가 없는, 가난과 고통이 없는,
영원하고 영원한 아주 영원한 황홀의 極(극)이요, 喜樂(희락)의
頂點(정점)이며, 不幸(불행)과 고통이 아주 없는 아주! 전혀 없는!

別天地(별천지)의 世界(세계)를 바라다 보라!

우리들이 살고 있는 세상은

마치 지옥의 문턱에서 살고 있는 듯싶다!

이러한 인격 상실의 別世界(별세계)에서 병든 자들이 우글대며

불행하게 살아가는 베데스다에서

또 다른 세계는 靈(영)의 눈으로만! 볼 수 있고,

착실히 준비된 사람들만이 들어 갈 수 있는

天國(천국)의 세계를…

눈을 크게 뜨고 보란 말이다!

그 고통, 그 슬픔! 그! 낙망! 그! 인격상실의 괴로움 속에서도!

아주! 신선한 내음이…

싱그럽고 봄의 좁(향)같은 향기로움이

別世界(별세계)의 고통에서 해방시켜 줄 것이며

마음의 평화와 소망의 기쁨으로 어두웠든 먹구름은

환~하게 걷혀 질것이다.

〈別天國(별천국)을 모르면 물어보라!〉

그! 가는 길을 아는 자! 어디서나 찾을 수가 있으니, 찾아보아라,

만나게 되리라!

찾는 자가 찾을 것이요, 문을 두드리는 자에게 열리리라!

저주스러워 말고 낙망과 좌절하지 말고 쓸쓸하고 고독해 하지

말고 안내 해줄 자를 찾으라!

◎ 天使(천사)에게 쥐어진 칼과 강도에게 쥐어진 칼이 같은

　 갈이지만, 하늘과 땅과의 엄청난 차이다.

◎ 미친놈의 입에서는 狂言(광언)이 나오게 되어 있는데…

　 무슨 善(선)한 말이 나오기를 기다려?

◎ 오늘 우리가 살고 있는 세계는 새! 세계로 가는

　 關門(관문)인 것이다!

◎ 6·25戰爭(전쟁)은 凌辱(능욕)의 歲月(세월)이었음에는

　 틀림이 없다. 공산집단이 졸지에 쳐들어왔다.

　 그런데 어찌하여 美化(미화)하려하고? 심지어는 대학의

　 교수들까지 6·25를 美化(미화)하고 떠드는지…?

　 왜 그런지? 누가 대답 좀 해 줄 수 없소?

　 정치하는 사람들도 꿀을 병째 들어 마셨는지?

　 대답들이 없고 법은 어디에 행차하셨는지?

　 소식이 끊겼고 그런 사람들 누가 나서서 속 시원하게

　 해답해 주는 사람 없소?

　 國會(국회)에 보내드리고 싶소!

無念(무념)의 戰爭史(전쟁사)를 아주 슬퍼하는 사람들이
박수를 보내드릴 것이요!

◎ 남의 염병이 나의 고뿔만 못하다는 말이 있던가?
생각해 보자! 무슨 말인지를!

短片(단편)4

〈자식들이 병으로 아파한다〉

자식들이 병으로 아파한다. 자리에 누워서 앓고 있다.

그러나 병으로 아픈 그 자식들의 아픔보다도!

더! 아파하는 사람이 있다!

자식의 아픔을 지켜보는 아비의 아픔이다!

뼈를 깎는 몇 십 배의 아픔이다!

훗날! 먼~ 훗날! 늙은 아비 되어 지켜보아라.

나의 아버지가! 얼마나 아파하시다가 가셨는가를 깨달아 알게

되리라!

〈君子(군자)는 서두르지 아니하며〉

君子(군자)는 서두르지 아니하며 喜悲哀樂(희비애락)을

나타내지 아니하며 默默不答(묵묵부답) 함부로 말하거나 입을

열지 아니한다.

그 君子(군자)의 집의 외아들이 病死(병사)했다.

난리가 났다. 통곡이 하늘을 찌른다.

불철주야 울음이 끝이 날 줄 모른다.

안주인 마나님의 소리소리 울고불고 하는 통곡소리가

사랑채까지 시끄럽다.

"자식이 죽었는데도 돌척같이 영감은 울지도 않고, 슬퍼하지도

않는다고!" 소리~소리~ 지르면서

사랑채에 앉아있는 영감을 원망하며 통곡한다.

자식을 잃은 영감님! 묵묵부답이요! 돌부처같이 앉아있든

영감님이 사랑채 방분을 휙~ 열고 가래침을 "칵!" 하고

뱉는데, 핏덩어리가 섞여 나왔다는 이야기!

땅을 치고 우는 것만이 우는 것이 아니요, 가슴을 치며

대성통곡만이 슬피 우는 것이 아니며, 불철주야 식음을

전폐하고 울어대는 것만이 슬픔도 아니며, 눈물 콧물 흘려대며

엉~엉~ 소리 내어 우는 것만이 슬픔이 아니다.

가슴으로 우는 울음이 있다.

염통 속에서 흐느끼는 슬픔도 있다!

창자를 쥐어짜듯… 말이다!

가슴을 칼로 난도질 하듯 아파하고 슬퍼하는 울음도 있나니

철없는 여인네들이여, 남자의 울음과 슬픔은 얼굴에 있고

흐르는 눈물에 있는 것이 아니라, 가슴으로 울고 염통으로

슬퍼하는 법!

군자의 핏줄 받았기에… 말이지…

〈세 치 밖에는 안 되는 혀!〉

세 치 밖에는 안 되는 혀!

사람들을 살리기도 하고 죽이기도 하며!

聖者(성자)로도 만들고 추한으로도 만드니, 혀! 그놈을 항상

입속 깊-이에 가두어 두었다가 아주 필요하고 유익하고, 덕이

되고, 남을 칭찬하고 높이고 도움이 될 때마다 풀어주고

놓아주라!

그렇지 않으면 칼 든 놈보다도 더 무서운 놈이라.

위험하기가 짝이 없는 놈이니…

마냥 풀어주고 놓아두지 말라! 주절댄다! 된소리 안 된소리!

입 속에 가두고 단속하고 지키고 신경을 쓰라!

〈감리교 신학대학교에는〉

감리교신학대학교에는 721절의 성구를 물줄기가 흐르듯

낭낭한 목소리로 암송하는 나이든 여학생이 있으니…

놀라운 일이로다!

암송대회에서 당당하게 일등을 차지했으니

놀랄 일이다! 대단하다!

한번쯤 찾아가서 그 비결을 물어들 보시오!

도움이 될 것이니…

평생가도 성경구절 외워보지 못하신 양반들!

밤낮 펴들고 찾아야만 하니?

그나마 성경의 순서도 못 찾으니…

이리 뒤지고 저리 뒤지고… 안타까운 일이 아닐 수 없다.

그 학생 앞에서는 목사인 나 자신도 체면이 말이 아니었고!

어찌 목회를 했는가 싶어 하나님 앞에 죄송하고 성도들 앞에

용서를 빌 뿐이로다.

(감리교신학대학 제1회 성경암송대회 심사 후감)

〈골프가 프로급인 목사님!〉

골프가 프로급인 목사님. 재간도 많으십니다. 내 한 마디

물어봅시다!

대답 좀! 시원하게 해 주시요!

목회선상에서 심방하고, 설교 준비하고, 성경 읽고, 기도하고,

철야기도 인도하고, 성도들과 같이 금식하고! 새벽기도

인도해야 하고…

어느 시간에 골프 연습 하셨기에 프로가 되셨는지?

그 비결 좀 배워 봅시다!

하늘에서 낸 天才(천재)가 아니면 地上(지상)에서 솟아 난

天下(천하)에 도깨비 같은 사람!

〈어느 여자 집사의 자랑하는 말! 말! 말!〉

돈푼이나 있고 좀! 반반하게 생긴 어느 여자 집사의

자랑하는 말! 말! 말!

어느 이웃 교회의 목사님이 자기 보고

너는 나의 '영적 아내'라고 했단다! 나는 기절하는 줄 알았다.

목사님! 그거 무슨 말인지? 해석 좀 해 줄 수 없소?

엉큼하시긴…? 남의 교회의 집사님 보고 '영적 아내'는 무슨

영적 아내! 제발 正道(정도)를 걸으시오.

어물전 망신 꼴뚜기가 시킨다더니 주접 좀 그만 떠시오!

〈夫婦(부부) 사랑이란! 이불만 같이 덮는 것이 사랑이 아니다!〉

사랑이란! 이불만 같이 덮는 것이 사랑이 아니다!

과거도 덮고! 상처도 덮고! 허물도 덮어주는 것이

사랑이라 했던가?

흉허물도 많고, 약점도 많고, 실수도 많은 것이

人生(인생)이거늘!

아니 덮고 어이하리⋯

모두 모두 덮고 또 덮고 살자!

그것이 부부의 이불 덮고 같이 사는 법인 것을⋯

〈웃음이 없는 사람은 상점의 문을 열지 말아라〉

'웃음이 없는 사람은 상점의 문을 열지 말아라'라는 중국의

속담이 있다.

판사나 검사가 웃고 있는 얼굴을 본 일이 있느냐?

판검사 같아서야 누가 물건을 사러 오겠는가?

검사 같아서야 그 얼굴 무서워서⋯

누가? 상점에 들어오겠느냐?

일본의 상인들은 그 理致(이치)를 깨닫고 웃으며

고객을 맞이하고 웃으며 고객을 보낸다.

사든지 안사든지 웃음으로 맞이하고 웃음으로 손님을 보낸다.
너 좋고 나 좋고, 얼마나 마음이 편하게 상점 문을 드나들 수
있겠는가!

한국 사람들은 무슨 원수의 자식이나 만난 듯이…
이 사람이 살 사람인지, 안살 사람인지 관상쟁이들이 다-되었다.
손님이 들어서는 순간부터 얼굴색이 변해 있다. 쳐다도 안본다.
무안하고 민망할 지경이다.
부부싸움 한 날은 상점의 문을 열 생각 말고
차라리 영화나 보러가라!
한 번 놓친 손님은 영원히 내 손님 아니다! 알겠는가?
남의 돈 먹기가 그리 쉬운 줄 아느냐? 오산이로다.
왜? 그리도 무서운 얼굴로 장사를 해야 하는 건지?
통 이해하기 어렵다!
상점에 들어서서 찾는 물건이 없든지 고르다가 마음에 드는
물건이 없어서 그저 돌아서서 나오게 되면,
뒷잔등이 또는 뒷통수가 아주 이상해짐을 느낀다.

「잘 가세요! 또 오세요! 찾으시는 물건이 없어서 미안합니다.」
일본의 상인들 같이 하면 반드시 다시 찾아가게 될 것을…

아무 말 없이 얼굴이 굳어져서 원수 보내듯 한다.

소금이나 뿌리지 않으면 다행한 일이라고 느껴진다.

스마-일 하자! 장사를 할 건지? 하다가 망할 건지?

어느 쪽인가?

웃으며 맞이하고 웃으며 손님을 보내드리자!

왜 그리도 무뚝뚝한 장사를 하려 하는가?

중국 사람들의 속담 속에 담겨있는 眞理(진리)를 되새겨 보라!

그리고 일본 사람들의 손님 맞는 법도 배워보자!

찾으시는 물건이 없어서 죄송합니다.

앞으로 구해 놓도록 하겠습니다. 아주 미안합니다. 또 오세요!

그거 왜 못해? 미련하기는… 거울은 먼저 웃지 않는다!

〈집에 불이 났다!〉

집에 불이 났다!

이리 뛰고 저리 뛰고 무엇부터 어찌 해야 할지?

'불이 났다! 불야~'하고 아버지는 소리쳤다.

모두다~ 허둥지둥이다! 와중에 아버지는 아들에게 소리치기를

'119로 빨리 전화해라! 빨리 신고해!' 당황한 아들이

'아버지에게 묻기를 아버지~ 119가 몇 번이죠?' 하고 급히

물으니, 아버지의 대답! '114로 물어보면 되지 않어?'

허둥지둥 이리 뛰고 저리 뛰고!

무엇하나 불 끄는 일에는 보탬이 되는 일이 없다.

지금의 세대다! 바로 우리들이 살고 있는 오늘의 모습이다!

불이 났는데!

허둥대고! 헛소리하고! 이리 뛰고 저리 뛰고! 누구 트집이나

잡고 늘어지고 무엇 하나 바로 잡으려 하지는 않고…

허깨비같은 소리들만 높다.

그 소리가 무슨 소린지도 모르는 고함의 소리들이다.

김치파동을 부추기고, 거짓말 하고! 또 변명하고! 궁색을 떨고!

불이 났는데, 119도 모르는 놈들 천지요! 경제와 정치의

ABC도 아주 모르는 사람들 천지니…

어디에다 물어나 보시지! 묻는 건 죄도 아니니 말이오!

창피함도 아닌 것을 모르고 있으니…

그리고 물어볼 곳조차 모르는 놈 천지이니

불이 이방 저방으로 번질 수밖에?

복도로 번지고! 이웃 중국 짜장면 집까지 번지고!

아노네! 일본 집까지 번져가고 있으니! 짜장면 집도 망해!

퉁퉁지我(워)도 망하고 你(니)도 망하니 꼴이 꼴 같지 않고

온통 불붙는 검은 재만 뒤집어들 쓰고, 변명하러 나서고 변명

쎄일즈! 변명외교! 그것이 지금의 꼴이요! 내일의 꼴이요!

호떡집에 불이 난 꼴이로다. 네 꼴이냐? 내 꼴이냐?

집안 망신의 꼴이로다!

정신을 가다듬고 차분하게 시작해 보자!

〈도둑놈은 나쁜 줄 알면서도 도둑질한다!〉

도둑놈이 나쁜 줄 알면서도 도둑질한다! 거짓말 하면 안 되는

줄 알면서도 거짓말한다. 술 마시면 위암이나, 식도암이나,

몸에 안 좋은 줄 알면서도, 술 마시고 주절댄다. 담배 피는

사람, 담배 피면 폐암이나, 기관지에 좋지 않은 줄 알면서도

콧구멍을 굴뚝삼아 계속 피어댄다!

죽으려면 무슨 짓을 못해? 라는 우리나라의 말! 말이 있다.

'알고 죽는 해수병' 같이… '알고 피는 아편' 같이…

알고하고 있으니? 거! 참! 이상한 일이로다!

나쁜 줄 알고도 하니… 알다가도 모를 일!

〈무엇이나 적당하게 하라!〉

무엇이나 적당하게 하라!

사랑도 지나치면 허물이 되고 망신살이 되는 법! 그리고 끝이

안 좋고 그 사랑이 변질되어 끝나게 되니 적당하게 하라!

욕심도! 증오도! 미움도! 그리고 말도 행동도

凡事(범사)를 적당하게 行(행)하면 된다.

무엇이나 그 도가 지나치면 自身(자신)을 망칠 수도 있으며…

수치를 당하게 되고 敗家亡身(패가망신)하게 되는 법이니

말이다.

〈모든 것은 때가 있는 법!〉

모든 것은 때가 있는 법! 기다려야지…

때가 되면 꽃도 피고 때가 되면 열매도 맺고

때가 되면 제자리를 찾아가고!

제 자리로 돌아오는 것을!

때가 있으니 그 때를 기다려야지…

왜? 서둘러 서두르기를!

〈믿 음!〉

믿음! 서로간의 믿음!

부부간의 믿음! 형제지간의 믿음, 친구지간의 믿음, 사업자간의

믿음, 상업하는 사람! 팔고 사는 사람들 간의 믿음, 그 믿음

깨지면 모두가 다~ 깨지는 것!

〈시간을 기다려 보라〉

시간을 기다릴 줄 알아야 하는 법!

시간이 지나가고 나면 결론도 나고 해결도 되느니…

서두르지 말라! 시간이 해결해 줄 것이니…

슬픔도 아픔도 원통함도 분함도…

시간이란 놈이 찾아와 해결해 줄 것이다.

아주 편하게 말이다. 조급해 하지도 말라.

왜? 그리도 조급하게 조바심을 대고 서두르는고?

참고 기다리면 될 것을! 그 시간이란 놈을… 왜? 못 기다리고

자기 자신의 生命(생명)을 불태우는고?

못나기는? 참고 기다려 보라!

슬퍼하지 말고 가슴아파하지 말고 눈물도 흘리지 말고

괴로워하지 말고! 말이다.

시간이, 그! 시간이… 멋이 있게

결론과 해결을 등에 업고 가슴에 안고

숨가쁘게 뛰어오고 날아오리라!

그 시간을 기다려 보라

〈시간은〉

시간은 고맙기도 하고, 시간은 야속하기도 하고 사랑스럽기도

하고, 징글맞기도 하고, 밉기도 하고 때로는 속 태우기도 하며,
안타깝게도 만들고 한심스럽게도 만들며, 기가 막히게
만들기도 하고 눈물나게도 만들며, 한숨쉬게도 만들고 괴롭고
고달프게도 만들고, 씁쓸하고 떨떠름하게도 만들며 미치게도
만들고, 병들게도 만들며 얼굴에 주름 잡히게도 하고, 백발이
성성하게도 만들며 배고프게도 만들고, 배부르게도 만들며
해결사 노릇도 하고, 또 결론도 내주며 버리게도 만들며,
取(취)하게도 만들고 눈뜨게도 만들고, 눈 감게도 만들며
따뜻하게도 만들고 서늘하게도 만들고, 춥게도 만들며
놀라게도 만들고 기쁘게도 만들며 창피하게도 만들고,
귀하게도 만들며 고독하게도 만들고 즐겁게도 만들며!
불행하게도 만들고 행복하게도 만들며 사람을 꼬부랑하게도
만들고 쩔룩거리게도 만들며 늙게도 만들고, 죽어 북망산에
묻히게도 하니 기왕 시간 타고 가는 人生(인생)살이!
한 세월을 착하게 살며 유익을 주면서 살고 도와주면서도
살아서 아름답고 멋이 있게, 香氣(향기)롭고 善(선)하게 살면서
德(덕)을 쌓아 높고 높게 쌓아올려 사랑주고 믿음주고 마음
주고 내게 남은 행복 나누어 주어가며
그리하며 한 세상 살아가노라면!
아름답고 유익되며 축복의 풍요로움으로!

그! 시간이 날 반겨 달려오리라 반드시…

정녕… 분명히!

시간이라고 하는 그 시간이 천 가지 만가지의 해결둥이!

멋이 있는 결론동자! 등에 메고! 지고! 업고! 안고! 숨차도록

달려와, 늙어가며 쓸쓸해진 나와 너를 찾아올 것이며 싼타

할아버지와 같이… 찾아와서 내가 있어야 할 것! 필요한 것!

바라던 것! 모두모두 풀어 놓고… 위로하고 달래주고!

너와 나의 기뻐하고 감사하며 행복해 하는 모습 바라보며

줄기차게! 재빨리 또 훨~훨 떠나!

착했던 사람, 선했던 사람, 의로웠던 사람들의 노후를 찾아

그! 시간은 달려갈 것이다!

〈목사가 은퇴하고 난 후 아주 괴로운 것〉

목사가 은퇴하고 난 후 아주 괴로운 것은 내가 설교하던

자리에 다른 목사가 서 있는 것을 볼 때!

그리고! 뒷전에 앉아 남의 설교를 듣고 있을 때! 성도들이여!

천사들 되어 원로목사님들을 위로해 드리는 것이 하나님이

최고로 기뻐하시는 일인 것을 알고 앞장서기를 바라면서…

〈간첩을 잡는 건지? 안 잡는 건지?〉

간첩을 잡는 건지? 안 잡는 건지?

협약이라도 했는지? 했으면 언제 했는지?

국민들이 알 권리가 있으니…

누가 좀 속 시원~하게 대답 좀 해 주오!

新聞(신문)하는 사람들도 모르시오? 기자하는 사람들도

잠잠하시니… 하루가 멀다하게 간첩을 잡았고

신문이 떠들었는데 못 잡는 건지 안 잡는 건지?

국민들은 불안하고 두렵기만 하구려!

기자님들 아는 대로 말씀 좀 해주시오!

왜 꿀 먹은 벙어리들이 되셨소?

신문사 사장님들! 해명 좀 해 주셔야 안심하고 잠도 자고

열심히 장사도 하고 편히 살 수가 있지 않겠소?

제발! 제발! 제발! 부탁합니다. 누가 말좀 시원하게 해주시오~

간첩을 왜 안잡는지 해답을 해주시란 말이요!

도무지 앞날이 어떻게 되는 건지?

불안하고 답답하기 한이 없구려~

간첩을 잡고 있는지? 아니 잡고 있는지?

〈人生(인생)을 時限附(시한부) 인생이라 했던가?〉

人生(인생)을 時限附(시한부) 인생이라 했던가?

인생만 시한부로 여기고 살면 대단한 오산이다.

내가 所有(소유)하고 있는 모-든 것!

내게 所屬(소속)된 모-든 것!

아내나 자녀들이나 재산이나 명예와 지위며 권력과

榮華(영화)나!

金田玉畓(금전옥답) 나를 둘러싸고 있는 모-든 것들!

나의 손아귀에 쥐고 있는 貴(귀)한 것이나, 賤(천)한 것이나

죽고 못사는 것들이나!

사랑하는 것들이나 아끼고 소중하게 여기는 것들…

그것들이 모두가 다- 時限附(시한부)인 것을…

이것들이 때로는 나를 가슴 아프게 하고 훌훌 멀리 멀리

떠나가 버릴 때도 있다 시한부이기에 때로는 이것들이 나를

망치게 하고 떠날 수도 있고! 붙들고 있다 같이 떠날 수도 있는

아주 奇異(기이)한 놈들이다.

때로는 이것들이 배신도 할 줄 아는 물건들이다.

모두 모두가 영~원한 것이 아니기에…

그러나!

배신도 아니하고 떠날 줄도 모르고 항상 내 곁에 있어서…

나를 격려하고 지켜주고 위로하고…

영원 영원히 아주 영원히 같이 있어주며 머무르며 위로하고

힘나게 하는 친구가 있다.

찾으라! 얻을 것이요!

구하라! 주실 것이다! 라고 말씀해주신

참 좋은 친구! 형님 같은 분이 계시다.

눈을 크게 뜨고 열심히 찾아보아라.

반드시 만나게 되리라.

찾는 이가 얻을 것이다.

모르면 물어보라!

물어보아서라도 찾으라!

영원히 同行(동행)하며 지켜 주리라.

그 친구만은 時限附(시한부)가 아니다.

그! 친구만은 홀로 永遠(영원)하기 때문이다.

時限附(시한부)? 모-든 것이 시한부 인 것을~…

그 한분! 그 친구 외에는 말이다!

목사의 十八訓(십팔훈)

1. 사달라고 할 필요도 없고 사주기를 바라지도 *말라!*

   필요하면 본인이 직접 사서 써라.

   몇 푼 한다고 사 달라고 *해!?*

   인격은 무너지고 허물어져버리는 것을…

2. 얻어먹으려 하지도 *말라!*

   불러내지도 *말라!*

   먹고 싶으면 사랑하는 가족과 함께 조용히 즐기며 먹고 *오라!*

3. 교인들의 주머니 사정도 참작할 줄 알고 羊(양)들의 돈을

   아껴 줄줄 아는 牧者(목자)가 眞正(진정)한 참 牧者(목자)요,

   羊(양)을 사랑하는 목사님이시지.

   남의 주머니를 내주머니 아끼듯 해주어*보라!*

   목사는 그런 점이 다른 사람들과 다른 점이다.

4. 생각이 떠오르고 感動(감동)이 오면 내일로 미루지 말고

즉시 行(행)하라!

내일이면 늦으리…

5. 설교를! 착각하지 말라!

만담이나 해서 웃기는 것이 설교가 아니다!

더더욱 쇼~도 아니다.

天國(천국)가는 길을 알려주고 설명해주면 된다.

착각하지 말고 살자!

6. 목사는 코미디 하는 사람이 아니다. 피에로도 아니다.

잘못 생각하지 말라!

연극배우나 영화의 주인공도 아니다!

목사는 목사일 뿐이다!

진실과 정직함으로 존경받는 목사님!

기도 열심히 하는 목사이기를 성도들은 바랄뿐이다.

명심 또 명심하여 목사의 위치로 조용히 돌아가라!

그리고 天國가는 길을 가르쳐 주면 된다.

7. 목사는 목사로서 걸어가는 「길」이 있고, 살아가는 방법이 있다.

필연적으로 걸어가야 할 길이 아니겠는가?

하나님이 정해 주신 그! 좁은 길! 좁은 문!

십자가는 등에 지고 조용히 묵묵히 걸어가면 누가 뭐래!

그리고 길 잃은 羊(양) 찾아나서는 길이요,

양만을 위해 살아가는 길이다!

양을 진정으로 사랑할 수 없으면 다른 길을 택해보라!

사랑 없이는 할 수 없기에 말이다.

8. 목사는 먹어서는 안 될 것이 있고 마셔도 안 될 것이 있다.

分別(분별)해서 먹고 마시는 것이 목사의 正道(정도)가

아니겠는가? 남이 보든 말든 말이다!

9. 목사는 해야 할 말이 있고 해서는 안 될 말이 있다.

고르고 가려서 말을 해야 하지 않겠느냐?

좋은 말! 덕이 되는 말! 은혜가 되는 말을 골라서 말이다!

10. 자식 자랑 아내 자랑은 세상 사람들도 아니 하느니…

거침없이 강단에서 아내 자랑 자식 자랑 해대니…

바보 아니면 천치가 하는 짓 중에 하나인 것을…

11. 나를 따르라! 섬기라! 존경해라! 잘 대접해야 복 받는다!

그런 말 흘리지 아니해도 목사님이 제단 앞에 엎디어

수시로 기도하고 계신 모습! 목사의 길을 걷고 있는 모습,

금식하고 계시는 모습, 철야 하시는 모습!

조용히 성경 읽으시는 모습만 성도들에게 보여주면

그 때는 모든 성도들이 죽기 살기로 기도에 힘쓰시는

목사님을, 정도를 걷고 계신 목사님을 목숨 걸고 섬기며

아끼고 사랑하며 존경하여 받들어 모실 것이며 따를 것이다!

12. 목사는 단정해야 하느니, 머리도 깔끔하게 잘~ 빗어 넘기고
와이셔츠도 약간의 때라도 묻은 것은 입지 말고, 깨끗하게
갈아입고, 양복과 넥타이등은 잘~ 어울리게 해라!
입에서는 악취가 나지 않도록 항상 신경을 곤두세워 살라!
수염을 기르지 말라. 추하다. 매일매일 면도해야 한다!
눈꼽이 붙었는가, 이빨사이에 음식 찌꺼기나 고춧가루가
끼지는 아니했는가?
손톱은 자라서 검은 때가 끼지는 아니했는가?
콧털은 길어서 검은 코털 흰 코털이 숨 쉴 때마다 들락날락
하지는 아니한가?
구두 벗으면 좋지 못한 발냄새는 나지 않는가?
귓속에 귀지와 머리의 비듬은 히끔히끔 부스러져 나와
양복 어깨에 묻어 돌아가고 있지는 아니한지?
웃을 일 아니다!
목사는 항상 향긋하고 단정하며 깨끗하고 멋이 있어야 한다.
그리고 스마일 해라!

13. 부부 싸움을 한 뒤에는 교인들을 절대로 만나거나 심방
나서지 말고 분함이 가라앉고 풀릴 때까지 조용히 앉아서
성경을 보라!
그도 싫으면 한없이 걸으라 운동겸…

아니면 제단 앞에서 엎드려 기도하라

얼마나 기도 꺼리가 많은데…

그리하면 최고의 멋이 있는 목사님으로 대접받고 존경받고

사랑받고 섬김 받고 멋진 목사님 될 것이다!

목사는 자기하기 나름에 따라 대접 받고 존경 받는 법!

14. 목사가 앉을 자리 섞여야 할 자리가 따로 있는 법,

무턱대고 아무데나 앉고 서고 섞여 있어서는 아니 된다.

꼴불견이다!

시편 1장 1절에 보면 「죄인의 길에 서지 아니하며

傲慢(오만)한 자리에 앉지 아니하고」 했다.

아무데나 얼굴 드러 내려하고, 아무데나 섞이어

잘난체하고… 돌아가지 말라. 못난이 같으니…

거기는 중이 없나, 신부가 없나, 머리가 수염과 함께 긴~

道(도)하는 도꾼이 없나 검정치마에 흰 저고리 입은 여자가

없나. 얼룩말이로다! 얼룩말!

목사는 연예인도 아니며, 이름 있는 명사도 아니다.

오직 聖職者(성직자)요, 목사일 뿐이다!

체면과 위신을 지켜가며 聖職者(성직자)다웁게 조심조심

또 조심하며 살아가자!

자기 혼자가 아니라 조직과 수많은 단체의 한 사람인 것이다.

결코 자기 혼자가 아님을 명심하라.

목사들 전체의 한 사람일 뿐이다.

15. 목사는 시기하거나 질투하는 모습을 교인들에게 나타내지
말라.

목사가 목사를 헐뜯고 비방하고 시기하는 것처럼 유치하고

치사하게 보이는 때가 없다.

꿀떡 참아 넘기라! 누워서 침 뱉기라 했든가?

요즘 교인들이 얼마나 약은데…

판단도 빠르고 상상력도 풍부해졌고!

책잡히는 말 삼가야 장거리 선수 되지…

16. 자기에게 좀 잘해주고 물질로도 목사를 잘 대접해 준다

해서 설교 석상이나 강단에서 아무 집사님이 어쩌구

저쩌구 칭찬하는 말을 하지 말라!

그것처럼 꼴불견은 없느니,

목사가 자칫 잘못하면 치사해져…

17. 사모를 지나치게 사치하게 하지 말라.

시기하는 집사들이 많이 생기는 법!

시기하는 사람 많이 생겨 봐야 좋을 것, 이로울 것 하나도

없느니, 목사만 힘들어 지는 법! 왜 몰라!

사모로 인해서 쫓겨나는 목사님 많이 보아 왔기에 한 마디

해 보았지!

사모는 유난하게 나서지 말고 옷은 수수하게 차려입고

구진 일자리에서 말없이 섬겨 보이라!

엄청 귀하신 사모로 사랑받을 것이다!

18. 박사 아닌 목사 없어요!

　하다못해 명예박사라도 돈 몇 푼주고도 받고 대리원고 써

받고 모두모두 박사하는 세상 피땀 흘려 잠 안자고 수많은

세월에 학위 받으신 목사님 교수님도 많으신데 명예로 돈

몇 푼주고 박사 받은 사람들이 더 떠들어대니 그 어디 눈

뜨고 보고 들을 수가 없어요.

박사 내세우지 마세요. 박사 천지예요.

진짜 박사님들께 미안하지도 잃으신지요?

은근히도 말고 노골적으로도 말고요!

많은 사람들이 픽픽하고 웃고 돌아서는 것을 왜 모르고

펄럭거리는지…?

참으로 딱해서 눈뜨고 볼 수 없는 시대적 진풍경이 야요!

그 대신 피땀 흘려 노력하시고 수 없는 세월에

勞苦(노고)의 결실로 얻고 받으신 박사님! 교수님들!

뜨거운 박수로 존경하며 환영합니다.

진짜 박사님들 만세～～～

목사職(직)

목사는 모처럼만에 가족들과 함께 맛이 있는 것을 먹다가도
교인이 찾아오는 소리 들리면 상 밑으로 내려놓고
감추어야 한다!
가난한 교인의 눈에는 호화호식하며 좋은 반찬 좋은 음식
먹으며 딴 세계에서 사는 것같이 느끼게 되고
간격이 멀어지게 될까 걱정에서이다.
밥상 위에 반찬하나도 마음 놓고 가족과 함께 먹고 즐기고
할 수 없는 것이 많은 사람을 이끌어 나가는 목사라는 직의
사람들이다.
신경을 곤두세워 살아야 하는 어찌 보면 불쌍하기도 하다.
마음의 편안함이나 육체의 휴식이나 잠자리의 편함이 없이 산다.
나로 인해 혹시! 한 사람이라도 시험당하고 실족 될까봐
조심스럽다. 조심 또 조심하며 살아간다.

그 많은 교인들이 오늘도 평안했는지?

밤사이에 무슨 연고와 사고는 없었는지?

문제 있다했는데 그! 문제는 잘~ 해결되고 있는지?

자녀 손들이 많은 집안의 어른 된 심정이다!

노동자나 회사원들은 하루 8시간 만 근무하고 나면 자유다!

자기들의 세계다. 그리고 즐긴다.

그러나 목사는 그렇지가 못하다. 하루 24시간 편할 날이 없다.

그리고 목사는 교인들에게 솔선수범을 보여주어야 하겠기에

모범적이어야 하겠기에 달려가 책상머리에 앉아서 성경을

읽어야 했고 식구들과 재미있게 대화를 나누다가도 성도 한

분이 찾아왔다 하면 책상머리에 앉아 성도를 맞아야 했다.

기도하며 성경 보는 모습을 보여주어야 했기에

自意(자의)에서 건 他意(타의)에서건…

그리고… 목사에게는 자유가 없다.

영적으로는 보이지 않는 손이 나를 짓누르고 계신 것 같고

육적으로는 성도들의 입과 눈이 나를 감시하며 얽어매는 듯

했기에 목사들은 마음과 육체의 자유로움이 없는 것이다.

피곤하다… 그리고 24시간의 근무다!

기도하는 모습을 보여주어 본이 되어야 했기에 형식이요,

가식이라 할지 모르겠으나 남을 지도하고 가르치는 입장이기에
보통 인간사는 세상 사람들이나 평범한 교인들의 자유
생활과는 거리가 아주 먼~ 생활이다.

조금이라도 허점이나, 약점이나 흠이 드러나지 않는 생활의
모습을 보여주어야 하기에 말이다.
목사로서의 생활에서 온전하고 신앙적인 모습을 보여주어
저들로 실망시키지 않게 하기 위하여 사생활이 희생되는
것이다. 형식이건 진실이건 간에 말이다.
어떻든 실망시키지 않으려는 안간힘을 써야 하는 것이다.
힘들다. 그리고 피곤하다. 신경이 예민해진다.

그런고로 긴급 상황이 아닌 다음에야 목사 자택을 심심풀이로
들락거리어서는 안된다.
가정은 목사만의 自由區域(자유구역)이기 때문이다.
팔다리 쭉 뻗치고 쉴 수 있어야 하고 파자마 바람으로
헝클어진 머리로 그! 자유구역 안에서 私生活(사생활)을
식구들과 같이 즐기게 하자!
돌연! 예고도 없이! 쳐들어가고 있지를 아니한가?
기도하고 싶으면 기도하시라…

성경 보고 싶으면 성경 보시라…

맛이 있는 음식을 식구들과 같이 먹고 즐길 수도 있도록

自由區域(자유구역)을 졸지에 방문하거나 쳐들어가지 말자.

교인들과의 연속적인 神經戰(신경전)에서 피곤하고 고달픈 삶

속에서 聖職者(성직자)적인 위치에서 경직된 긴장의

연속이거늘 自由區域(자유구역)마저 침범 당하고 침식당하고

나면 天使(천사)도 아니오, 神(신)도 아닌 이상

어찌 감당할 수가 있겠느냔 말이다.

그! 목사만의 자유구역을 지키고 보호해주자!

自由區域(자유구역) 내에서 童心(동심)으로 돌아가

쌓여진 스트레스와 피곤을 풀고 긴장했던 心身(심신)을 풀고

聖職者(성직자)에서 自由人(자유인)으로 있게 해 주라.

그렇지 못하면 得病(득병)하게 된다.

肝病(간병)이요, 胃病(위병)이요, 心臟病(심장병)이요 하는

병으로 한참 일 할 나이에 쓰러지게 된다.

쉬게 하라. 아주 자유롭게 피곤을 풀며 쉬게 하라!

"쉬는 것도 주의 일"이라는 것을 명심하고 또 명심해서 목사를

많이 쉬게 하라. 편하게 해주라.

목사 자신도 명심해 두어야 할 일이 있다.

<쉬는 것도 주의 일> 이라는 사실 말이다.

트집 잡고 늘어지지 말아라.

그리 해봐야 별 유익이 없는 것을… 왜! 트집 잡고 늘어져?

왜! 물고 늘어지느냔 말이다! 가뜩이나 신경 쓸 일이 많고

피곤한 일이 태산같은데…

많이 쉬게 하고 지켜드리고 편안케 해주어 봐라!

그의 主人(주인) 되시는 분이 그렇게도 기뻐하시며 반드시

보상을 해 주실 것이다!

목사의 주인은 하나님이신 것을… 알아야 한다… 주인이신

그에게 맡기고 우리는 봉사하고 충성하고 받들고 섬기면 된다.

충성자! 그들은 자녀들의 장래까지 축복이 되어질 것이다.

그리고! 맞서지 말자!

괴롭히고 어지럽혀 봐야 유익이 없는 아주 무서운 결과뿐이다.

平生(평생) 목회한 나이든 목회자들이 지켜보고 겪어보고

살아온 이야기들을 들어보라! 두렵다.

딸 둘을 미국으로 딸 하나는 서울 강남으로 딸들 셋을

출가시키면서 당부하는 아비의 간곡한 당부가 있었다.

너희들이 섬기는 교회에서 혹시 불란이 생기고 싸움이 생길 수 있다. 그러한 때는 반드시 하나님 편에 서라!

목사 편에 서서 그를 위로하고 지켜드리는 것이 하나님의 편이다!

그러한 당부의 말을 순종하여 목사가 다소 잘못이 있고 실수가 있다고 해도 딸들은 지금까지 목사 편에서 잘~ 주의 종들을 섬기고 있고 멋이 있는 유복한 생활들을 누리고 있는 모습을 볼 때 감사할 뿐이다.

미국의 생활 속에서도 새벽기도회, 수요기도회에 빠짐없이 참석하고 있으며 온전한 십일조와 성수주일하고 있으니 고마운 딸들이다.

외롭고 수고하고 있는 목사의 자리!

그 목사의 자리가 하나님이 계신 자리다.

붉은 깃발을 높이 들어라!
그 밑에서 순교하리라

저자 · 박 장 원

2006년 7월 30일 초판발행
2007년 1월 20일 2판발행
2007년 9월 15일 3판발행

발행인 · 권 명 달
발행처 · 보이스사

출판등록 · 1966년 2월 23일 · 제 2-160호
우편번호 157-016
서울특별시 강서구 화곡6동 1120-13 한소빌딩
전화 (02)2697-1122 · 팩스 (02)2605-2433

값 15,000원

ISBN 89 504-0381-1

ⓒ 판권 저자 소유

· 저자연락처 ·

서울특별시 서초구 방배본동 725 신삼호아파트 바동 103호
(02)593-2691, 591-9421 H.P 010-7689-7862 Fax (02)535-6076
건강관리연구원 원장실 : (051)255-6252

판매처총판 : 엘멘출판사
전화 :323-4060 팩스 : 323-6416